JN387034

복된 가정
추모예배서

복된 가정
추모예배서

한치호 목사 지음

신교횃불

추모 예배에 대한 일반상식

1. 한국 민족의 조상에 대한 제사

제사(祭祀)의 기원은 토테미즘이나 샤머니즘과 같은 원시신앙에 있다고 보게 됩니다. 학자들의 견해에 따르면 자연재해, 질병, 맹수들의 공격 같은 인간집단의 생존에 위협이 되는 재앙을 막기 위해서 하늘이나 땅, 강이나 바다, 오래된 나무, 높은 산, 조상 등에 절차를 갖추어 빌었던 것에서 유래되었다고 합니다. 이때, 모든 종류의 신성에 대하여 지내는 종교 의식은 제사라고 합니다.

더불어 고대 중국 상나라(은나라)의 사대에 관련된 이야기가 있습니다. 당시에, 상나라의 왕 조갑은 주변에 있던 토착신들을 배제하고, 자신의 직계 조상만 섬기는 조상신 풍습을 만들었습니다.
이 당시의 기록을 보면 상족의 조상은 직계인 근조선공과 직계가 아닌 원조선공으로 나뉘는데, 상나라에서 제사는 직계 선조인 근조선공에게만 지냈었습니다.
조갑은 왕의 어령에 반발하는 사람을 막기 위해서, "자신의 조상을 숭배하면 농사가 잘 되고 전쟁에서 승리하며 재앙을 막아준다"는 등, 만사가 다 잘 돌아간다고 퍼뜨렸습니다. 그리하여 이때부터 조상을 섬기는 문화가 생기기 시작하였습니다.

우리나라에서 제사라고 일컫는 것은 일반적으로 유교의식에 기반을 둔 조상 제사를 가리키는 경우입니다. 조상 제사는 중, 근세에 이르러 유교와 결합하여 조상숭배의 제도로 고착되었습니다. 또한 종교적 의미를 가지면서 정치적 수단으로 활용되기도 합니다.

정치와 종교가 분리된 이후에도 황제는 하늘에 대한 제사를 주관하며, 자신의 조상을 신격화하여 제사를 지내는 것으로 권위를 정당화하는 수단으로 사용하였습니다. 다만 제후국을 자처한 조선의 왕은 하늘에 대해 제사를 지낼 수 없었고, 왕조의 조상신(종묘)과 땅의 신(사직)에는 제사를 지냈습니다.

대한제국의 선포 이후에는 환구단을 지어 국가적으로 하늘에 제사를 지냈습니다. 또한 가정에서는 효의 의미를 가져 가문의 통치에 대한 정당성을 부여하였습니다. 종교적 면은 사후세계의 인정을 통한 유교 특유의 간접적 영생법의 의미를 가졌습니다.

한국 민족의 제사행위는 직접적으로는 유교의 조상숭배, 효 사상에 뿌리를 두고 있으면서 정령신앙(animism)의 형태를 갖고 있는 무교의 요소가 깊이 상호 관계 되어 있습니다.

고대 한국인의 우주관, 생사관은 특히 정령신앙에 뿌리를 두고 있는데, 이 신앙의 본질은 모든 존재는 형체와 영으로 구성되어 있고, 그 형체는 사라져도 영은 살아 있다고 보는 것입니다.

죽은 사람의 경우에도 마찬가지로, 영혼은 그대로 존재한다고 보았습니다. 그리고 죽음은 단순한 이별이 아니라 이승에서 저승으로의 장소 이동이라고 봅니다. 따라서 무교적인 입장에서 보면, 제사는 "선조의 혼백이 와서 후손들의 제물을 흠향 하는 일"로 이해됩니다.
그러나 유교적인 입장에서는 원래 제사의 의미란 부모와 조상이 마치 살아 계시 듯 모시는 효의 표시입니다. 실제로 많은 사람들이 제사상을 차리면 조상들의 혼백이 와서 그 음식을 맛보고 즐거워하며 후손들을 돌볼 것이라고들 생각해 왔습니다.

전통적인 제사에서는 제수(祭需)를 마련하고, 지방이나 신주의 신위를 모십니다. 제사의 절차에 있어서도 혼백을 부르고 축문을 읽고 술을 바치고 수저를 꽂으며, 차를 바치고 혼백을 보내고 상을 치우는 등 매우 복잡합니다.
이렇게 돌아가신 분을 신격화하고 그를 상징적으로 나타내는 물질에 절을 하며, 그의 혼백의 강림을 믿는 행위는 확실히 숭배행위의 일종이라고 볼 수 있습니다.

우리의 전통적인 제례의식은 조상숭배 사상에서 온 것입니다. 조상 숭배 사상은 무속의 영향과 중국의 사상에서 온 것이라고 합니다. 성리학의 유교가 도입되면서 뛰어난 인물을 위해 제사를 지내다가 집집마다 자기 조상에 제사를 지내게 되었습니다. 제사 문제로 가정에서 갈등이 생기고, 싸움이 크게 일어나 많은 폐단이 있었습니다.
선각자들이 제사의 폐단을 깨닫고 기독교인이 되었다는 것은 제사가 우리 고유의 풍습이 아니었다는데 있었다고 합니다. 지금도 불교 국가에서는 조상 제사를 지내는 곳이 없습니다. 우리나라에서 천주교는 제사 문제로 박해를 받아 순교자만도 1만 명이 넘습니다. 개신교는 한국 고유의 제례 의식을 거부하여 초기에는 부모 기일에 모이는 것도 금해 오다가 지금은 추모 절차를 예배 순서로 진행하고 있습니다.

제사 문제는 관혼상제 의식 중에 가장 많은 물의를 일으켜 왔고 지금까지도 불투명한 상황에서 진행되고 있습니다. 제사가 조상을 우상으로 섬기는 예식이라면 우상 숭배의 요인이 아직 남아 있다고 볼 수 있고 조상을 그렇게 생각해서 그 앞에서 절을 한다면 그것은 기독교 신앙에 위배되는 행위입니다.

2. 추모 예배의 의미

추모란 죽은 이를 그리어 생각한다는 뜻이므로, 죽은 이의 가족과 후손들이 조상을 기리는 것이 당연하다고 보는 데는 누구나 동의합니다. 그런데 성경에는 우리가 부모나 조상에 대하여 추모하는 것에 대한 가르침이 없습니다.

성경에서 살펴볼 수 있는 인간관계의 윤리는 사람이 살아있을 동안에 대한 것으로 국한되어 있습니다. 우리에게는 성경의 교훈대로 부모의 생존 시에 효도하는 것이 원칙입니다.

그러나 부모의 죽음이 자녀들과의 관계를 끊는 것은 아닙니다. 그러므로 부모가 돌아가신 후에, 자손들로 하여금 부모와 함께 지냈던 시간에 누렸던 하나님의 은혜에 대하여 추억하고, 감사하기 위해서 추모의 시간을 갖는 것은 어긋난 일이 아닙니다.

오히려 자손들에게 하나님의 부르심을 받은 이의 기일을 기억하게 하며, 부모가 남겨준 업적과 신앙을 자손들로 계승시킨다는 의미에서 가족공동체에서 추모예식을 갖는 것이 바람직합니다.

우리는 돌아가신 이를 추억하면서 하나님을 예배합니다. 그리고 돌아가신 이와 관련지어서 자신들의 삶을 반성해 보는 시간을 갖는다. 그리고 가족끼리의 친교를 도모하게 됩니다. 조상에 대한 추모 예식을 통해서 하나님께로 나아가며, 가족공동체가 결속하게 되는 은혜를 보게 되는 것입니다.
여기에서 우리가 주의해야 될 것은 성도의 추모 예식이 조상에 대한 제사형식이 되어서는 안 된다는 점입니다. 조상이 절대로 예배나 숭상의 대상이 될 수 없습니다. 그러기에 추모예식은 제사의 형식이나 제사 정신으로 드려져서도 안 되며 제사 대용이라 생각해서도 안 됩니다.

성경에는 돌아가신 조상에게 드리는 제사의식에 대한 언급이 전혀 기록되어 있지 않습니다. 만일, 돌아가신 분을 숭배의 대상으로 여겨서 제사를 드림은 하나님께서 금하신 십계명의 1-2계명(출 20:3-6)을 범하는 것이 될 뿐입니다. 성경에 기록되어 있는 제사나 예배는 받는 대상이 사람이 아니고 오직 한 분이신 하나님만이시라고 선포되어 있습니다. 그러므로 우리가 죽은 이들에게 제사를 드린다면 이것은 결국 귀신을 섬기게 되는 것입니다(고전 10:20.시편 106:28).

우리는 조상을 추모할 때, 후손들이 모여서 하나님께 예배드리고 하나님의 부르심을 받은 이의 뜻과 덕을 회고하면서 후손끼리 화목을 도모하고 신앙을 권면하도록 해야 합니다. 나아가 가족들 중에서 불신자들의 마음을 편안하게 해 주고 마음 문이 열려 은혜롭게 예배를 받아들이게 해 달라고 기도해야 합니다. 전통적인 제사와 교회의 추모식(예배)이 다른 점은 제사는 고인에게 드리는 의식이요, 추모식은 고인을 추모하여 하나님께 드리는 예배입니다.

3. 성도로 살다가 죽은 자에 대한 추모 예배

- 불신자에게 올바른 죽음의식 고취

추모예식에 참여한 이들은 인간의 죽음을 바라보게 됩니다. 죽음은 죄의 값이며 하나님을 향한 반역에서 비롯되었습니다. 죽음을 잠잔다는 말로 성경은 표현하고 있습니다.

이것은 죽음은 끝이 아니라 주님께서 재림하실 때 영혼이 깨어난다고 하는 것을 전제한 것입니다. 영혼은 사람들의 생각처럼 다시 돌아오거나 혹은 정처 없이 세상을 방황하지 않습니다. 그리고 누구에게나 죽음 이후에는 심판과 부활이 있습니다.

- 부활신앙의 확인

추모예식에 참여한 이들 중에, 믿는 가족들에게는 부활신앙이 다시 한 번 확인되는 시간이 됩니다. 추모예식에 참여한 가족과 후손들은 먼저 신앙 안에서 위로를 받고 부활신앙이 확인되어야 합니다. 그것은 신자들이 부활신앙이 없는 불신자들 같이 슬퍼하지 않게 하기 위해서입니다.

- 가계(집안)의 역사에 함께 하시는 하나님을 만남

조상과 부모님을 주신 하나님께 감사하는 시간을 경험하게 됩니다. 성경에서는 하나님을 가리켜 아브라함과 이삭과 야곱의 하나님으로 부르기도 합니다. 이것은 하나님께서 인간의 역사에 함께 하신다는 것을 보여주는 실례입니다. 조상의 경건한 행위는 자손을 지키고 구원을 얻게 하는데 도움이 된다는 사실을 깨닫게 됩니다. 추모예식에서는 조상과 부모님을 주신 하나님께 감사하면서 드려지는 예배의 시간을 가져야 합니다.

- 신앙이 유산으로 물려지는 기회

후손에게 신앙의 상속을 인식하는 특별한 기회가 됩니다. 이미 하나님의 부르심을 받은 이를 추모하면서 하나님의 영광을 찾는 예배는 신앙상속에 대한 감사가 수반되어야 합니다. 부모를 주신 하나님께 감사드리고 부모님을 통해서 믿음을 상속받고 구원받은 하나님의 자녀로서 살아가게 됨을 다시 한 번 하나님께 감사드리면서 고인을 기릴 수 있는 시간이 되어야 마땅하다.

- 주님의 사랑으로 하나 되는 교제의 기회

그리스도의 구속적 사랑을 나누는 친교의 시간입니다. 인간은 자신의 살붙이를 잃었을 때 가장 큰 슬픔에 빠지게 됩니다. 가장 슬플 때에 사람들과 그 슬픔과 고통을 함께 나누는 친교는 그리스도인이 할 수 있는 가장 좋은 친교라고 할 수 있습니다.

4. 추모예식을 위한 예배의 준비

조상을 추모하는 날이 다가오면 이에 따른 준비에 착수합니다.

- 추모예배의 시간
추모예배의 시간은 정오의 시간이나 저녁 시간을 전후로 하는 것이 좋습니다. 왜냐하면 예배 후에 음식을 나누는 친교의 시간이 수반되기 때문입니다. 그러므로 우리에게는 전통 제사나 의례와 같이 밤이 늦은 시간을 고집하는 일은 없어야 합니다.

- 예배에 참석하는 이들
기독교적인 추모 예배의 특징은 직계자손과 친척이라는 가족공동체를 초월하고 있습니다. 고인과 함께 평소 가까운 신앙생활을 하던 분들을 초대하여 고인을 추모하여 예배드리는 것이 좋습니다.

- 장소의 환경
추모예배로 모이는 장소에 촛불을 켜놓거나 향을 피우는 일은 없어야 합니다. 하나님의 부르심을 받은 이의 사진과 화분 정도의 장식으로 고인을 향한 애정을 나타내고, 경건한 분위기를 조성하는 것이 바람직합니다.

- 죽은 이와 관련된 사항

하나님의 부르심을 받은 이의 유품을 준비하도록 합니다. 그의 사진과 육성테이프, 고인의 약력, 사진첩, 그리고 사용하던 성경과 찬송가책 등은 생존 시의 모습을 그대로 대하면서 추억하도록 도와주는 것이 됩니다.

- 추모예배의 집례

예배의 집례는 소천하신 후 1년까지는 목회자가 집행하는 것이 좋겠지만 그 이후에는 가족중심으로 모이는 것이 합리적입니다.

-불신자, 타 종교인들과의 갈등

만일 불신가족의 가정에서 불신 식구들의 심한 반대에 부딪쳐서 추모 예배가 어려울 경우에 그 의도가 순수하다면 당분간은 유연한 태도로서 양해시켜 나가는 것이 좋습니다. 이것이 오히려 먼 장래를 내다볼 때 유익이 됩니다.
이때, 불신자의 가족이나 친구 중에서 교회의 전통에 어긋나는 일을 하려고 하면 금해달라는 양해를 구합니다. 그럼에도 불구하고 제사형태의 행위를 하려 한다면 예배가 끝난 뒤로 미루어야 합니다.

- 예배의 진행

모든 예배자들은 복장을 단정히 하고 경건한 마음을 갖도록 합니다. 예배에 대한 모든 준비가 끝나면 집례자는 하나님의 부르심을 받은 이의 사진 오른편에 자리 잡고 그 밖의 사람은 적당히 자리 잡게 하고 시작합니다.

- 친교 - 애찬

예배를 마친 후에는 애찬의 식탁에 둘러앉아 친교의 시간을 갖습니다. 이때, 식탁에 둘러앉은 이들이 하나님의 부르심을 받은 이를 추억하는 대화를 하도록 합니다. 하나님의 부르심을 받은 이와 추모하는 가정과는 상관이 없는 말로 수다를 떨지 않도록 합니다.

차 례

추모 예배에 대한 일반상식 5

1부 | 고인 신자의 가정

1편 _ 기일 추모예배

1. 그를 드러내지 아니하고/ 마 1:18-21 022
2. 그에게 예수의 십자가를 억지로 지워/ 마 27:31-34 026
3. 너희 중 하나가 나를 팔리라/ 요 13:26-29 030
4. 일어나 직가라 하는 거리로 가서/ 행 9:12-15 034
5. 바울은 실라를 택한 후에/ 행 15:22, 40-41 038
6. 형제들에게 칭찬 받는 자/ 행 16:2-5 042
7. 마음을 시원하게 하였으니/ 고전 16:15-18 046
8. 우리와 동행하는 자라/ 고후 8:16-19, 23 050
9. 내가 쓸 것을 돕는 자라/ 빌 2:25-29 054

2편 _ 설날 추모예배

1. 하나님이 그들에게 복을 주시며/ 창 1:26-28 058
2. 여호와의 궁정을 사모하여/ 시 84:1-4 062
3. 이스라엘이라 부를 것이니/ 창 32:26-29 066

4. 사울 때문에 후회하신 하나님/ 삼상 15:10-12 ········ 070
5. 장자의 명분을 야곱에게 판지라/ 창 25:21-34 ········ 074
6. 그들 위에 장막을 치시리니/ 계 7:14-17 ········ 078
7. 네 형 아론은 네 대언자가 되리니/ 출 7:1-1, 7-10 ········ 082
8. 이 모든 백성과 더불어 일어나/ 수 1:1-4 ········ 086
9. 여호와께서 너와 함께 계시도다/ 삿 6:12, 14-16 ········ 090

3편 _ 성묘 추모예배

1. 주여 저를 도우소서/ 마 15:24-27 ········ 094
2. 하나님이 나를 웃게 하시니/ 창 21:1-6 ········ 098
3. 이가 그니 일어나 기름을 부으라/ 삼상 16:11-13 ········ 102
4. 천만인의 어머니가 될지어다/ 창 24:57-61 ········ 106
5. 스스로 작게 여길 그 때에/ 삼상 15:16-19 ········ 110
6. 상 주심을 바라봄이라/ 히 11:24-27 ········ 114
7. 나를 온전히 따랐은즉/ 민 14:6-8, 24 ········ 118
8. 여호와로 내게 맹세하고/ 수 2:3-6, 12 ········ 122
9. 선한 청지기 같이/ 벧전 4:8-11 ········ 126

4편 _ 추석 추모예배

1. 그를 번제로 드리라/ 창 22:1-3 ········ 130
2. 우리 주의 은혜가/ 딤전 1:12-15 ········ 134

3. 내가 하나님을 대신하리이까/ 창 50:18-21 138
4. 하나님의 은혜에 이르지 못하는/ 히 12:14-17 142
5. 물의 끓음 같았은즉/ 창 49:3-4 146
6. 여호와께서 내게 이르신 것을/ 삼상 15:16-19 150
7. 이스라엘 나라를 왕에게서 떼어/ 삼상 15:26-29 154
8. 잠시 받는 환난의 경한 것이/ 고후 4:8-9, 16-18 158
9. 너의 행사를 여호와께 맡기라/ 잠 16:1-3 162

2부 | 고인 불신자의 가정

1편 _ 기일 추모예배

1. 나를 마라라 부르라/ 룻 1:19-21 168
2. 그의 얼굴을 땅에 대니라/ 삼상 25:18-19, 23-24 172
3. 그가 왕을 공궤하였더라/ 삼하 19:31-34, 39 176
4. 여호와 보시기에 정직하게 행하여/ 왕상 15:11-15 180
5. 세상의 더러움을 피한 후에/ 벧후 2:18-21 184
6. 너희 부르심과 택하심을/ 벧후 1:8-11 188
7. 그의 손에서 구원하옵소서/ 왕하 19:16, 19-20 192
8. 너희 착한 행실을 보고/ 마 5:13-16 196
9. 그 사람에게 은총을 베풀리라/ 삼하 9:6-8 200

2편 _ 설날 추모예배

1. 내가 할 일을 알았도다/ 눅 16:2-5 204
2. 세계 모든 민족 위에 뛰어나게/ 신 28:2-6 208
3. 놀라 크게 두려워하니라/ 삼상 17:4, 8-10 212
4. 위의 것을 찾으라/ 골 3:1-5 216
5. 갑절이나 내게 있게 하소서/ 왕하 2:8-11 220
6. 이스라엘의 주권자로 삼고/ 삼하 7:7-9 224
7. 거룩한 행실과 경건함으로/ 벧후 3:11-14 228
8. 블레셋 사람에게로 나아가니라/ 삼상 17:39-41 232
9. 이스라엘을 위하여 여호와께/ 삼하 7:7-10 236

3편 _ 성묘 추모예배

1. 유니게 속에 있더니 네 속에도/ 딤후 1:3-6 240
2. 의인이요 당대에 완전한 자라/ 창 6:9-13 244
3. 이삭이 젖을 떼는 날에/ 창 21:1, 5-8 248
4. 오직 깨어 정신을 차릴지라/ 살전 5:4-8 252
5. 왕에게 대답할 필요가 없나이다/ 단 3:15하-18 256
6. 네 형들의 안부를 살피고/ 삼상 17:15-18 260
7. 이스라엘의 치욕을 제거하는/ 삼상 17:24-26 264
8. 유다와 예루살렘을 정결하게 하여/ 대하 34:2-4 268
9. 시험에 들지 않게/ 막 14:37-40 272

4편 _ 추석 추모예배

1. 여호와의 영에게 크게 감동되니라/ 삼상 16:11-13 276
2. 내가 네게 알게 하는 자에게/ 삼상 16:1-3 280
3. 그 날이 가까움을 볼수록/ 히 10:21-25 284
4. 하늘의 하나님 앞에 금식하며 기도하여/ 느 1:1-4 288
5. 나를 이 블레셋 사람의 손에서도/ 삼상 17:34-37 292
6. 일어나라 빛을 발하라/ 사 60:1-4 296
7. 죽는 날까지 나병환자가 되어/ 왕하 15:1-5 300
8. 하나님이 우리를 위하시면/ 롬 8:31-34 304
9. 그를 왕의 손에 넘길 것이/ 삼상 23:18-21 308

성경으로 찾아보기 313

1부

고인 신자의 가정

기일 1

그를 드러내지 아니하고

▷ 예식사 _ 인도자

오늘, 사랑하는 고○○○ 님의 ○ 주기 기일을 맞이해서 추모하는 예배를 드리고자 성삼위 하나님께로 나아가겠습니다.

복 있는 사람은 악인들의 꾀를 따르지 아니하며 죄인들의 길에 서지 아니하며 오만한 자들의 자리에 앉지 아니하고 오직 여호와의 율법을 즐거워하여 그의 율법을 주야로 묵상하는도다(시 1:1-2)

▷ 신앙고백 _ 사도신경

▷ 찬송 _ 301장

▷ 대표 기도 _ 참석자 중에서

▷ 말씀 합독 _ 마 1:18-21

18. 예수 그리스도의 나심은 이러하니라 그의 어머니 마리아가 요셉과 약혼하고 동거하기 전에 성령으로 잉태된 것이 나타났더니
19. 그의 남편 요셉은 의로운 사람이라 그를 드러내지 아니하고 가만히 끊고자 하여
20. 이 일을 생각할 때에 주의 사자가 현몽하여 이르되 다윗의 자손 요셉아 네 아내 마리아 데려오기를 무서워하지 말라 그에게 잉태된 자는 성령으로 된 것이라
21. 아들을 낳으리니 이름을 예수라 하라 이는 그가 자기 백성을 그들의 죄에서 구원할 자이심이라 하니라

▷ 설교 _ 그를 드러내지 아니하고

오늘, ○○○의 ○주기의 기일에, 고인이 참으로 그립습니다. 고인은 우리에게 사랑이셨습니다. 고인을 향한 그리움이 사무치는 마음에 하나님께서 말씀으로 위로하여 주시고, 복을 주시려고 본문을 보게 하셨습니다. 하나님의 말씀을 듣겠습니다.

본문에서 우리는 요셉의 인품을 대하게 되는데, 고인께서 생존해 계실 때, 요셉을 얼마나 흠모하셨는지요. 요셉이 보여준 인품에서 도전을 받아 십자가 군병이 되어 선한 싸움을 싸워 이기는 자가 되고, 믿음으로 사랑을 더하는 자가 되기를 결심하기를 원합니다.

1. 의로운 사람

19절, "그의 남편 요셉은 의로운 사람이라"고 했습니다. 의로운이라는 단어의 의미는 "올바른, 의로운"이란 뜻입니다. 요셉이 법을 말하고 법대로 살았기 때문에 이렇게 나타냈다고 봅니다. 의로운 사람은 말씀을 알고, 말씀을 말하고, 말씀으로 사는 사람입니다.
마리아에게 요셉이 모르는 아이가 잉태되었습니다. 율법에 정혼 전의 행음한 여인은 돌로 쳐 죽이라고 했습니다.(신 22:20-21) 이 율법에 의하여 그녀를 고소하고 또 돌로 쳐 죽일 수 있었습니다. 그러나 요셉은 마리아를 부끄럽게 하지 않기 위하여 가만히 파혼하려고 했습니다.
요셉은 긍휼이 많은 착한 사람이었습니다. 그는 율법 보다는 사람을 사랑했고, 죄인을 정죄하기보다는 그를 긍휼히 여겼으며, 속단하기 보다는 신중했고, 감정을 앞세우기보다는 생각할 여유가 있는 사려가 깊은 사람이었습니다. 요셉의 처신은 현명한 것이었습니다. 그러나 그를 의롭게 하심은 요셉 자신이 아니고, 하나님이셨습니다.

2. 순종을 좋아하는 사람

24절, "마리아를 아내로 맞이하라. 아들을 낳으면 예수라 하라"는 주의 사자의 분부대로 순종하였습니다. 사실, 요셉에게 마리아를 아내로 맞아들이라는 분부는 문제가 있습니다. 도덕적으로, 신앙적으로 순종할 수 없는 분부입니다. 그녀가 임신을 했기 때문입니다.

그렇지만 요셉은 마리아를 아내로 맞아들였습니다. 그리고 그는 마리아가 아이를 낳을 때까지 상관하지 않았습니다. 믿음과 사랑으로 괴로움을 감당할 수 있었습니다. 믿음과 사랑은 죽음보다 강합니다. "내가 믿으려면 어떻게 해야 하나요? 사랑하라. 사랑하려면 어떻게 해야 하나요? 믿어라." 사랑하면 믿고, 믿으면 사랑합니다.

3. 아내를 보호한 사람

요셉은 하나님의 사자의 분부를 따라 마리아가 아이를 낳을 수 있도록 잘 보살폈습니다. 그리하여 하나님의 뜻을 이루었습니다. 사실은 하나님께서 요셉을 사용하여 하나님의 뜻을 이루셨습니다. "한 사람이 순종치 아니함으로 많은 사람이 죄인 된 것 같이 한 사람이 순종하심으로 많은 사람이 의인이 되리라."(롬 5:19) 첫째 아담으로 우리가 죄인이 되었고 마지막 아담의 순종함으로 우리가 의인이 되었습니다. 순종은 예배보다 낫고, 예물보다 낫고, 기적으로 하나님께 영광이 됩니다.

요셉과 마리아는 서로에게 믿음과 사랑으로 했습니다. 오늘, 우리 가족에게도 믿음과 사랑으로 함이어야 합니다. 내 생각, 내 지식, 내 경험을 앞세우지 말고 하나님을 믿고 사람을 사랑함으로 서로를 섬겨야 합니다. 우리가 서로 하나님을 믿으면 사랑하게 되고, 사랑하면 하나님을 믿습니다. 하나님께 드려지는 가정이 되기를 축복합니다.

▷ 기도 _ 설교자

사랑하는 ○○○께서 만세 반석이 열린 곳에 계심을 감사하는 가족들에게 더욱 하나님의 나라를 소망하는 은혜를 내려 주시옵소서. 귀한 지체들이 노아와 같이 하나님의 쓰임에 준비함이 있게 하시옵소서.
저희들에게 또 한 날의 예배하는 시간을 주셨음에 감사드립니다. 이 시간에, 천국에 가신 고인에 대한 추억을 새롭게 하려고 모인 이들이 영과 진리로 예배하게 하시옵소서. 존경하고, 사랑하는 종이 하나님의 부르심을 받은 지 벌써 ○년이 되어 가족이 한 자리에 모였으니 즐겁습니다.
예수님의 이름으로 기도드립니다. 아멘.

▷ 찬송 _ 430장
▷ 주님의 기도

그에게 예수의 십자가를 억지로 지워

▷ 예식사 _ 인도자

오늘은 주 안에서 저희들과 함께 지내시던 고○○○ 님의 ○ 주기 기일입니다. 고인을 추모하며 예배하겠으니 다 같이 머리를 숙이십시다.

그러나 주께 피하는 모든 사람은 다 기뻐하며 주의 보호로 말미암아 영원히 기뻐 외치고 주의 이름을 사랑하는 자들은 주를 즐거워하리이다(시 5:11)

▷ 신앙고백 _ 사도신경

▷ 찬송 _ 524장

▷ 대표 기도 _ 참석자 중에서

▷ 말씀 합독 _ 마 27:31-34

31. 희롱을 다 한 후 홍포를 벗기고 도로 그의 옷을 입혀 십자가에 못 박으려고 끌고 나가니라
32. 나가다가 시몬이란 구레네 사람을 만나매 그에게 예수의 십자가를 억지로 지워 가게 하였더라
33. 골고다 즉 해골의 곳이라는 곳에 이르러
34. 쓸개 탄 포도주를 예수께 주어 마시게 하려 하였더니 예수께서 맛보시고 마시고자 하지 아니하시더라

▷ 설교 _ 그에게 예수의 십자가를 억지로 지워

고인께서 우리의 곁을 떠나가신지 ○주기에, 하나님 앞에서 ○○○를 그리워합니다. 저의 기억으로도 고인께서는 늘 가정과 자녀들을 위해서 수고하는 삶을 사셨기에, 오늘, 우리는 ○○○를 더욱 기억하게 됩니다. 하나님께서 위로해주실 것을 기대하면서 말씀을 보겠습니다.

본문의 말씀은 예수님의 십자가 길을 도운 시몬에 대한 이야기입니다. 주님의 십자가를 대신 졌던 그의 모습은 오늘, 우리가 가져야 될 마음입니다. 시몬은 억지로 십자가를 짊어졌는데, 후에, 그의 아내는 바울 사도의 믿음의 어머니가 되었습니다.

1. 억지로 짊어진 예수님의 십자가

예수님은 그리스도라고 하셨습니다. 주님께서는 우리를 위하여, 우리의 죄를 담당하고, 우리의 죄를 대신 지고 십자가에 못 박혀 죽으시려고 어린 양처럼 끌려가셨습니다. 속죄 제물로, 대속 제물로 끌려가셨습니다. 십자가만이 죄 사함 받고 구원받는 하나님의 공의와 사랑이기 때문입니다.

그 십자가가 너무나 무거워 주님께서는 넘어지고 쓰러지셨습니다. 이를 본 그들은 구레네 시몬으로 하여금 억지로 그의 십자가를 지도록 하였습니다. 시몬 자신은 몰랐지만 십자가는 그에게 하나님의 은혜였습니다. 그가 십자가를 짊어졌던 그 후에, 그의 가정은 주님의 가정이 되었습니다. 그의 아내는 바울에게 믿음의 어머니가 되었습니다.

2. 알렉산더와 루포의 아버지

하나님의 은혜가 그의 집에 임하였습니다. 시몬은 예수님께서 십자가의 길에 구원해주신 사람이 되었습니다. 로마서에는 예루살렘 교회의 충성스러운 일꾼이며, 지도자로서 알렉산더와 루퍼를 말하고 있습니다. 이들 형제는 바로 억지로 십자가를 지고 갔던 구레네 시몬의 자녀였습니다. 그의 자녀가 로마 교회의 중추적인 인물이 되었습니다.

주님께서는 심은 대로 거둔다고 하셨습니다. 구레네 시몬은 주님의 십자가를 잠시나마 대신 짊어졌기 때문에 위대한 아내와 자녀를 보게 되었습니다. 십자가는 억지로라도 짊어져야 합니다. 십자가는 공의와 사랑이요, 죽음과 부활이요 은혜와 생명이기 때문입니다. 부모의 삶은 자녀에게 큰 영향을 끼칩니다. 그것이 하나님의 은혜입니다.

3. 그의 아내, 바울에게 믿음의 어머니

바울은 부활하신 예수님으로부터 사도로 부르심을 받았습니다. 그 후에, 다메섹으로 가서 아나니아에게 세례를 받고 선교사로 파송을 받았습니다. 그는 네 번의 선교 여행을 통해 눈부신 활약을 했습니다. 그는 옥에 갇히기도 하고, 매도 수없이 맞고, 여러 번 죽을 번했습니다. 바울을 위하여 하나님께서 시몬의 아내를 위로자로 준비해주셨습니다.

그는 40에 하나 감한 매를 다섯 번 맞고, 세 번 태창으로 맞고, 한 번 돌로 맞고, 세 번 파선하고, 일주야를 깊은 바다에서 지냈으며, 여러 번 여행하면서 위험을 당했고, 여러 번 자지 못하고 주리며 목마르며 굶고 춥고 헐벗었습니다. 이런 고통을 겪으면서 인류 역사를 창조하고, 인류 역사에 빛을 발했으며 인류 역사에 빛을 남겼습니다.

구레네 시몬은 주님 십자가를 억지로 졌습니다. 그 결과, 그의 자녀는 로마 교회의 중추적인 인물이 되었고, 그의 아내는 바울의 어머니가 되었습니다. 그러므로 십자가를 지는 것은 하나님의 큰 사랑이며 큰 은혜입니다. 바울이 구레네 시몬의 아내인 이름도 없는 그녀를 '내 어머니니라'라고 소개하였습니다. 그러므로 십자가는 억지라도 져야 합니다.

▷ 기도 _ 설교자

소망 가운데서 영광의 주님을 바라보며 사셨던 ○○○를 추모하게 하시니 감사드립니다. 저의 신앙이 자녀들에 의해서, 손자들에게로 이어져 하늘의 문을 여는 기도의 가정이 되게 하시옵소서.
○○○를 추억하는 복스러운 날에, 후손들을 위해 축복합니다. 귀한 지체들이 여호와 보시기에 정직한 후손이 되는 복을 누리게 하시옵소서. ○○○의 믿음을 따르고 있으니, 형통하여 번성케 하시는 은혜를 보게 하시옵소서. 여호와 앞에서 불의한 일은 물리치고, 조상들의 죄도 고백하게 하시옵소서.
예수님의 이름으로 기도드립니다. 아멘.

▷ 찬송 _ 151장
▷ 주님의 기도

너희 중 하나가 나를 팔리라

▷ 예식사 _ 인도자

하나님께서 복된 시간을 주셨습니다. 사랑하는 고○○○ 님의 ○ 주기 기일을 맞이해서 하나님께 영광을 드리겠습니다.

> 여호와는 압제를 당하는 자의 요새이시요 환난 때의 요새이시로다 여호와여 주의 이름을 아는 자는 주를 의지하오리니 이는 주를 찾는 자들을 버리지 아니하심이니이다(시 9:9-10)

▷ 신앙고백 _ 사도신경
▷ 찬송 _ 531장
▷ 대표 기도 _ 참석자 중에서
▷ 말씀 합독 _ 요 13:26-29

26. 예수께서 대답하시되 내가 떡 한 조각을 적셔다 주는 자가 그라 하시고 곧 한 조각을 적셔서 가룟 시몬의 아들 유다에게 주시니
27. 조각을 받은 후 곧 사탄이 그 속에 들어간지라 이에 예수께서 유다에게 이르시되 네가 하는 일을 속히 하라 하시니
28. 이 말씀을 무슨 뜻으로 하셨는지 그 앉은 자 중에 아는 자가 없고
29. 어떤 이들은 유다가 돈궤를 맡았으므로 명절에 우리가 쓸 물건을 사라 하시는지 혹은 가난한 자들에게 무엇을 주라 하시는 줄로 생각하더라

▷ 설교 _ 너희 중 하나가 나를 팔리라

시간이 흐를수록 ○○○를 그리워합니다. 그 사랑과 희생으로 오늘, 우리들이 이렇게 살아가고 있으니 감사할 뿐이라, ○○○께 배은망덕하지 않기를 다짐하며 매일을 지내고 있습니다. 이 시간에, 하나님께서 우리 가정에 주시는 복을 나누려 합니다.

오늘, 가룟 유다의 모습을 생각하려는 것은 하나님 앞에서 주의하는 가족이 되기를 원해서입니다. 유다라는 그의 이름에는 "그를 찬미하자, 그를 기억하자"는 뜻이 들어있습니다. 그렇지만 그는 우리 주님께 배신자요 배반자가 되었습니다. 우리도 늘 자신을 살펴 조심해야 합니다.

1. 주님의 사도회의 회계

가룟 유다는 예수 그리스도의 부름을 받은 사도회의 회계였습니다. 사도회는 천국건설을 위하여 그리스도 예수의 부름을 받고 보냄을 받는 자들입니다. 회계는 돈 맡은 자로 정직하고 진실해야 하며, 믿음과 사랑이 있어야 하고, 지혜롭고 슬기로워야 합니다.

유다가 그리스도 예수를 은전 30에 팔았다는 것은 시험에 들고 악에 빠졌기 때문이었습니다. 주님께서는 "시험에 들게 하지 마옵시고 다만 악에서 구하옵소서!"라고 기도하라 하셨습니다.

2. 예수님을 판 제자

27절의 말씀에 보면, 가룟 유다가 예수님을 은전 30에 팔았던 것은 사탄이 그 속에 들어갔기 때문입니다. 악령이 들어가면 악령의 사람이 되고 성령이 들어가면 성령의 사람이 됩니다. 그는 전에, 마리아가 비싼 향유 한 옥합을 깨뜨려 예수님의 발에 부어드렸을 때 돈을 훔칠 생각으로 왜 허비하느냐고 비난했었습니다. 사람을 보면 겉은 선한데 속은 악한 사람이 있습니다. 한 사람이 두 주인을 섬기지 못합니다. 돈을 사랑함이 일만 악의 뿌리가 된다고 하였습니다.

3. 스승 예수님을 배신한 제자

21절, "너희 중 하나가 나를 팔리라." 제자들은 주님의 말씀에 궁금해졌습니다. 그래서 주님께 여쭙니다. "주여 누구이니까?" 그러나 가룟 유다는 침묵하였습니다. 그의 신앙 중심이 예수님이 아니라 자기 자신이었습니다. 그는 자기의 신앙을 외식으로 채웠습니다. 그가 예수님께 입을 맞추고 인사를 한 것은 주님을 팔아넘기기 위한 외식이었습니다. 그는 돈궤를 맡고 거기 넣는 것을 훔쳐갔습니다. 그가 메시야이신 주님을 은전 30에 팔아넘겼습니다. 스승을 배신한 제자가 되었습니다.

4. 마음속에 사탄이 들어간 제자

"조각을 받은 후 곧 사탄이 그 속에 들어간지라"라고 하였습니다. 주님께서 사탄에 대하여 하신 말씀이 있습니다. "도적이 오는 것은 도적질 하고 죽이고 멸망시키려는 것"이라고 하셨습니다. 이처럼 사탄이 들어오는 것은 도적질 하고 죽이고 멸망시키려 함입니다. 사탄의 목적은 그리스도이신 예수를 십자가에 못 박아 죽이고자 함입니다. 그는 사탄의 도구가 되고 말았습니다. 배반하였습니다. 하나님의 교회를 붕괴시키려고 사탄이 들어갔기 때문입니다.

오늘, 나는 어떠합니까? 오직 주님을 사랑하면서 지내셨던 고인께서는 신앙의 승리를 보이셨습니다. 진실한 그리스도인에게도 사탄이 들어가면 사탄의 사람이 됩니다. 사탄의 사람이 되면 겉과 속이 다른 사람이 됩니다. 두 마음, 두 얼굴, 두 입술의 사람이 되지 않도록 기도합시다.

▷ 기도 _ 설교자

이 시간에, ○○○의 자손들이 여호와께 마음을 드리고, 오직 예배하는 가정이 되기를 소망합니다. 연약함 후에 강건하며, 애통한 후에 위로를 받는 자손들이 되게 하시옵소서.
하나님의 법률과 계명과 율례와 증거를 귀하게 여기셨던 ○○○의 태도를 저희들의 것으로 삼는 후손들이 되기를 다시금 다짐하는 이 시간이 되게 하시옵소서. 복된 식구들이 거룩한 후손들이 되어 하나님 앞에서 지낼 때, ○○○께서 생전에 약속을 받으셨던 자손에 이르는 복을 누림이 있게 하시옵소서.
예수님의 이름으로 기도드립니다. 아멘.

▷ 찬송 _ 395장
▷ 주님의 기도

일어나 직가라 하는 거리로 가서

▷ 예식사 _ 인도자

가족이 한 자리에 모이도록 하신 하나님이십니다. 고○○○ 님의 ○ 주기 기일에, 하나님께 영광을 드리겠습니다.

> 나는 오직 주의 사랑을 의지하였사오니 나의 마음은 주의 구원을 기뻐하리이다 내가 여호와를 찬송하리니 이는 주께서 내게 은덕을 베푸심이로다 (시 13:5-6)

▷ 신앙고백 _ 사도신경

▷ 찬송 _ 440장

▷ 대표 기도 _ 참석자 중에서

▷ 말씀 합독 _ 행 9:12-15

12. 그가 아나니아라 하는 사람이 들어와서 자기에게 안수하여 다시 보게 하는 것을 보았느니라 하시거늘
13. 아나니아가 대답하되 주여 이 사람에 대하여 내가 여러 사람에게 듣사온즉 그가 예루살렘에서 주의 성도에게 적지 않은 해를 끼쳤다 하더니
14. 여기서도 주의 이름을 부르는 모든 사람을 결박할 권한을 대제사장들에게서 받았나이다 하거늘
15. 주께서 이르시되 가라 이 사람은 내 이름을 이방인과 임금들과 이스라엘 자손들에게 전하기 위하여 택한 나의 그릇이라

▷ 설교 _ 일어나 직가라 하는 거리로 가서

하나님께 감사할 따름입니다. ○○○는 우리 가정에 하나님의 선물이셨습니다. 그분의 헌신과 열성으로 우리들은 모두 성장하였고, 이제는 가정도 꾸려서 어엿하게 살아가고 있습니다. ○○○의 발자취를 따르려는 우리에게 오늘, 하나님의 말씀은 큰 위로가 될 것입니다.

예배를 준비하면서 본문의 말씀을 보게 되었는데, 아나니아라는 사람에게서 고인을 묵상하게 되었습니다. 그는 '여호와는 은혜이다'라는 삶으로 지냈는데, 다메섹으로 가는 도중에 그리스도의 부름을 받은 사울을 도와주고, 그에게 세례를 주었습니다. 고인의 모습을 기억합니다.

1. 환상 중에 계시를 받다

가혹한 핍박자였던 사울은 초대교회 성도들 사이에 널리 알려졌었습니다. 아나니아는 사울이 교회에 적지 않은 해를 끼쳤음을 풍문으로 알고 있었습니다. 그래서 그는 사울을 경계하고 있었습니다. 아마도 핍박자에 대한 지혜로운 자세였습니다. 그러나 주님의 계획은 사울을 복음을 위한 그릇으로 준비하심에 있었습니다.

그런데 환상 중에, "사울을 찾으라!"는 계시를 받았습니다. 그는 사울이 대제사장에게서 성도들을 결박할 권세를 받아가지고 다메섹에 온 것을 두려워했습니다. 두려워하면 아무 일도 못합니다. 두려움은 무시 못 할 강적입니다. 더 무서운 강적은 자기 자신입니다. 자신과의 싸움에서 승리하지 못하면 아무 일도 못합니다.

2. 말씀에 순종하다

아나니아는 사울이 다메섹으로 내려온 것을 심히 두려워했습니다. 그러나 사울은 이방인의 사도로 그리스도의 부름을 이미 받았습니다. 여기에서 우리는 인간의 짧은 생각과 하나님의 깊은 생각의 격차를 발견하게 됩니다. 모든 일을 자기중심으로 생각하고 하나님 중심으로 생각하지 않는 것입니다. 우리는 아집과 편견을 버려야 합니다.

주님께서는 아나니아를 사울의 변호인으로 삼기 위하여 그에게 계시하셨고 사울의 진실한 개종을 설명해주셨습니다. 아나니아는 자기의 생각을 버리고 환상에 순종하여 사울에게로 찾아갔습니다.

3. 사울에게 안수하다

사실, 아나니아도 두려웠을 것입니다. 그렇지만 순종해서 사울에게로 갔습니다. 그가 주님의 말씀대로 안수하였더니 사울의 눈이 밝아졌고, 성령이 충만해졌습니다. 그의 몸과 마음과 영혼이 성령으로 충만하였고, 그의 머리와 가슴과 수족이 성령으로 충만하였으며, 그의 지, 정, 의가 성령으로 충만하였습니다.

교회와 성도를 핍박하는데 충만했던 사울, 그가 지금은 성령이 충만하였습니다. 하나님의 영광과 은혜가 가득하였습니다. 또한 육적 안목과 지적 안목과 영적 안목을 주셨습니다. 그리고 세례를 받았습니다. 이는 자신의 죄를 회개한 증거이며, 성령세례를 받은 확신입니다. 이렇게 주님이 철저하게 준비하신 것은 이방인의 사도로 쓰시기 위함입니다.

아나이나는 환상 중에 계시를 받았습니다. 그리하여 주님의 말씀에 순종하여 사울을 찾아가 안수 하였습니다. 안수를 받은 사울은 눈이 밝아졌고, 성령이 충만했으며, 일어나 세례를 받았습니다. 이는 주님이 사울을 이방인의 사도로 쓰시기 위한 주권적 계획이셨습니다.

고인의 삶에서 저는 아나니아의 모습을 보았습니다. 가족 여러분들도 고인께서 하나님의 말씀에 오직 순종을 하셨던 삶을 기억하실 겁니다. 주님의 말씀에 순종하여 주님의 뜻이 이루어드리는 후손이 됩시다.

▷ 기도 _ 설교자

○○○의 자손들에게 죄를 멀리하고, 죄인들과 가까이 하지 않게 하셨음에 감사드립니다. 하나님의 기쁨이 되는 복된 지체들이 하늘의 소망을 주신 주님을 찬양하는 노래의 샘이 되게 하시옵소서.

하나님의 은혜로 저희들을 이곳에 오도록 해 주셨음에 감사드립니다. 지금이라도 ○○○의 손짓을 보는 것 같은 저희들에게 저에 대한 정을 여호와를 경배하는 예배로 나아가게 하시옵소서. 생전의 ○○○와 같이 예배했던 모습을 떠올리면서 하늘의 영광을 노래하는 한 시간이 되기를 소망합니다.

예수님의 이름으로 기도드립니다. 아멘.

▷ 찬송 _ 502장
▷ 주님의 기도

바울은 실라를 택한 후에

▷ 예식사 _ 인도자

오늘, 고○○○ 님의 ○ 주기 기일을 맞이해서 보니 우리 가정을 위하시는 하나님의 은혜가 크셨습니다. 고인을 추모하며 예배드리겠습니다.

> 또 주께서 주의 구원하는 방패를 내게 주시며 주의 오른손이 나를 붙들고 주의 온유함이 나를 크게 하셨나이다(시 18:35)

▷ 신앙고백 _ 사도신경

▷ 찬송 _ 444장

▷ 대표 기도 _ 참석자 중에서

▷ 말씀 합독 _ 행 15:22, 40-41

22. 이에 사도와 장로와 온 교회가 그 중에서 사람들을 택하여 바울과 바나바와 함께 안디옥으로 보내기를 결정하니 곧 형제 중에 인도자인 바사바라 하는 유다와 실라더라
40. 바울은 실라를 택한 후에 형제들에게 주의 은혜에 부탁함을 받고 떠나
41. 수리아와 길리기아로 다니며 교회들을 견고하게 하니라

▷ 설교 _ 바울은 실라를 택한 후에

늘 ○○○의 모습을 가슴에 담고 살아온 우리들, 추모예배로 하나님께 나아가니 감사합니다. 생전에 가족과 자녀를 위하여 간구하셨던 기도의 응답으로 오늘 우리는 복을 누리고 있습니다. ○○○의 사랑과 기도를 본 받아 우리도 가정과 자녀를 위하여 기도로 살아가기를 원합니다.

오늘, 고인을 추억하며, 실라에 대하여 묵상하기를 원합니다. 그는 초대 예루살렘 교회의 유력한 한 사람이며, 사도 바울의 동역자요 친구이었습니다. 그는 바울과 같이 옥에 갇혔었고, 끝까지 바울과 동행하였습니다. 고인께서는 숨을 거두시는 날까지 주님의 친구이셨습니다.

1. 편지를 안디옥 교회에 전달하다

할례 문제(구원) 때문에 예루살렘에 모였던 사도와, 장로들, 그리고 교회대표자들은 "다만 우상의 더러운 것과 음행과 목매어 죽인 것과 피를 멀리하라"는 야고보의 제안을 채택하여 각 교회에 통보하였습니다. 이방인들이 다시 죄로 돌아가는 것을 막기 위함에서였습니다.

사람은 연약하여, 회심하고 하나님께로 돌아왔어도 세상 유혹에 어울리면 다시 죄의 구렁텅이에 빠지게 됩니다. 그러므로 예루살렘 교회의 전체 회의에서 네 가지 계율을 결정하여 이방 교회에게 보낸 것입니다. 이 편지를 전달할 사람으로 유다와 실라가 택함을 받았습니다. 이들은 끝까지 전도 사역에 몸 바쳤습니다. 우리는 하나님께 인정을 받고, 주님의 일을 부탁 받아야 합니다.

2. 바울과 함께 옥에 갇히다

바울과 실라는 기도하러 가다가 점치는 귀신들린 여종을 만났습니다. 그가 바울 일행을 따라오며 "이 사람들은 지극히 높은 하나님의 종으로 구원의 길을 너희에게 전하는 자라"고 외쳤습니다. 바울이 심히 괴로워 "예수 그리스도의 이름으로 네게 명하노니 그에게서 나오라"고 명하였습니다. 귀신이 즉시 나왔습니다.

여종의 주인이 바울을 고발했습니다. 상관들이 물어보지도 않고 옷을 찢어 벗기고 매로 쳐서 옥에 가두고 그 발을 차꼬에 든든히 채웠습니다. 그들은 이것이 하나님의 은혜인 줄 알고 기도하고 찬송하였습니다. 갑자기 옥터가 움직이고 옥문이 열리고 차꼬가 다 풀렸습니다. 이로 인하여 간수의 가족이 예수를 믿고 세례를 받았습니다.

3. 끝까지 바울과 함께 동행하다

실라는 암비볼리와 아볼니아를 거쳐 데살로니가에도 바울을 따라 갔습니다. 실라는 자신의 유익과 상관하지 않고 바울을 도왔습니다. 그 결과, 많은 사람들이 예수를 믿은 반면 시기로 인하여 바울과 실라는 많은 핍박을 받았습니다. 그리하여 마침내는 소동까지 일으켰기 때문에 바울과 실라는 밤에 베뢰아로 피신하지 않을 수 없게 되었습니다.

데살로니가에 있는 유대인들이 무리를 충동하여 소동을 일으키자, 베뢰아 신자들은 유대인들의 박해가 미치기 전에 즉시 바울과 실라를 피신시켰다. 바울은 아덴으로 떠났고 실라와 디모데는 거기 체류하여 어린 교회를 돌보게 했습니다. 이 두 사람은 즉시 아덴의 바울에게서 오라는 연락을 받았습니다.

실라는 바울의 동역자요 친구로서 함께 하였습니다. 실라의 삶은 오늘, 우리에게 주님의 동역자로 살아가는 삶에 도전을 줍니다. 실라는 바울과 함께 옥에 갇혔었고, 바울과 함께 끝까지 동행하며 복음을 전하였습니다. 고린도에서 실라는 바울의 유능한 동역자가 되어주었습니다. 한 마디로 실라는 바울의 신실한 형제로서, 주님을 따르는 우리에게 어떻게 해야 될 것을 교훈해줍니다.(벧전 5:12)

▷ 기도 _ 설교자

○○○를 천국으로 먼저 보내드리고, 그의 자손들이 주님의 세계에서 살게 하셨음에 감사드립니다. 귀한 믿음의 후손들이 주님을 모시고 사는 가정에 영원한 영광을 누리게 하시옵소서.
하나님의 부르심을 받으신 귀한 종이 주님께서 다시 오시는 날에 잠에서 깨어나실 것을 소망합니다. 죽음을 이기시고 다시 살아나신 주님의 승리로 인하여 부활의 첫 열매를 보게 해 주셨습니다. 주님을 따라서 ○○○께서도 부활하실 것을 소망하게 해주셨음에 감사드립니다.
예수님의 이름으로 기도드립니다. 아멘.

▷ 찬송 _ 502장
▷ 주님의 기도

기일 6

형제들에게 칭찬 받는 자

▷ 예식사 _ 인도자

자비로우신 하나님께서 오늘, 사랑하는 고○○○ 님의 ○ 주기 기일을 맞이하도록 하셨습니다. 이에, 하나님께 영광을 드리겠습니다.

> 이스라엘의 찬송 중에 계시는 주여 주는 거룩하시니이다 우리 조상들이 주께 의뢰하고 의뢰하였으므로 그들을 건지셨나이다(시 22:3-4)

▷ 신앙고백 _ 사도신경

▷ 찬송 _ 406장

▷ 대표 기도 _ 참석자 중에서

▷ 말씀 합독 _ 행 16:2-5

2. 디모데는 루스드라와 이고니온에 있는 형제들에게 칭찬 받는 자니

3. 바울이 그를 데리고 떠나고자 할새 그 지역에 있는 유대인으로 말미암아 그를 데려다가 할례를 행하니 이는 그 사람들이 그의 아버지는 헬라인인 줄 다 앎이러라

4. 여러 성으로 다녀 갈 때에 예루살렘에 있는 사도와 장로들이 작정한 규례를 그들에게 주어 지키게 하니

5. 이에 여러 교회가 믿음이 더 굳건해지고 수가 날마다 늘어가니라

▷ 설교 _ 형제들에게 칭찬 받는 자

하나님께서 우리를 사랑하사 ○○○의 자녀가 되게 하셨고, ○○○께서는 우리를 위해서 평생의 수고를 하셨던 삶이 자주 떠오릅니다. 우리가 어렸을 때, 힘든 고비마다 ○○○께서 감당하여 지냈던 시간들, 결코 잊을 수 없습니다. 하나님께서 권면해주시는 말씀을 듣고, 새롭게 결단하기를 원합니다.

이 시간에, 디모데의 삶을 나누려는 것은 고인의 생애에서 남겨준 교훈을 함께 하기 위해서입니다. 디모데가 그의 이름에 담겨진 의미대로 하나님을 공경하고, 하나님을 사랑했는데 바로 고인의 삶이 그러하였습니다. 그는 기독교로 개종한 경건한 유대인의 후손이었습니다. 오늘, 고인의 삶 역시 우리 가족을 기독교로 개종하도록 했습니다.

1. 거짓이 없는 믿음의 사람

바울은 디모데를 사랑하는 아들이라고 불렀습니다. 그는 하나님을 조상적부터 섬겨온 경험을 갖고 있습니다. 디모데의 가문은 청결한 양심으로 하나님을 섬겨왔습니다. 그는 위대한 신앙의 유산을 받았습니다. 돌이켜보면 우리 가정에서는 고인께서 구원의 통로, 축복의 통로가 되어 복을 누리고 있습니다. 위대한 신앙의 유산은 자녀들의 생애를 바꿀 수 있는 성공과 승리의 원천이 됩니다. 깨끗하지 못한 나무는 좋은 열매를 맺지 못합니다. 그의 믿음은 거짓이 없었습니다. 하나님께서 인정하시는 믿음이었습니다. 아무리 좋은 믿음을 고백할지라도 좋은 열매를 맺지 않으면 긍정적으로 평가할 수 없습니다.

2. 형제들에게 칭찬받은 사람

그는 훌륭한 가정교육 덕분에 몸과 마음이 반듯하여 하나님이 인정하고 사람들이 칭찬하는 믿음의 사람이 되었습니다. 훌륭한 신앙을 전수하기에 가장 적합한 곳이 가정이고, 가장 적합한 교사가 부모입니다. 그는 루스드라와 니고이온에 있는 형제들에게 칭찬을 받았습니다. 그의 거짓 없는 진실한 믿음 때문이었을 것입니다.

거짓 없는 진실한 믿음으로 사는 그리스도인은 믿는 자와 믿지 않는 자들로부터 핍박을 받기도 하고 칭찬을 받기도 합니다. 사실은 겉으로는 핍박을 하지만 속으로는 인정을 합니다. 세상은 한국교회와 교인들을 믿지 않는다. 거짓되기 때문입니다. 외식하는 서기관과 바리새인의 모습이기 때문입니다. 회개하지 아니하면 촛대를 옮기실 것입니다.

3. 사도 바울의 아들이요 동역자

바울은 디모데에 대하여 "내 사랑하는 신실한 아들(고전4:7), 참 아들(딤전1:1-2), 사랑하는 아들(딤후1:1-2) 이라고 했습니다. 디모데는 바울이 복음으로 낳은 아들입니다. 그는 바울이 두 번째 루스드라에 방문하였을 때 동행하였고, 소아시아, 헬라, 마게도니야, 로마 등지에서 복음을 전했습니다.

바울은 순교 직전 디모데에게 최후의 편지(딤후)를 썼습니다. 바울이 그 자신의 최후 편지에서 디모데를 언급했다는 것만으로도 그가 얼마나 디모데를 기대했는가를 보여줍니다. 디모데는 바울에게 있어서는 실로 좋은 동역자였으며, 위로자였습니다. 오늘, 우리는 가정에서, 교회에서 동역자가 되어야 합니다. 기대를 해도 좋을 사람, 위로해줄 수 있는 사람이 되어야 합니다. 그것이 바로 주님의 모습입니다.

디모데는 바울이 신임하는 사람이었습니다. 오늘, 우리가 추모하는 고인이야말로 우리에게 신임의 사람이셨습니다. 자녀들에게는 신임하는 부모였고, 교회에서는 신임하는 지체였습니다. 거짓이 없는 믿음의 사람으로 칭찬을 받았던 디모데의 모습을 나의 것으로 삼기를 원합니다.

▷ 기도 _ 설교자

○○○를 기억하는 좋은 시간에 예배하게 하셨음에 감사드립니다. 이 가정에 구원의 은혜가 임하고, 모든 식구들이 하나님의 나라를 본향으로 갖게 하셨음을 든든히 여기게 하시옵소서.
마음이 연약해질 때, 고인을 강하게 해 주셨던 성령님의 은혜로 담대함을 얻게 하시옵소서. 이 땅에서의 삶이 힘들어질 때는 고인에게 힘이 되어 주셨던 여호와의 손길이 나타나 이기게 해 주시옵소서. 이 땅에서 지내실 때, ○○○께서 어린양 예수님의 피를 믿어 죄를 이겼던 승리의 은혜를 이 가정에 내려 주시옵소서.
예수님의 이름으로 기도드립니다. 아멘.

▷ 찬송 _ 518장
▷ 주님의 기도

마음을 시원하게 하였으니

▷ 예식사 _ 인도자

늘 함께 해주신 하나님께서 오늘, 우리에게 고○○○ 님의 ○ 주기 기일을 주셨으니, 하나님께 예배를 시작하겠습니다.

> 나는 나의 완전함에 행하오리니 나를 속량하시고 내게 은혜를 베푸소서 내 발이 평탄한 데에 섰사오니 무리 가운데에서 여호와를 송축하리이다(시 26:11-12)

▷ 신앙고백 _ 사도신경
▷ 찬송 _ 411장
▷ 대표 기도 _ 참석자 중에서
▷ 말씀 합독 _ 고전 16:15-18

15. 형제들아 스데바나의 집은 곧 아가야의 첫 열매요 또 성도 섬기기로 작정한 줄을 너희가 아는지라 내가 너희를 권하노니
16. 이같은 사람들과 또 함께 일하며 수고하는 모든 사람에게 순종하라
17. 내가 스데바나와 브드나도와 아가이고가 온 것을 기뻐하노니 그들이 너희의 부족한 것을 채웠음이라
18. 그들이 나와 너희 마음을 시원하게 하였으니 그러므로 너희는 이런 사람들을 알아 주라

▷ 설교 _ 마음을 시원하게 하였으니

○○○께서 우리의 곁을 떠나신 지도 어언 ○년이 지나고 있는데, 마음에 남겨주신 ○○○의 모습은 시간의 흐름이 더할수록 더욱 또렷해집니다. 오늘, 추모예배를 준비하면서 바로 옆에 ○○○께서 계신 것 같았습니다. ○○○의 자취에서 어긋나지 않는 삶을 살기로 다짐하면서 함께 하나님의 말씀을 보겠습니다.

본문을 보면서, 저는 고인을 뵙는 느낌이었습니다. 스데바나는 자기의 가족과 함께 바울에게 세례를 받은 아가야의 첫 열매이며, 성도를 섬기기로 작정한 사람입니다. 고인께서는 하나님의 나라에 열매가 되셨다고 확신합니다. 스데바나가 바울에게 충성스런 동역자로서 수고를 다했던 모습을 고인에게서 생각해보았습니다.

1. 그는 아가야의 첫 열매

15절에, 그의 집은 아가야의 첫 열매라고 하였습니다. 아가야는 당시에, 로마의 행정구로서 그리스 전토이고, 수도는 고린도입니다. 바울의 전도는 그들 사이에서 시작되고, 아볼로에 의해 계승되었습니다. 루디아를 보세요? 그녀는 빌립보 교회의 첫 열매가 되었습니다. 우리에게도 첫 열매가 되어보겠다는 거룩한 다짐이 있어야 합니다. 교회, 학교, 병원 설립의 첫 열매가 되기를 소원합니다.

2. 성도를 섬기기로 작정된 사람(15b)

15절, 그의 집은 복음의 도리를 따라 성도를 섬기기로 작정하였다고 하였습니다. 그는 곧 하나님께 헌신하고, 봉사하며, 충성하기로 결심하였습니다. 스데바나의 집이 헌신 봉사하기로 결심한 것은 바울의 부탁에서 비롯된 것이 아니었습니다. 그는 자원함과 감사함으로, 결심한 것입니다. 성령님께서 감동을 주심에 따라 순종하여 결심하였습니다.

3. 함께 일하며 수고하는 자

16절, 그의 집은 함께 일하였습니다. 가족이 함께 일했고, 바울의 일행과도 함께 일했습니다. 그리고 그 집 사람들은 함께 수고하였습니다. 주님의 종들과 함께 수고하였고, 교인들과도 함께 수고하였습니다. 함께 일하고 수고할 수 있는 겸손하고, 관용하며, 진실하였기 때문입니다.

4. 부족한 것을 채워 주어준 자

17절, 그 집 사람들은 부족한 것을 채워주었습니다. 고린도 교회의 바울을 향한 애정과 충고의 필요성을 전해줌으로 바울에게 용기와 기쁨과 안식을 주었습니다. 이처럼 성도의 교제는 좋은 결과를 가져다줍니다. 성도는 교제가 끊어지면 관계가 끊어지고, 관계가 끊어지면 교제가 끊어집니다.

5. 마음을 시원하게 해준 자

그들은 바울의 서신보다 더 상세한 소식을 전하여서 마음을 시원하게 하였으며 돌아가면 고린도 교회 교인들의 마음을 시원하게 하였습니다. 신실한 교인으로부터 소문보다 좋은 소식을 듣는 것은 목사의 기쁨입니다. 소식을 전한 사람이 신실하면 신실 할수록 더 기쁜 것입니다.

바울의 서신을 갖고 에베소에 갔다가 그 회답을 받아 와서, 바울에게 고린도 교회의 사정을 그에게 알렸습니다. 아가야의 첫 열매인 스데바나의 집은 교회를 섬기고 함께 일하며 함께 수고하고 부족한 것을 채우며 마음을 시원하게 하였습니다. 우리도 그러하기를 축복합니다.

▷ 기도 _ 설교자

○○○를 추억하는 저희들에게 그가 살았던 신앙의 발자취도 따르게 하시옵소서. 고인의 기도로 자라난 자녀들에게 믿음에서 믿음에 이르게 하시고, 천국을 사모하는 목마름으로 지내게 하시옵소서. 대대로 인도하시는 여호와이십니다. 여호와 앞에서 새해의 첫 시간을 예배하게 하시니 감사드립니다.
하나님의 은혜로 지난 시간에도 저희 식구들이 평안을 누렸으니, 감사로 예배할 때, 하나님께 홀로 영광을 드리게 하시옵소서. 식구들이 사랑하는 ○○○ 님을 그리워하며 찬송을 드리게 하시옵소서.
예수님의 이름으로 기도드립니다. 아멘.

▷ 찬송 _ 323장
▷ 주님의 기도

기일 8

우리와 동행하는 자라

▷ 예식사 _ 인도자

우리 가족이 지금까지 지내온 것은 하나님의 은혜였습니다. 그 은혜에 감사하고, 고○○○ 님을 추모하며 예배를 시작하겠습니다.

> 이는 잠잠하지 아니하고 내 영광으로 주를 찬송하게 하심이니 여호와 나의 하나님이여 내가 주께 영원히 감사하리이다(시 30:12)

▷ 신앙고백 _ 사도신경
▷ 찬송 _ 304장
▷ 대표 기도 _ 참석자 중에서
▷ 말씀 합독 _ 고후 8:16-19, 23

16. 너희를 위하여 같은 간절함을 디도의 마음에도 주시는 하나님께 감사하노니
17. 그가 권함을 받고 더욱 간절함으로 자원하여 너희에게 나아갔고
18. 또 그와 함께 그 형제를 보내었으니 이 사람은 복음으로써 모든 교회에서 칭찬을 받는 자요
19. 이뿐 아니라 그는 동일한 주의 영광과 우리의 원을 나타내기 위하여 여러 교회의 택함을 받아 우리가 맡은 은혜의 일로 우리와 동행하는 자라
23. 디도로 말하면 나의 동료요 너희를 위한 나의 동역자요 우리 형제들로 말하면 여러 교회의 사자들이요 그리스도의 영광이니라

▷ 설교 _ 우리와 동행하는 자라

오늘, 우리에게 ○○○의 추모예배를 드리도록 인도해주신 하나님께 감사합니다. ○○○의 자녀와 후손들이 한 명도 빠지지 않고 다 모이도록 해주셨습니다. ○○○의 마음과 신앙을 물려받아서 살아가게 하셨으니, 한 마음으로 하나님의 말씀을 받읍시다.

살아계셨을 때, 우리 모두에게 사랑이 되셨던 고인은 디도의 모습을 보여주셨습니다. 디도는 바울의 신임이 두터운 동역자이며, 그의 긴 전도여행의 동행자로서 그의 일을 잘 도왔습니다. 디도의 모습에서 고인의 삶을 추억하고, 고인의 신앙으로 살아가기를 다짐합시다.

1. 간절한 마음을 소유하다

사역의 주체가 누군가를 아는 것은 대단히 중요합니다. 자원하여 하던, 의무감에서 하던, 사역의 주체는 인간이 아니라 하나님이십니다. 하나님이 디도에게 간절한 마음을 주셨습니다. 일할 마음을 주시고, 일할 길을 열어주시고, 일할 능력을 주셨습니다. 때문에 그가 간절한 마음으로 바울과 함께 일하였습니다. 전적인 하나님의 은혜였습니다.

2. 겸손한 마음을 소유하다

디도는 바울의 권고를 겸손히 받아들였습니다. 하나님의 뜻 안에서 주어지는 권고는 그가 누구이든 겸손히 수용해야 합니다. 하나님은 교만한 자를 물리치시고 겸손한 자에게 은혜를 더하여 주십니다. 사울이 망한 것이나, 웃시야가 불행한 것이나, 루시퍼가 음부의 밑창에 빠진 것은 모두 교만 때문이었습니다. 겸손은 덕 중의 덕입니다.

3. 칭찬 듣는 자세를 소유하다

사역의 주체가 하나님이시라는 것을 아는 디도였습니다. 그는 자원해서 주의 일을 하였습니다. 목자적인 자세로 일했습니다. 이런 사람을 하나님께서 기뻐하십니다. 그러므로 하나님께서 그를 칭찬하고, 사람들도 그를 칭찬했습니다. 마지못해서 억지로 일하는 사람은 하나님께서 기뻐하시지 않으십니다. 이런 사람은 사탄이 칭찬합니다.

4. 동료이며 동역자의 마음을 소유하다

디도는 은혜의 일로 바울과 함께 동행하였던, 바울의 동료요 교회를 위한 바울의 동역자였습니다. 하나님의 은혜인 거액의 연보를 복음에 합당하게 행하는 바울과 디도의 손에 들려 전달하였습니다. 그는 바울의 진실한 친구였고 동역자였습니다. 성도는 세상에서 지내는 동안에 믿음의 지체들과 동역하는 삶을 살아야 합니다.

5. 교회의 사자요 그리스도의 영광을 소유하다

디도는 주님의 부름을 받고, 보냄을 받은 교회의 사자입니다. 곧 그리스도 복음의 사역자입니다. 복음을 위하여 자기를 송두리째 내던진 사람입니다. 사역자는 은사가 있다 해도 만일, 자기에게 얽매어 있으면 그리스도의 합당한 사역자가 될 수 없습니다. 디도는 그리스도가 목적이요, 중심이요, 먼저인 그리스도의 영광인 사역자였습니다.

디도는 바울이 거액의 헌금을 맡길 만큼 진실한 교회의 사자요, 그리스도의 영광이었습니다. 그가 교회를 위하여 간절한 마음을 품었던 것처럼 하나님의 성령께서 고인에게 그리하도록 해주셨습니다. 고인께서는 이 땅에서 지내시는 동안에 언제나 중심의 삶을 사셨습니다. 그것은 하나님, 교회, 성경을 중심하는 삶이었습니다. 이 시간에, 우리는 고인의 길을 걸어가기를 축원합니다.

▷ 기도 _ 설교자

이 가정을 위하여 하늘의 문을 여시고, 이미 많은 복으로 살게 하셨음에 감사드립니다. 지금, 고○○○ 님에 대한 추모를 예배로 영광을 드릴 때, 가정에 복이 넘치고 자손들이 형통하게 하시옵소서. ○○○를 기억하면서 짧은 시간 동안에 예배할 때, 하나님께 영광이 되게 하시고, 저희들은 신령한 은혜를 받게 하시옵소서.
찬송을 부르시던 ○○○의 모습, 기도를 하시던 ○○○의 모습을 자녀와 후손들의 가슴에 선물해 주신 여호와를 기쁨으로 예배하게 하시옵소서. 예수님의 이름으로 기도드립니다. 아멘.

▷ 찬송 _ 217장
▷ 주님의 기도

기일 9

<u>내가 쓸 것을 돕는 자라</u>

▷ 예식사 _ 인도자

오늘, 사랑하는 고○○○ 님의 ○ 주기 기일을 맞이한 것은 전적으로 하나님의 은혜입니다. 하나님께 영광을 드리겠습니다.

나와 함께 여호와를 광대하시다 하며 함께 그의 이름을 높이세 내가 여호와께 간구하매 내게 응답하시고 내 모든 두려움에서 나를 건지셨도다(시 34:3-4)

▷ 신앙고백 _ 사도신경

▷ 찬송 _ 310장

▷ 대표 기도 _ 참석자 중에서

▷ 말씀 합독 _ 빌 2:25-29

25. 그러나 에바브로디도를 너희에게 보내는 것이 필요한 줄로 생각하노니 그는 나의 형제요 함께 수고하고 함께 군사 된 자요 너희 사자로 내가 쓸 것을 돕는 자라

26. 그가 너희 무리를 간절히 사모하고 자기가 병든 것을 너희가 들은 줄을 알고 심히 근심한지라

27. 그가 병들어 죽게 되었으나 하나님이 그를 긍휼히 여기셨고 그뿐 아니라 또 나를 긍휼히 여기사 내 근심 위에 근심을 면하게 하셨느니라

28. 그러므로 내가 더욱 급히 그를 보낸 것은 너희로 그를 다시 보고 기뻐하게 하며 내 근심도 덜려 함이니라

29. 이러므로 너희가 주 안에서 모든 기쁨으로 그를 영접하고 또 이와 같은 자들을 존귀히 여기라

▷ 설교 _ 내가 쓸 것을 돕는 자라

○○○의 추모예배로 하나님께 영광을 드리게 되어 감사합니다. ○○○의 자녀와 후손들이 그리스도 예수 안에서 살아가고 있음이 우리 가족에게 영광입니다. 오늘, ○○○의 하나님을 나의 하나님으로 다시 한 번 고백하면서 하나님의 말씀을 보겠습니다.

오늘, 우리가 교훈을 받게 되는 에바브로디도, 그에게서 고인의 삶을 추억하게 됩니다. 본문의 말씀에서 에바브로디도를 세워주신 하나님이 고인도 그렇게 세워주셨습니다. 우리도 그렇게 세워주실 것입니다. 그는 주님의 일을 위해 죽게 되었어도, 자기를 돌아보지 않았습니다.

1. 바울의 형제

바울은 그를 가리켜서 형제라고 불렀습니다. 옥중에 있는 바울을 돕기 위해 빌립보 교회의 헌금을 가지고 가는 사람으로 파송 된 사람입니다. 그는 바울의 삶과 일과 위험을 함께 나누며 기꺼이 바울을 돕는 종의 역할을 담당한 형제였습니다. 주님의 몸 된 교회를 위해 다양한 직제가 있겠지만 거기에는 주종이 있을 수 없습니다. 주 안에서 함께 협력하여 동역하는 사람은 다 형제요 자매입니다.

2. 그리스도의 군사

바울은 에바브로디도를 향해서 자기와 함께 군사 된 자라고 하였습니다. 군사는 함께 하는 자입니다. 그는 실제로 복음을 위하여 자기 목숨을 돌보지 않을 만큼 헌신적인 군사였습니다. 그리스도인의 삶은 악한 세력들과의 투쟁이므로 그리스도인은 모두 그리스도의 충성된 군사들입니다. 군사는 영적인 싸움에서 그리스도의 보혈로 이깁니다.

3. 바울의 사역을 돕는 자

에바브로디도가 바울과 함께 해야 될 목적이 있었습니다. 그는 바울이 쓸 것을 돕는 자였습니다. 돕는다는 것은 제사장의 봉사를 뜻합니다. 제사장은 하나님, 말씀, 교회를 대신하는 종입니다. 에바브로디도는 종으로서 바울을 대신하고 교회를 대신하여 봉사하였습니다. 기쁠 때나 슬플 때나 잘될 때나 못될 때나 바울을 성역 하는 바울을 도왔습니다.

4. 하나님의 긍휼을 입은 자

에바브로디도가 로마에 도착하여 그만 중병에 걸리자, 성도들은 그의 건강을 염려하였습니다. 본인 역시 심히 근심하고 괴로워했습니다. 그는 주님과 교회를 위하여 근심하고 괴로워했습니다. 이러한 주님을 위한 그의 고민, 파송한 교회 교인들의 간구, 바울의 마음의 소원을 감찰하신 하나님께서 그를 긍휼이 여겨 병에서 회복시켜 주셨습니다.

5. 존귀히 여김을 받을 자

"이러므로 주 안에서 모든 기쁨으로 그를 영접하고 또 이와 같은 자들을 존귀히 여기라"고 하였습니다. 그가 그리스도를 위하여 죽기에 이르러도 자기 목숨을 돌보지 아니했기 때문입니다. 그가 병에 걸리게 된 것은 바울을 섬기는 교인들의 일에 부족함을 채우려 함이었습니다. 이러한 자는 존귀히 여김을 받아야 마땅합니다.

에바브로디도는 형제요, 함께 수고하고, 함께 군사 된 자였습니다. 그는 돕는 자였으며, 존귀히 여김을 받을 자였습니다. 우리 모두 그를 모델로 삼기를 원합니다. 이로써 고인을 추억하는 복된 시간이 됩시다.

▷ 기도 _ 설교자

추모예배로 하나님을 영화롭게 해드린 ○○○의 후손을 축복합니다. 자녀들과 일가친지들이 한 마음으로 예배한 가정에 신령한 은혜를 내려 주시옵소서. 생전에 고인께서 간구하셨던, 그리고 눈물을 쏟으셨던 기도가 응답이 되어 가정에 형통과 번성으로 함께 하시옵소서. 앞서 간 사람의 모습을 통해서 자손들이 하나님의 사람으로 더욱 굳세게 세워지게 하시옵소서. 사랑하는 자녀들이 어린양의 피를 의지하여 마귀를 이기고, 영광을 하나님께 드리는 가족이 되게 하시옵소서. 우리 하나님은 세세토록 영광의 하나님이십니다.
예수님의 이름으로 기도드립니다. 아멘.

▷ 찬송 _ 장287장
▷ 주님의 기도

하나님이 그들에게 복을 주시며

▷ 예식사 _ 인도자

오늘, 설날을 맞이해서 사랑하는 고○○○ 님을 추모하는 예배를 드리고자 성삼위 하나님께로 나아가겠습니다.

> 내게 구하라 내가 이방 나라를 네 유업으로 주리니 네 소유가 땅 끝까지 이르리로다 네가 철장으로 그들을 깨뜨림이여 질그릇 같이 부수리라 하시도다(시 2:8-9)

▷ 신앙고백 _ 사도신경
▷ 찬송 _ 290장
▷ 대표 기도 _ 참석자 중에서
▷ 말씀 합독 _ 창 1:26-28

26. 하나님이 이르시되 우리의 형상을 따라 우리의 모양대로 우리가 사람을 만들고 그들로 바다의 물고기와 하늘의 새와 가축과 온 땅과 땅에 기는 모든 것을 다스리게 하자 하시고
27. 하나님이 자기 형상 곧 하나님의 형상대로 사람을 창조하시되 남자와 여자를 창조하시고
28. 하나님이 그들에게 복을 주시며 하나님이 그들에게 이르시되 생육하고 번성하여 땅에 충만하라, 땅을 정복하라, 바다의 물고기와 하늘의 새와 땅에 움직이는 모든 생물을 다스리라 하시니라

▷ 설교 _ 하나님이 그들에게 복을 주시며

오늘, 설날 명절을 즐거워하는 시간에, 고인이 참으로 그립습니다. 고인은 우리에게 사랑이셨습니다. 고인을 향한 그리움이 사무치는 마음에 하나님께서 말씀으로 위로하여 주시고, 복을 주시려고 본문을 보게 하셨습니다. 하나님의 말씀을 듣겠습니다.

우리는 하나님 앞에서 사명을 받고 있습니다. 거저 사는 것이 아니라 사명을 감당해야 합니다. 설날의 명절에 고인을 추모하면서 본문의 말씀을 보게 된 것은 아주 적절합니다. 우리가 기억하듯이 고인께서는 생전에 하나님께서 주신 일에 자신이 모든 것을 드리셨습니다.

1. 생육하라

하나님께서 피조물인 우리에게 생육의 복을 주셨습니다. 생육은 생명의 원리입니다. 세상에 있는 모든 사물을 개발하고 지배하기 위해서는 사람이 하나님 앞에서 많이 생육해야 합니다. 또한 하나님의 형상대로 지음 받은 사람은 영적으로도 생육을 경험해야 합니다. 예수님은 신랑이요 교회는 그 신부입니다. 교회는 예수님을 신망애 하므로 하나님의 자녀를 많이 생산해야 합니다.

2. 번성하라

하나님의 형상대로 지음 받은 사람에게 번성하라는 사명을 주셨습니다. 하나님의 자녀가 많이 번성해야 합니다. 우리가 번성하기 위해서는 생육해야 합니다. 그리고 생육하고 번성하기 위해서는 힘이 있어야 합니다. 하나님은 그의 백성에게 힘이십니다. 그러므로 하나님을 사랑하고, 찬송하며, 기도하고, 전도하면 번성의 영광을 볼 것입니다.

3. 충만하라

하나님의 형상대로 지음 받은 사람에게 충만하라고 사명을 주셨습니다. 먼저 하나님의 집에 자녀들로 충만해야 합니다. 하나님의 사업장에 일군이 충만하고, 하나님의 교회당에는 성도들로 충만해야 합니다. 하나님의 자녀들이 하나님으로 충만하고, 말씀으로 충만하며, 성도들이 충만하고 신망애로 충만함을 누리시기를 바랍니다.

4. 정복하라

하나님의 형상대로 지음 받은 사람에게 정복하라고 사명을 주셨습니다. 우리는 정복자들입니다. 정복할 권세와 능력을 주셨습니다. 하나님께서 지으신 세상을 정복하여 천국을 건설해야 해야 합니다. 뿐만 아니라, 사탄을 정복하고, 죄와 악을 정복하고 세상을 정복해야 합니다. 학생은 학문을 정복하고 어부는 바다를 정복하며 군인은 적을 정복하고 교인은 불신자를 정복해야 합니다.

5. 다스리라

하나님의 형상대로 지음 받은 사람에게 다스리라고 사명을 주셨습니다. 하나님께서 지으신 세상을 하나님의 대리자로서 다스리도록 하셨습니다. 하나님께서 지으신 것들은 다스림을 받아야 합니다. 이로써 피조물들이 하나님께 영광이 되어야 합니다. 만일, 다스리지 못하면 하나님께 영광이 되지 못하고, 우리에게도 고통이 따릅니다. 자연(만물)을 보호하고 효과적으로 개발하고 개발하여 이 땅을 천국으로 건설해야 합니다.

식물을 위한 복은 동물을 위한 축복입니다. 동물을 위한 복은 사람을 위한 축복입니다. 사람을 위한 복은 하나님께 영광을 드림입니다. 하나님께서 사람을 축복하심으로써 하나님의 영광을 구하셨습니다. 이 축복으로 말미암아 금년 내내 하나님께 영광이 되시기를 결단합시다.

▷ 기도 _ 설교자

저희들에게 은혜를 주셔서 ○○○를 추모하게 하시니 감사드립니다. 고인의 하나님을 나의 하나님의 섬기는 저희들을 지켜 주시옵소서. 이제, 구원의 하나님을 널리 전하는 지체들이 되게 하시옵소서. 힘을 쓰게 하시는 하나님이십니다.
새해의 첫 시간에 저희들 각자가 하나님 앞에서 삶에 대한 새로운 결단을 할 때, ○○○를 따르게 하시옵소서. 저희들 각 사람에게서 ○○○의 믿음이 보여 지게 하시옵소서. 이 시간에 저희들에게 의로운 결단의 은혜를 주시기 원합니다. 예수님의 이름으로 기도드립니다. 아멘.

▷ 찬송 _ 431장
▷ 주님의 기도

설날 2

여호와의 궁정을 사모하여

▷ 예식사 _ 인도자

설날, 축복의 시간에 하나님의 사랑과 은혜로 지내온 우리들, 고○○○ 님을 추모하며 예배하겠습니다. 다 같이 머리를 숙이십시다.

나의 방패는 마음이 정직한 자를 구원하시는 하나님께 있도다 하나님은 의로우신 재판장이심이여 매일 분노하시는 하나님이시로다 (시 7:10-11)

▷ 신앙고백 _ 사도신경

▷ 찬송 _ 526장

▷ 대표 기도 _ 참석자 중에서

▷ 말씀 합독 _ 시 84:1-4

1. 만군의 여호와여 주의 장막이 어찌 그리 사랑스러운지요
2. 내 영혼이 여호와의 궁정을 사모하여 쇠약함이여 내 마음과 육체가 살아 계시는 하나님께 부르짖나이다
3. 나의 왕, 나의 하나님, 만군의 여호와여 주의 제단에서 참새도 제 집을 얻고 제비도 새끼 둘 보금자리를 얻었나이다
4. 주의 집에 사는 자들은 복이 있나니 그들이 항상 주를 찬송하리이다 (셀라)

▷ 설교 _ 여호와의 궁정을 사모하여

설날에, 하나님 앞에서 ○○○를 그리워합니다. 저의 기억으로도 고인께서는 늘 가정과 자녀들을 위해서 수고하는 삶을 사셨기에, 오늘, 우리는 ○○○를 더욱 기억하게 됩니다. 하나님께서 위로해주실 것을 기대하면서 말씀을 보겠습니다.

고인께서 지내셨던 삶의 모습을 본문에서 아주 잘 나타내주고 있습니다. 오늘, 말씀을 나누면서 고인이 사셨던 신앙이 삶을 본 받기를 원합니다. 이로써 구원이 축복을 누리는 우리 가족이 되기를 원합니다.

1. 주의 전을 사모하는 성도의 심정

주의 전을 사모하는 심정은 그 사람 자신의 신앙생활에 잘 표현됩니다. 그는 하나님의 성전을 아끼고 사랑하게 됩니다. 내가 거처하는 장막이나 가정보다도 사랑하고 귀중히 여기게 된다는 말입니다.
하나님의 성전을 아름답고 신성하게 보존해 나아가려고 합니다. 이로써 하나님의 성전에다가 꽃이라도 꽂아 놓고 싶고 나아가서는 성전에 기물 하나라도 마련해 놓고 싶어 합니다. 성전을 장식하려고 합니다.
하나님의 성전을 늘 사모하여 그 성전에 항상 머물러 있고 싶어 합니다. 공동체로 모여 예배를 드린 후에도, 홀로 남아서 찬송도 부르고 기도도 드리고 성경도 읽게 됩니다. 그 이유는 성전을 중심하여 주님과 영적으로 속삭이며 교제하는 삶이 너무나 재미있고 고상하기 때문입니다. 이는 영적 생명이 살아 약동하는 성도의 생활입니다.

2. 성도가 사모하는 주의 전

성도들이 사모하는 주의 전은 어떠한 전입니까? 주의 전은 우리에게 무엇입니까? 성전은 하나님의 성스러운 전당으로서 만민이 기도하는 집이라고 하였습니다.

하박국 2:20, "오직 여호와는 그 성전에 계시니 온 천하는 그 앞에서 잠잠할지니라."

성전에서는 하나님께 성스럽게 예배와 기도를 드리면서 은혜를 받고 하나님께 영광을 돌리는 집으로만 사용되어야 합니다.

성전은 성도들의 영적 안식처와 보금자리라고 하였습니다. 이 세상 환난과 풍파 속에서 성도들은 하나님의 성전에서 위로와 평강을 누리게 됩니다. "하나님은 우리의 피난처시오 힘이시니 환난 중에 만날 큰 도움이시라."(시 46:1)

성전은 성도들에게 은혜를 공급하는 시은소라고 하였습니다. "여호와께서 은혜와 영화를 주시며 정직히 행하는 자에게 좋은 것을 아끼지 아니하실 것"이라고 하였습니다. 우리는 성전을 중심해서 모든 은혜와 축복을 공급 받아 살아갑시다.

3. 주의 전을 사모하는 성도의 결과

주의 전을 사모하는 성도에게는 은혜와 축복이 있습니다.

첫째, 눈물 골짜기라도 샘이 솟는 곳이 되게 한다고 하였습니다. 이 샘은 곤고한 심령을 소생시키고 새롭게 하고 힘 있게 합니다.

둘째, 은혜의 단비로 부어 주신다고 하였습니다. 여기에, '이른 비'는 은혜의 단비로서 우리 심령을 시원케 하고 깨끗케 하고 결실하게 하는 비라고 하였습니다.
셋째, 새 힘을 얻어 하나님께로 가까이 나아가게 한다고 하였습니다. "저희는 힘을 더 얻어 나아가 시온에서 하나님 앞에 각기 나타난다."고 하였습니다.

성전, 하나님의 집은 우리에게 중심입니다. 고인께서는 평생 성전을 그 마음에 모시고 사셨습니다. 그 은혜가 똑같이 우리에게도 있기를 원합니다. 그때, 우리가 살아가고 있는 집도 여호와께 성전이 될 것입니다. 성전에 대하여 애착심을 갖고 지내기를 결단합시다.

▷ 기도 _ 설교자

사랑하는 가족에게 ○○○께서 가 계신 하늘, 그 하늘에 가는 밝은 길을 바라보고 사는 은총을 내려 주시옵소서. 성경의 가르침을 경계로 받아, 여호와 앞에서 하나님을 섬기고, 가족을 존경하며 지내게 하시옵소서.
주 안에서 잠자는 자가 되신 ○○○를 기억합니다. 저가 아브라함의 품에 안긴 지 오랜 시간이 지나는 동안, 이 가족들을 지켜주셨음에 감사드립니다. 귀한 지체들이 거룩한 자손이 되기를 사모하고, 하나님의 영광을 구하게 하셨습니다.
예수님의 이름으로 기도드립니다. 아멘.

▷ 찬송 _ 204장
▷ 주님의 기도

설날 3

이스라엘이라 부를 것이니

▷ 예식사 _ 인도자

하나님께서 설날이라고 하는 복된 시간을 주셨습니다. 오늘, 고○○○ 님을 추모하며 하나님께 영광을 드리겠습니다.

> 여호와여 주는 겸손한 자의 소원을 들으셨사오니 그들의 마음을 준비하시며 귀를 기울여 들으시고(시 10:17)

▷ 신앙고백 _ 사도신경
▷ 찬송 _ 536장
▷ 대표 기도 _ 참석자 중에서
▷ 말씀 합독 _ 창 32:26-29

26. 그가 이르되 날이 새려하니 나로 가게 하라 야곱이 이르되 당신이 내게 축복하지 아니하면 가게 하지 아니하겠나이다
27. 그 사람이 그에게 이르되 네 이름이 무엇이냐 그가 이르되 야곱이니이다
28. 그가 이르되 네 이름을 다시는 야곱이라 부를 것이 아니요 이스라엘이라 부를 것이니 이는 네가 하나님과 및 사람들과 겨루어 이겼음이니라
29. 야곱이 청하여 이르되 당신의 이름을 알려주소서 그 사람이 이르되 어찌하여 내 이름을 묻느냐 하고 거기서 야곱에게 축복한지라

▷ 설교 _ 이스라엘이라 부를 것이니

시간이 흐를수록 ○○○를 그리워합니다. 그 사랑과 희생으로 오늘, 우리들이 이렇게 살아가고 있으니 감사할 뿐이라, ○○○께 배은망덕하지 않기를 다짐하며 매일을 지내고 있습니다. 이 시간에, 하나님께서 우리 가정에 주시는 복을 나누려 합니다.

야곱, 그는 어떤 사람이었습니까? 욕심이 많아 아버지를 속였습니다. 성도는 하나님께 자녀가 되었지만 여전히 죄인입니다. 그는 장막 안에 있으므로 하나님의 언약을 알았고 믿었습니다. 성도는 하나님의 언약을 믿고 기다리는 사람입니다. 그는 분노한 에서를 피하여 밧단아람에서 도망 나왔으며, 외삼촌과는 분쟁을 피하였습니다. 우리의 인생이 야곱의 삶입니다. 새해를 시작하면서 주시는 말씀을 나눕시다.

1. 홀로 남겨진 야곱

24절, "야곱은 홀로 남았더니." 에서에게 예물을 순차적으로 보낸 그는 밤에 일어나 최종적으로 아내와 자녀들과 나머지 소유들을 건네주고 홀로 남았었습니다. 이 시간은 사실, 야곱을 거듭나게 하기 위한 하나님의 주권이요, 은혜였습니다.
우리는 어떠합니까? 그리스도인들도 험악한 이 세상을 살다보면 홀로 남는 경우가 생깁니다. 혼자 문제를 해결해야 하는 경우가 생깁니다. 이런 경우 많은 두려움과 고독이 엄습합니다.
성도는 나 홀로일 때 하나님 앞에 무릎을 꿇어야 합니다. 죄와 허물을 회개해야 합니다. 그리하면 새롭게 태어납니다. 야곱은 180도로 변화하는 분기점이 되었습니다.

2. 밤을 새우게 된 야곱(25-26)

25-26절을 보면 야곱은 홀로 남아서 철야기도를 드렸다고 볼 수 있습니다. 하나님과 함께 그 밤을 새웠습니다. 하나님과의 깊은 교제를 하였습니다. 이러한 시간은 험악한 세상을 살아가는 그리스도인들에게 매우 필요하고 유익한 시간입니다.

우리 하나님이요 구주이신 주님은 공생애 기간에 홀로 하나님과 교제하는 시간을 많이 가지셨습니다. 기사와 표적이 이러한 기도가 뒷받침한 것이라고 주님 말씀하셨습니다.

사실, 우리는 주 예수님보다 더 지혜로울 수 없습니다. 그리고 주 예수님보다 더 강할 수도 없습니다. 그런데 주님처럼 홀로남아 밤을 새우지 않는다면 교만이 아닐 수 없습니다. 하나님 앞에 무릎을 꿇읍시다. 무릎을 꿇으면 삽니다. 무릎이 인생 문제에 답입니다.

3. 이스라엘이 된 야곱

야곱은 브니엘에서 하나님과 씨름하다가 환도 뼈가 위골되었습니다. 이 씨름은 하나님이 찾아오셔서 청하셨습니다. 지금은 하나님은 홀로 있는 우리에게 찾아오셔서 씨름을 청하십니다. 환도 뼈가 위골되어도 끝까지 붙들어야 합니다. 힘들고 어려워도 낙심하지 말고 붙들어야 합니다. 포기하면 죽습니다. 하나님이 생명이기 때문입니다.

환도 뼈의 힘줄이 사람의 몸에서 가장 강한 것이라고 합니다. 말의 힘으로도 끊을 수 없다고 합니다. 인간은 하나님을 절대 이길 수 없습니다. 겸손히 하나님 앞에 무릎을 꿇읍시다. 그리하면 하나님을 이길 수 있습니다. 하나님이 주시기 때문입니다. 야곱이 이스라엘이 될 수 있습니다.

밧단아람에서 도망 나온 야곱은 홀로였습니다. 하나님은 홀로 남은 야곱에게 찾아가 씨름을 청하셨습니다. 야곱은 환도 뼈가 위골되었어도 밤새도록 하나님을 붙들었습니다. 마침내 하나님은 그에게 이스라엘의 은혜를 주셨습니다. 이스라엘은 야곱에게 붙여진 새 이름입니다. 이스라엘은 오늘, 우리 가정에 임한 하나님의 은혜입니다.

▷ 기도 _ 설교자

아브라함을 불러 복의 근원이 되게 하심처럼, 저희 가정을 선택하여 복되게 하셨음에 감사드립니다. 오늘, ○○○를 추모하며 예배할 때, 이 가정의 식구들에게 복에 복을 더하여 주시옵소서. 전에는 몰랐으나, 과연 하나님께서는 ○○○로 하여금 신앙의 본이 되도록 하셨습니다. 그 하나님의 이루심을 저희들도 보게 하시옵소서.
이 시간에, 성령님의 충만하심을 간구합니다. ○○○와 함께 이 모습, 저 모습으로 예배하며 누리던 은혜를 이 시간에도 내려 주시옵소서. 예수님의 이름으로 기도드립니다. 아멘.

▷ 찬송 _ 363장
▷ 주님의 기도

사울 때문에 후회하신 하나님

▷ 예식사 _ 인도자

설날이라는 복된 날에, 가족이 한 자리에 모이도록 하신 하나님이십니다. 이제, 고○○○ 님을 추모하며 하나님께 영광을 드리겠습니다.

이스라엘의 구원이 시온에서 나오기를 원하도다 여호와께서 그의 백성을 포로된 곳에서 돌이키실 때에 야곱이 즐거워하고 이스라엘이 기뻐하리로다(시 14:7)

▷ 신앙고백 _ 사도신경
▷ 찬송 _ 441장
▷ 대표 기도 _ 참석자 중에서
▷ 말씀 합독 _ 삼상 15:10-12

10. 여호와의 말씀이 사무엘에게 임하니라 이르시되
11. 내가 사울을 왕으로 세운 것을 후회하노니 그가 돌이켜서 나를 따르지 아니하며 내 명령을 행하지 아니하였음이니라 하신지라 사무엘이 근심하여 온 밤을 여호와께 부르짖으니라
12. 사무엘이 사울을 만나려고 아침에 일찍이 일어났더니 어떤 사람이 사무엘에게 말하여 이르되 사울이 갈멜에 이르러 자기를 위하여 기념비를 세우고 발길을 돌려 길갈로 내려갔다 하는지라

▷ 설교 _ 사울 때문에 후회하신 하나님

하나님께 감사할 따름입니다. ○○○는 우리 가정에 하나님의 선물이셨습니다. 그분의 헌신과 열성으로 우리들은 모두 성장하였고, 이제는 가정도 꾸려서 어엿하게 살아가고 있습니다. ○○○의 발자취를 따르려는 우리에게 오늘, 하나님의 말씀은 큰 위로가 될 것입니다.

고인께서 하나님께 영광을 드리는 생애로 사셨던 것을 새롭게 기억합니다. 우리는 나에게 맡겨주신 사명이 무엇인가를 분명히 알아야 합니다. 그리고 끝까지 그 사명을 감당해야 합니다. 고인의 삶이 그러하셨습니다. 하나님께서 내가 못할 일을 주신 것이 아니므로 좀 부족할지라도 감사한 마음으로 충성하면 넉넉히 감당할 수 있습니다.

1. 하나님의 후회

본문에서 10-11절에, "여호와의 말씀이 사무엘에게 임하니라 가라사대 내가 사울을 세워 왕 삼은 것을 후회하노니 그가 돌이켜서 나를 좇지 아니하며 내 명령을 이루지 아니하였음이니라 하신지라 사무엘이 근심하여 온밤을 여호와께 부르짖으니라."고 하였습니다.
하나님께서 후회하시는 것처럼 큰일이 없습니다. 하나님께서 나 때문에 후회하신다고 하는 것은 사형 선고나 다름없는 것입니다. 하나님은 노아 시대의 홍수 직전에도 사람 지으신 것을 한탄하사 마음에 근심 하셨습니다. 한탄과 후회는 히브리어로 같은 단어인 나함입니다.
하나님께서 당신의 선택을 후회하시게 되면 끝장입니다. 여호와 하나님은 스스로 내리신 결정도 자유롭게 뒤집을 수 있으십니다.

2. 하나님과의 약속

하나님은 사람을 언제든지 취하실 수도 있고, 버리실 수도 있으십니다. 사울은 노아의 홍수 때와 같은 하나님의 심판 계획 속에 놓이게 되었습니다. 사실, 주의 일을 아무리 열심히 해도 하나님과의 약속을 지키지 않으면 아무것도 안 한 것이 될 수 있습니다. 다른 것을 다 지켜도 말씀대로 순종하지 않으면 하나도 안 지킨 것과 마찬가지입니다.

사울은 자기 판단대로 좋은 것을 남겼습니다. 아말렉 왕 아각과 가장 기름진 양과 소를 남겼습니다. 얼마 안 되는 수량이었지만 이것은 교만하여 순종하지 아니한 것이므로 하나님 보시기에 잘못된 것입니다.

하나님의 명령을 어긴 것입니다. 하나님 앞에 무조건 열심히 충성하면 할 일을 다 한 줄 아는데 이것은 잘못된 생각입니다. 하나님께서 나에게 맡겨주신 사명을 제대로 감당하지 않으면 다른 것을 아무리 잘해도 소용이 없습니다.

3. 하나님께 신실하라

사울 왕도 그래서 하나님께 버림받게 된 것입니다. 하나님께서 나에게 맡겨주신 사명을 잘 감당하는 것은 다른 어떤 일보다 귀합니다. 우리가 이것을 잘 모르고서, "내가 하나님을 위해 이런 이을 했습니다. 저런 일을 했습니다."라고 자랑한다면 하나님은 "내가 언제 너에게 그것을 원했느냐?"라고 책망하실 것입니다. 우리의 인간적인 생각과 욕심으로 하나님을 속일 수는 없습니다.

"하나님께서 왜 나를 부르셨을까, 왜 나를 택하셨을까"하는 것을 늘 염두에 두고 일할 때 더욱 큰 은혜가 될 것입니다. 주님을 위해 평생 헌신했을지라도 어려운 순간을 만나 신앙을 버리면 하나님께 아무런 의미가 없습니다. 그렇기 때문에 성경을 읽을 때 "어찌하여 하나님께서 이 사람을 미워하실까, 후회하실까"하고 생각해 보아야 됩니다.

작은 실수로 버림받는 사람이 있는가 하면 엄청난 죄를 지어도 버림받지 않는 사람이 있습니다. 이것을 깨달으면 하나님의 참뜻을 발견하게 되고, 여러분의 삶이 지혜로워질 것입니다. 하나님께서 전적으로 도와주시므로 믿음으로 순종하면 되는 것입니다. 우리 가정의 식구들은 하나님께서 후회하지 않으시기를 축원합니다.

▷ 기도 _ 설교자

이 시간에, ○○○의 자손들이 하나님을 경외하며 한 몸이 되게 하셨음에 감사하며, 축복합니다. 여호와 앞에서 이 가정의 모든 지체들이 소망으로 살게 하시고, 하나님의 이름으로 고난을 이기게 하시옵소서.
하나님을 기쁘시게 하시는 하나님이십니다. 저희들이 예배할 때, 믿음으로 하나님께 나아가는 은혜를 내려 주시옵소서. 하나님의 부르심을 받으시던 그 순간에도 믿음으로 살았던 ○○○을 쫓아 믿음을 갖는 가족들이 되게 하시옵소서. 예수님의 이름으로 기도드립니다. 아멘.

▷ 찬송 _ 311장
▷ 주님의 기도

장자의 명분을 야곱에게 팔지라

▷ 예식사 _ 인도자

오늘, 설날을 맞이해서 보니 우리 가정을 위하시는 하나님의 은혜가 크셨습니다. 고◯◯◯ 님을 추모하며 하나님께 예배드리겠습니다.

나의 반석이시요 나의 구속자이신 여호와여 내 입의 말과 마음의 묵상이 주님 앞에 열납되기를 원하나이다(시 19:14)

▷ 신앙고백 _ 사도신경

▷ 찬송 _ 445장

▷ 대표 기도 _ 참석자 중에서

▷ 말씀 합독 _ 창 25:21-34

31. 야곱이 이르되 형의 장자의 명분을 오늘 내게 팔라
32. 에서가 이르되 내가 죽게 되었으니 이 장자의 명분이 내게 무엇이 유익하리요
33. 야곱이 이르되 오늘 내게 맹세하라 에서가 맹세하고 장자의 명분을 야곱에게 판지라
34. 야곱이 떡과 팥죽을 에서에게 주매 에서가 먹으며 마시고 일어나 갔으니 에서가 장자의 명분을 가볍게 여김이었더라

▷ 설교 _ 장자의 명분을 야곱에게 팔지라

늘 ○○○의 모습을 가슴에 담고 살아온 우리들, 추모예배로 하나님께 나아가니 감사합니다. 생전에 가족과 자녀를 위하여 간구하셨던 기도의 응답으로 오늘 우리는 복을 누리고 있습니다. ○○○의 사랑과 기도를 본 받아 우리도 가정과 자녀를 위하여 기도로 살아가기를 원합니다. 이 시간에, 하나님께서 우리를 격려해주시는 말씀을 듣겠습니다.

고인께서는 하나님 앞에서 자신의 신분을 존귀하게 여기셨습니다. 성도의 신분을 잃지 않으려고 온갖 어려움도 참아내셨습니다. 오늘, 우리는 에서의 어리석음에 대하여 살피면서 스스로를 존귀하게 여기는 삶에 도전하기를 원합니다. 자신의 정체성을 잃고 장자의 명분을 경시했던 에서는 우리가 닮지 말아야 하는 경고입니다.

1. 사냥을 좋아하다

에서는 사냥을 좋아하고, 단순하였고 현실적이었으며 장자권에 관심이 없었습니다. 자신에 대하여 정체성이 없는 인물이었습니다. 그런데 그의 아버지 이삭은 사냥한 고기를 좋아하므로 에서를 좋아하였습니다.
이것이 에서의 삶의 방향을 현실주의로 만들었습니다. 현실주의에 만족하여 부친에게 칭찬받고, 자유롭게 산으로 들로 쏘다니며 사냥을 즐기도록 만들었습니다. 이로 인하여 야곱과의 관계에서 반목질시와 이권다툼이 발생한 것입니다.

2. 자신의 신분-장자권을 경시하다

사냥을 하고 돌아온 그는 배가고파 기진맥진 하여 먹는 것 외에는 보이는 것이 없었습니다. 그때, 그는 눈앞에 보이는 팥죽 한 그릇을 요구하였고 야곱은 장자권을 요구하였습니다.

현실주의자인 그는 "내가 죽게 되었으니 이 장자의 명분이 내게 무엇이 유익하리요"하고 장자권을 팔아먹었습니다. 그는 현실만 있고 미래는 없었습니다. 그 결과, 아우를 섬겨야 했으며, 에돔 족의 족장으로 몰락했습니다.

3. 이방 여인과 결혼하다

에서는 그의 나이 40세에 헷 족속 브에리의 딸 유딧(오홀리바마)과 엘론의 딸 바스맛(아다)을 아내로 취하였습니다. 이것이 부모에게 근심거리가 되었습니다. 그 후에, 또 이스마엘의 딸 마할랏(바스맛)을 아내로 취하였습니다.

헷은 가나안의 아들입니다. 이 족속은 마므레(헤브론)에서 살았는데 여호와 하나님을 모르고 우상을 섬겼습니다. 이 일이 에서의 가정에 불화의 원인도 되었을 것입니다. 그는 하나님의 법도를 좇지 않은 사람으로 하나님께 합당하지 못했습니다.

4. 회개하지 않다

히브리서에 에서는 회개할 기회를 얻지 못했다고 하였습니다.(히 12:17) 그의 눈에는 물질과 여자만 보였던 것입니다. 인간은 죄 성을 갖고 있습니다. "의인은 없나니 하나도 없다"(롬 3:10)고 하였습니다. 전지하신 하나님은 범죄한 인간에게 회개할 기회를 주십니다. 가룟 유다에게도 회개할 기회를 주셨습니다. 그러나 불행하게도 에서와 가룟 유다는 회개할 기회를 잃어버렸습니다. 그 결과, 에서는 장자의 축복을 잃어버렸고, 가룟 유다는 사도의 신분을 잃어버렸습니다.

에서의 장자권은 하나님께서 그에게 축복하신 신분이었습니다. 지금, 우리는 예수님으로 말미암아 천국 백성이 되었습니다. 그러므로 예수 밖 사람이 되지 말고 예수 안 사람이 됩시다. 나의 눈에는 세상의 명예와 권세가 보이지 않고, 우리 주님과 천국이 보여야 합니다.

▷ 기도 _ 설교자

○○○께서 보좌 앞의 하나님의 품에 계심을 즐거워합니다. 여기에, 그의 후손들이 천국에서 만나 볼 것을 기다리며 살게 하시니 감사드립니다. 하나님의 형상에 만족함을 드리는 삶이 되게 하시옵소서.
사랑하는 ○○○께서 하나님을 부르심을 받으실 때까지, 이 땅에서 주님을 기다리셨던 믿음을 본받아. 주님의 구원하심을 기다리는 자녀들과 일가친척들이 되게 하시옵소서. 속히 다시 오실 주님을 기다리면서 ○○○께서 남겨주신 신앙의 유산을 물려받아 살아가는 가족들이 되기를 간구합니다.
예수님의 이름으로 기도드립니다. 아멘.

▷ 찬송 _ 143장
▷ 주님의 기도

설날 6

그들 위에 장막을 치시리니

▷ 예식사 _ 인도자

자비로우신 하나님께서 오늘, 우리에게 설 명절을 맞이하도록 해주셨습니다. 고 ○○○ 님을 추모하며 하나님께 영광을 드리겠습니다.

여호와는 나의 목자시니 내게 부족함이 없으리로다 그가 나를 푸른 풀밭에 누이시며 쉴 만한 물 가로 인도하시는도다(시 23:1-2)

▷ 신앙고백 _ 사도신경
▷ 찬송 _ 408장
▷ 대표 기도 _ 참석자 중에서
▷ 말씀 합독 _ 계 7:14-17

14. 내가 말하기를 내 주여 당신이 아시나이다 하니 그가 나에게 이르되 이는 큰 환난에서 나오는 자들인데 어린 양의 피에 그 옷을 씻어 희게 하였느니라
15. 그러므로 그들이 하나님의 보좌 앞에 있고 또 그의 성전에서 밤낮 하나님을 섬기매 보좌에 앉으신 이가 그들 위에 장막을 치시리니
16. 그들이 다시는 주리지도 아니하며 목마르지도 아니하고 해나 아무 뜨거운 기운에 상하지도 아니하리니
17. 이는 보좌 가운데에 계신 어린 양이 그들의 목자가 되사 생명수 샘으로 인도하시고 하나님께서 그들의 눈에서 모든 눈물을 씻어 주실 것임이라

▷ 설교 _ 그들 위에 장막을 치시리니

하나님께서 우리를 사랑하사 ○○○의 자녀가 되게 하셨고, ○○○께서는 우리를 위해서 평생의 수고를 하셨던 삶이 자주 떠오릅니다. 우리가 어렸을 때, 힘든 고비마다 ○○○께서 감당하여 지냈던 시간들, 결코 잊을 수 없습니다. 오늘, 추모예배를 드리면서 하나님께서 권면해주시는 말씀을 듣고, 새롭게 결단하기를 원합니다.

저는 오늘, 본문을 묵상하면서 고인께서 하나님의 장막에 사시다가 낙원으로 옮기셨다는 확신을 갖게 되었습니다. 우리에게 평생의 기억을 남기신 고인은 하나님의 품에서 살다가 가셨습니다. 이 세상에서 믿음을 지키며, 하나님을 사랑하고, 하나님께 영광을 드림을 삶의 목적으로 삼으셨던 고인이셨습니다.

1. 이 세상 환난에서 승리한 사람

14절, 하나님의 장막에서 사는 사람은 이 세상 시험과 환난을 승리한 성도들이라고 밝히고 있습니다. 이 시험과 환난은 우리에게 신앙 연단의 방편이라고 하였습니다. 우리는 이 환난을 통하여 약한 신앙이 강해지고 유치한 신앙이 장부의 신앙이 되어 진다고 하였습니다.

또한, 우리의 신앙생활을 정화시키는 방편이라고 하였습니다. 이 세상에 속하되 죄에 오염되어 지저분한 우리 신앙인격과 생활을 정화시키신다고 하였습니다. 하나님께 영광을 돌리고 큰 상급을 얻게 하는 방편이라고 하였습니다. 주님 안에서 시험과 환난을 승리한 성도가 하나님의 장막에 살게 됩니다.

2. 어린 양의 피에 옷을 씻어 희게 한 사람

하나님의 장막에서 사는 사람은 예수님의 보혈로 속죄함을 받아 성결해진 사람이라고 밝히셨습니다. 여기에서 어린 양의 피는 예수님께서 십자가에서 흘리신 보배 피를 의미하고 옷을 씻어 희게 하였다는 말은 우리들의 인격과 생활이 속죄함을 받아 정결해졌다는 말입니다. 예수님의 보혈로 속죄함을 받아야 정결해진다고 하였습니다.

그러므로 예수를 나의 속죄의 주님으로 믿어야 합니다. 나의 죄를 회개하고 고백해야 합니다. 그 죄에 대해서 미워하고, 멀리 떠나야 된다고 하였습니다. 하나님께서 거룩하시므로 죄를 피하여 우리를 거룩하게 해야 합니다. 이러한 사람은 하나님의 장막에서 살 자격이 있습니다. 하나님을 두려워하는 하는 사람을 장차 하나님의 장막에서 영원히 살 사람이라고 하였습니다.

3. 성전에서 주야로 하나님을 섬긴 사람

하나님의 장막에서 사는 사람은 하나님의 성전에서 하나님을 주야고 섬긴 사람들이라고 밝히고 있습니다. 여기에, "성전에서 하나님을 섬긴다."는 표현은 하나님께 헌신 봉사하는 사람들을 가리킵니다. 하나님에게 헌신하고 봉사하는 일은 우리의 몸을 하나님이 기뻐하시는 거룩한 산제사로 드리라는 것이라고 하였습니다.

우리는 예배를 존중히 여겨야 합니다. 예배시간 잘 지켜야 합니다. 이 시간은 하나님께서 정하신 것입니다. 예배하는 태도가 정당해야 됩니다. 예배에 대한 주권은 하나님께 있습니다. 예배의 순서에 따라 헌신, 헌물을 바로 해야 합니다. 예배한다는 것은 자신이 하나님의 백성이라는 것을 공포하는 것입니다.

하나님께서 우리들에게 부탁하신대로 세상의 빛으로서 주의 일에 충성을 다하여 하나님이 기뻐 받으실 수 있는 헌신과 봉사자가 되기를 다짐합시다. 이러한 성도가 장차 하나님의 장막에서 영원히 살 자격이 있다고 하였습니다. 하나님의 장막에서 천국을 누리는 우리가 됩시다.

▷ 기도 _ 설교자

주 안에서 존경하는 ○○○를 추억하는 이 시간에, 혹시 이 가정에 고난이 있다면 하나님의 영광이 나타나기를 소망합니다. 만일, 견디기 힘든 시간이라면 주님의 권능으로 물리쳐 주시고, 이기게 하시옵소서.
오늘, 하나님의 부르심을 받고, 이 땅에서의 장막을 떠나신 ○○○님을 추억하게 하시니 영광을 드립니다. 그를 추모하면서 하나님의 영광을 구하는 자손들에게 큰 복을 내려 주시옵소서. 귀한 지체들은 ○○○의 신앙으로 새롭게 되어 하나님의 일을 이루어 드리기 원합니다.
예수님의 이름으로 기도드립니다. 아멘.

▷ 찬송 _ 34장
▷ 주님의 기도

설날 7

네 형 아론은 네 대언자가 되리니

▷ 예식사 _ 인도자

늘 함께 해주신 하나님께서 오늘, 우리에게 설날을 주셨습니다. 이제, 고○○○ 님을 추모하며 하나님께 예배를 시작하겠습니다.

> 내가 여호와께 바라는 한 가지 일 그것을 구하리니 곧 내가 내 평생에 여호와의 집에 살면서 여호와의 아름다움을 바라보며 그의 성전에서 사모하는 그것이라 (시 27:4)

▷ 신앙고백 _ 사도신경

▷ 찬송 _ 412장

▷ 대표 기도 _ 참석자 중에서

▷ 말씀 합독 _ 출 7:1-1, 7-10

1. 여호와께서 모세에게 이르시되 볼지어다 내가 너를 바로에게 신 같이 되게 하였은즉 네 형 아론은 네 대언자가 되리니
7. 그들이 바로에게 말할 때에 모세는 팔십 세였고 아론은 팔십삼 세였더라
8. 여호와께서 모세와 아론에게 말씀하여 이르시되
9. 바로가 너희에게 이르기를 너희는 이적을 보이라 하거든 너는 아론에게 말하기를 너의 지팡이를 들어서 바로 앞에 던지라 하라 그것이 뱀이 되리라
10. 모세와 아론이 바로에게 가서 여호와께서 명령하신 대로 행하여 아론이 바로와 그의 신하 앞에 지팡이를 던지니 뱀이 된지라

▷ 설교 _ 네 형 아론은 네 대언자가 되리니

○○○께서 우리의 곁을 떠나신 지도 어언 ○년이 지나고 있는데, 마음에 남겨주신 ○○○의 모습은 시간의 흐름이 더할수록 더욱 또렷해집니다. 오늘, 추모예배를 준비하면서 바로 옆에 ○○○께서 계신 것 같았습니다. ○○○의 자취에서 어긋나지 않는 삶을 살기로 다짐하면서 함께 하나님의 말씀을 보겠습니다.

오늘, 아론에 대한 말씀으로 우리 가정에 주시는 하나님의 말씀을 받았으면 합니다. 아론은 모세의 형이었지만 하나님의 요구에 따라 모세에게 충성을 다하는 조력자가 되었습니다. 그는 어떤 경우에도 피하지 않고, 모세를 도와서 이스라엘 백성의 지도자로서의 자리를 지켰습니다. 고인께서는 아론이 모습을 보여주시면서 사명을 감당하셨습니다. 보여주신 모습이기도 했습니다.

1. 모세의 대언자

아론의 능변을 하나님께서 사용하시려고 모세의 대언자의 역할을 맡기셨습니다. 그는 모세의 입이 되고 예언자가 되었습니다. 아론은 자기 자신이 모세의 대언자임을 분명히 인식했습니다. 아론을 모세의 대언자로 세우신 것은 모세가 교만의 함정에 빠지지 않게 하심이셨습니다.
이처럼 하나님께서는 자기의 종을 세우시면서 그의 약점을 보완해줄 만한 조치도 하십니다. 그러므로 나를 누구에게로 보내실 때는 하나님의 의도를 묵상하고, 사람에게 충성을 다할 것을 결단해야 합니다.

2. 모세의 손을 붙들고 올려 주다

모세는 아론과 훌과 함께 르비딤의 북단에 있는 산꼭대기에 올라갔습니다. 모세의 손이 올라가면 이스라엘이 이기고, 그의 손이 내려오면 아말렉이 이겼습니다. 기도의 손이 올라가면 승리하고, 기도의 손이 내려오면 패배합니다.
모세의 손이 피곤하여 더 이상 들 수 없을 때 아론과 훌이 붙들어 올려주었습니다. 그리하여 대승하였습니다. 하나님께서 나에게 누군가의 손을 붙들어 주도록 하십니다. 때로는 피곤하고 지쳐 있는 지체를 기도로 붙들어 올려주면 반드시 승리하게 됩니다.

3. 금송아지를 만드는 실수

모세가 산에 올라갔다가 빨리 내려오지 않자, 지도자를 잃은 이스라엘 백성은 참다못해 아론에게 자기들을 인도할 신을 만들어 달라고 간청했습니다. 그들은 급기야 하나님의 형상을 만들고야 말았습니다.
아론은 백성으로부터 금패물을 모아 금송아지를 만들었습니다. 이는 하나님께 대한 반역입니다. 그가 종의 직분을 내어 버리고 하나님을 대적하는 불순종입니다. 오늘날에도 교회와 성도들 중에 금송아지(재력, 권력)를 만들고 있습니다. 말씀의 돌비로 깨뜨려 버려야 합니다.

4. 약속의 땅에 들어갈 특권을 잃다

광야에서의 긴 여정이 끝날 무렵, 두 번째로 가데스에 백성이 머물렀을 때 아론과 모세는 바위에 명하여 물을 나게 하라는 여호와의 명령을 받았습니다.

이 때, 모세는 지팡이로 두 번 바위를 쳤습니다. 그리하여 그 죄 때문에 그 두 사람은 약속의 땅에 들어갈 특권을 잃고 말게 되었습니다.

하나님의 말씀은 겸손히 순종해야 합니다. 자신의 감정을 죽이지 못하여 부리게 되는 혈기는 의를 이루지 못합니다. 그리고 불순종 또한 하나님의 뜻을 이루지 못합니다. 성도는 성육신이 된 말씀과 기록된 말씀을 순종해야 합니다.

▷ 기도 _ 설교자

○○○께서 하나님의 뜻이 이루어지기를 평생에 소망하셨던 은총을 자손들이 물려받았음에 감사드립니다. 이 가정에서 주님의 영화로우심이 선포되고, 그 이름이 높아지게 하시옵소서.

깨끗한 마음과 거룩한 소망으로 새해를 맞이한 첫 시간에 ○○○님을 기억하면서 예배하게 하시옵소서. 지난해에도 ○○○님의 믿음을 본받아 살게 하시고, 이 시간에는 하나님의 뜻에 따라 살기를 다짐하게 하시니 감사드립니다. 온 가족이 둘러앉았으니, 영과 진리로 예배하도록 이끌어 주시옵소서.

예수님의 이름으로 기도드립니다. 아멘.

▷ 찬송 _ 459장
▷ 주님의 기도

설날 8

이 모든 백성과 더불어 일어나

▷ 예식사 _ 인도자

우리 가족이 지금까지 지내온 것은 하나님의 은혜였습니다. 그 은혜에 감사하고, 고○○○ 님을 추모하며 예배를 시작하겠습니다.

> 주는 나의 반석과 산성이시니 그러므로 주의 이름을 생각하셔서 나를 인도하시고 지도하소서(시 31:3)

▷ 신앙고백 _ 사도신경

▷ 찬송 _ 305장

▷ 대표 기도 _ 참석자 중에서

▷ 말씀 합독 _ 수 1:1-4

1. 여호와의 종 모세가 죽은 후에 여호와께서 모세의 수종자 눈의 아들 여호수아에게 말씀하여 이르시되
2. 내 종 모세가 죽었으니 이제 너는 이 모든 백성과 더불어 일어나 이 요단을 건너 내가 그들 곧 이스라엘 자손에게 주는 그 땅으로 가라
3. 내가 모세에게 말한 바와 같이 너희 발바닥으로 밟는 곳은 모두 내가 너희에게 주었노니
4. 곧 광야와 이 레바논에서부터 큰 강 곧 유브라데 강까지 헷 족속의 온 땅과 또 해 지는 쪽 대해까지 너희의 영토가 되리라

▷ 설교 _ 이 모든 백성과 더불어 일어나

오늘, 우리에게 ◯◯◯의 추모예배를 드리도록 인도해주신 하나님께 감사합니다. ◯◯◯의 자녀와 후손들이 한 명도 빠지지 않고 다 모이도록 해주셨습니다. ◯◯◯의 마음과 신앙을 물려받아서 살아가게 하셨으니, 한 마음으로 하나님의 말씀을 받읍시다.

하나님께서는 이스라엘 백성의 가나안 땅 정복에 여호수아를 축복의 통로로 사용하셨습니다. 그는 모세의 뒤를 이어서 하나님께 충성하여 이스라엘 백성이 가나안 땅에 정착하도록 하였습니다. 여호수아의 이러한 모습을 고인께서 흠모하여 우리 가정을 하나님의 백성이 되도록 하였습니다. 우리도 이제, 여호수아에게 도전을 받읍시다.

1. 모세의 시종으로서 충성하다

여호수아는 모세에게 시종이 되어 모세를 섬겼습니다. 시종이란 섬기다, 봉사하다는 뜻으로 단순히 종이 주인을 섬기는 의미보다 신적인 섬김이나 봉사를 말합니다. 곧 제사장이 하나님을 섬기는 모습(왕상8:11) 신하가 왕을 섬기는 모습(대상 27:1)을 가리킵니다. 이처럼 여호수아는 모세에게 선택을 받은 그날부터 왕처럼, 신처럼 섬겼습니다.

2. 시종의 직무를 지혜롭게 하다

모세가 여호수아에게 안수할 때, 여호수아에게 지혜의 신이 충만했습니다. 그는 하나님을 섬길 때나 모세를 섬길 때나 백성을 섬길 때나 지혜롭게 섬겼습니다. 그 지혜가 그에게 하나님께로 나아가 무릎을 꿇게 하였습니다.(수 7:6-7) 믿음으로 순종하며(수 11:15) 맡은 일에 충성한 것은 그에게 지혜의 신이 충만하였기 때문입니다.

3. 무릎의 시종으로 살다

여호수아는 자기의 뜻과 상관이 없이 아이성과의 싸움에서 패하게 됩니다. 이후에, 그는 하나님 앞에 무릎을 꿇었습니다. 전쟁에 패한 까닭을 찾기 위해서 옷을 찢고, 언약궤 앞에서 땅에 엎드려 머리에 티끌을 무릅 쓰고 부르짖었습니다. 그 후에, 하나님의 도우심으로 재차 공격하여 승리하였습니다. 그는 기브온 전투에서도 하나님 앞에 무릎을 꿇어서 태양이 머물고 달이 그쳐 승리하게 하셨습니다. 무릎이 답입니다.

4. 순종하는 시종의 삶을 보이다

"언약궤를 멘 제사장들이 요단 물가에 이르거든 요단에 들어서라."는 말씀을 순종하여 요단강을 건넜습니다.(수 3:7-16) 하루에 한 바퀴씩 엿새를 돌고 이레 되는 날은 일곱 바퀴를 돌라는 말씀이 순종을 통해 이루어졌습니다. 하나님께서 모세에게 명한 것을 여호수아에게 명하여 그가 그대로 행하였습니다.

5. 하나님께 시종으로 충성하다

여호수아는 충성의 사람이었습니다. 그는 하나님을 위하여, 모세를 위하여,

백성을 위하여, 자기의 생명을 내 걸고 아말렉과 싸웠습니다.(출17:9-10) 그는 모세와 함께 하나님의 산에 올라갔으며(출 24:13) 그는 회막을 떠나지 않고, 충성하였습니다. 그는 언제나 진실로, 동일하게 충성하였습니다.

그는 충성으로 말미암아 인정을 받았습니다. 하나님과 모세에게 인정을 받았습니다. 그의 순종과 충성이 인정을 받았던 것입니다. 죽도록 충성하는 자가 생명을 면류관을 얻는다고 했습니다.(계 2:10). 사실, 고인께서도 여호수아가 보여준 만큼 충성으로 사셨습니다. 고인의 충성하는 신앙을 후손들이 다 물려받아 하나님께 영광이 되기를 다짐하는 한 시간으로 삼으시기를 축복합니다.

▷ 기도 _ 설교자

날마다 스스로를 신자 되기 원하는 심정으로 살아가고 있는 우리들 모두를 축복합니다. 설날 아침에, 하나님께 소망을 두고, ○○○를 추모할 때, 성령님의 충만하심이 있게 하시옵소서. 저희의 귀한 가문에 영생의 복을 주셨음에 감사드립니다.
설날의 아침에 고인을 흠모하면서 그를 통하여 이 가정에 베풀어 주신 은혜를 묵상하는 복된 시간이 되게 해 시옵소서. 오벧에돔이 하나님의 궤를 집에 모셨던 열심의 은혜가 ○○○로 말미암아 이 가정에 있었던 것처럼 이제는 자녀들이 그 믿음으로 살게 하시옵소서.
예수님의 이름으로 기도드립니다. 아멘.

▷ 찬송 _ 220장
▷ 주님의 기도

여호와께서 너와 함께 계시도다

▷ 예식사 _ 인도자

오늘, 설날을 맞이하여 돌아보니 오직 하나님의 자비하심이셨습니다. 이에, 고○○○ 님을 추모하며 하나님께 영광을 드리겠습니다.

하나님이여 주의 인자하심이 어찌 그리 보배로우신지요 사람들이 주의 날개 그늘 아래에 피하나이다(시 36:7)

▷ 신앙고백 _ 사도신경
▷ 찬송 _ 370장
▷ 대표 기도 _ 참석자 중에서
▷ 말씀 합독 _ 삿 6:12, 14-16

12. 여호와의 사자가 기드온에게 나타나 이르되 큰 용사여 여호와께서 너와 함께 계시도다 하매

14. 여호와께서 그를 향하여 이르시되 너는 가서 이 너의 힘으로 이스라엘을 미디안의 손에서 구원하라 내가 너를 보낸 것이 아니냐 하시니라

15. 그러나 기드온이 그에게 대답하되 오 주여 내가 무엇으로 이스라엘을 구원하리이까 보소서 나의 집은 므낫세 중에 극히 약하고 나는 내 아버지 집에서 가장 작은 자니이다 하니

16. 여호와께서 그에게 이르시되 내가 반드시 너와 함께 하리니 네가 미디안 사람 치기를 한 사람을 치듯 하리라 하시니라

▷ 설교 _ 여호와께서 너와 함께 계시도다

○○○의 추모예배로 하나님께 영광을 드리게 되어 감사합니다. ○○○의 자녀와 후손들이 그리스도 예수 안에서 살아가고 있음이 우리 가족에게 영광입니다. 오늘, ○○○의 하나님을 나의 하나님으로 다시 한 번 고백하면서 하나님의 말씀을 보겠습니다.

오늘, 예배를 준비하면서 본문을 선택하였는데, 고인의 모습이 기억나서였습니다. 고인의 삶은 자신을 늘 낮추는 겸손이셨습니다. 기드온은 하나님 앞에서 겸손한 사람이었습니다. 하나님께서 그를 이스라엘의 다섯 번째 사사로 세우신 것은 그의 겸손함에 주목하셨을 것입니다. 겸손은 하나님께 쓰임을 받는 성품입니다.

1. 하나님께 겸손하다

하나님께서 기드온에게 말씀하셨습니다. "너는 가서… 이스라엘을 미디안의 손에서 구원하라." 기드온이 대답합니다. "주여 내가 무엇으로 이스라엘을 구원하리이까? 보소서 나의 집은 므낫세 중에 극히 약하고 나는 내 아버지 집에서 가장 작은 자니이다."
기드온이 300명의 군사로 이스라엘을 괴롭히던 미디안을 물리치자 백성들이 그에게 대대로 다스려 달라고 요청하였습니다. 그때도 그는, "나도, 내 아들도 너희를 다스리지 아닐 것이요 여호와께서 너희를 다스리시리라"(삿8:22-23)라고 했습니다.
이처럼 그는 겸손하였습니다. 하나님은 교만한 자는 물리치시고 겸손한 자에게 은혜를 더하여 주신다고 말씀하셨습니다. 실제로 교만한 미디안은 물리치시고 겸손한 기드온은 은혜를 더하여 주셨습니다.

2. 순종으로 자신의 믿음을 드러내다

기드온의 겸손은 하나님께 매우 민감하였습니다. 우리는 자신의 체면치레로 겸손해보일 수 있습니다. 그런데 기드온은 하나님의 말씀에 민감했던 것입니다. 바알과 아세라 상을 찍고… 여호와를 위하여 한 단을 쌓고… 번제를 드리라는 말씀에 순종하였습니다.

그는 하나님의 말씀대로 32,000 명의 군사 중에서 300 명만 남기고 31,700 명은 집으로 돌려보냈습니다. 그리고 300명의 용사에게 항아리, 횃불, 나팔을 준비하라는 말씀도 순종하였습니다. 그는 "여호와와 기드온의 칼이여!"라고 외쳐 미디안의 대군을 격퇴시키고 이스라엘을 구하였습니다. 믿음은 순종입니다. 그리고 순종이 믿음입니다. 순종은 제사보다 낫고 수양의 기름보다 낫다고 하였습니다.(삼상 15:22)

3. 오직 성령으로 충만하다

하나님께서는 자기의 종을 부르시고 보내실 때는 성령으로 충만케 하셨습니다. 그러므로 하나님은 미디안으로부터 이스라엘을 구원하시려고 겸손한 기드온을 불러 사사로 세우시고, 성령으로 충만케 하셨습니다. 기드온의 용기와 여호와에 대한 신앙과 더불어 자기의 수단과 전투적 숙련에 대한 담대함은 성령 충만에서 온 것입니다.

300명 군사로 수십만의 미디안 군사를 이긴 이야기는 기적입니다. 기드온 자신의 독창력과 재능이 아니었습니다. 모든 점에 있어서 승리를 주는 것은 여호와이십니다. 전쟁은 여호와께 속한 것입니다. 힘으로 능으로 전쟁에서 승리할 수 없습니다. 오직 성령으로 승리할 수 있습니다. 특히, 영적인 전쟁은 더욱 그리합니다. 성령의 충만을 받아야 영적인 싸움에서 승리합니다.

하나님께 겸손한 기드온은 하나님의 부름을 받고 보냄을 받았습니다. 그는 믿음으로 하나님의 부르심과 보내심을 순종하였습니다. 하나님이 그에게 성령으로 충만케 하여 미디안으로부터 이스라엘을 구원하였습니다. 우리 모두 겸손하여 하나님께 쓰임을 받기를 축복합니다.

▷ 기도 _ 설교자

여호와의 가정으로 삼아주신 저희 가족을 축복합니다. 우리 식구들에게도 다니엘과 같은 여호와 앞에서 경건한 자의 삶을 사르게 하시옵소서. 사탄의 대적도 물리치는 능력이 있는 경건을 주시옵소서.
사랑하는 ○○○께서 평생의 삶을 영으로 사신 것을 기억합니다. 저가 하나님의 영광을 구하기 위해 늘 육신을 쳐 복종시키며, 성령님께의 충만하심에 목말라 하던 모습을 기억합니다. 그 믿음이 후손들에게 이어지게 하시옵소서. 죽음 앞에서도 하나님의 은혜를 소망하던 ○○○의 믿음을 후손들이 간직하게 하시옵소서.
예수님의 이름으로 기도드립니다. 아멘.

▷ 찬송 _ 288장
▷ 주님의 기도

주여 저를 도우소서

▷ 예식사 _ 인도자

오늘, 한식을 맞이해서 성묘한 우리들, 고○○○ 님을 추모하는 예배를 드리고자 성삼위 하나님께로 나아가겠습니다.

여호와여 주는 나의 방패시요 나의 영광이시요 나의 머리를 드시는 자이시니이다 내가 나의 목소리로 여호와께 부르짖으니 그의 성산에서 응답하시는도다 (셀라)(시 3:3-4)

▷ 신앙고백 _ 사도신경

▷ 찬송 _ 292장

▷ 대표 기도 _ 참석자 중에서

▷ 말씀 합독 _ 마 15:24-27

24. 예수께서 대답하여 이르시되 나는 이스라엘 집의 잃어버린 양 외에는 다른 데로 보내심을 받지 아니하였노라 하시니

25. 여자가 와서 예수께 절하며 이르되 주여 저를 도우소서

26. 대답하여 이르시되 자녀의 떡을 취하여 개들에게 던짐이 마땅하지 아니하니라

27. 여자가 이르되 주여 옳소이다마는 개들도 제 주인의 상에서 떨어지는 부스러기를 먹나이다 하니

▷ 설교 _ 주여 저를 도우소서

오늘, 성묘를 하는 시간에, 고인이 참으로 그립습니다. 고인은 우리에게 사랑이셨습니다. 고인을 향한 그리움이 사무치는 마음에 하나님께서 말씀으로 위로하여 주시고, 복을 주시려고 본문을 보게 하셨습니다. 하나님의 말씀을 듣겠습니다.

오늘, 본문의 말씀으로 설교를 준비하면서 고인께서 기도의 사람으로 사셨던 삶을 떠올리게 되었습니다. 고인은 주님께 도움을 구하며 지내셨습니다. 하나님께의 영광과 교회를 위하여, 가정을 위하여 기도를 즐거워 하셨습니다. 우리가 이렇게 지내는 것은 하나님의 응답입니다.

1. 부모의 간구

가나안 여인이 흉악히 귀신들린 딸을 위해 소리를 지르며 예수님께 도움을 청하였을 때, 예수님께서 그 믿음을 귀하게 보시고 그의 딸을 낫게 해주셨습니다. 예수님께서는 나인 성 과부의 죽은 외아들을 살려주셨습니다. 자녀를 위해 울부짖을 때 하나님은 불쌍히 여기시고 속히 응답해주십니다. 우리는 자녀를 위해 눈물로서 간구해야 합니다.
"예루살렘의 딸들아 나를 위하여 울지 말고 너희와 너희 자녀를 위하여 울라." 부모에게는 자녀를 위해서 울 일이 있다는 것입니다. 만일, 부모가 되어서 자신의 문제는 중요하게 여기고 자녀의 문제는 대수롭지 않게 생각한다면 그 사람은 잘못된 부모입니다.
하나님은 눈물 흘리는 자를 사랑하십니다. 그러므로 우리의 자녀가 죄악 세상에 빠지지 않도록 더 많은 눈물의 기도를 해야 합니다.

2. 지도자의 간구

하나님께 사역자로 부름을 받은 이들은 기도의 사람이어야 합니다. 그가 성도의 이름을 부르며 간구할 때 하나님께서 속히 응답해주십니다. 사무엘, 엘리야, 예레미야가 기도할 때 하나님께서 그들의 기도를 다 들어주셨습니다.
가나안에 대한 부정적인 보고를 들은 이스라엘 백성이 모세와 아론을 원망하고, 하나님을 불신하자 하나님께서 그 백성을 전염병으로 멸하겠다고 말씀하셨습니다. 그때, 모세가 기도하였습니다.
지도자는 항상 하나님과 백성 사이에 중보자가 되었습니다. 그래서 그들이 백성을 대신하여 간구할 때, 하나님께서 들으시고 응답하심을 볼 수 있습니다. 환난이나 재난은 말할 것도 없고 하나님의 진노 앞에서도 주의 종은 간구해야 했습니다.

3. 이웃을 위한 간구

교회 공동체 안에서 서로를 위한 기도를 잠시도 쉬지 말아야 합니다. 기도를 게을리 할 때, 양 떼가 흩어지고 어려운 일을 당하게 됩니다. 그래서 우리는 지체의 부담을 갖고 서로를 위하는 심정으로 교회 공동체를 위해 기도해야 합니다. 그러면 하나님께서 속히 응답해주십니다.
로마서 9장 3절에서 와 형제 곧 골육의 친척을 위하여 내 자신이 저주를 받아 그리스도에게서 끊어질지라도 원하는 바로라."(로 9:3) 그는 자신의 동족을 구원하기 위해서라면 자신의 구원은 포기할 각오를 했습니다. 이스라엘 백성을 멸하시려면 차라리 자기 이름을 생명록에서 지워달라고 하나님께 매달렸던 모세의 기도와 같은 맥락입니다.

하나님의 백성에게 다른 이름을 붙인다면 기도의 사람입니다. 부모에게 제일의 사랑은 자녀를 위하여 간구하는 것입니다. 자녀를 위한 부모의 기도는 특별한 기도로 하나님 앞에 상달되고 속히 응답됩니다. 그리고 함께 한 몸이 된 지체를 위하여 간구해야 합니다. 우리가 간구할 때, 하나님께서 크신 긍휼과 인애와 자비를 베풀어주십니다.

▷ 기도 _ 설교자

저희들이 ○○○의 묘소를 찾아 예배하게 하셨음에 감사드립니다. 짧은 시간이지만 영과 진리로 예배하게 하시옵소서. ○○○의 후손의 가정에 약속되어 있는 복을 소망하게 하셨음을 즐거워합니다. 여호와로 만족하게 하시옵소서. 우리 가정의 후손이 믿음의 대를 잇는 역사를 보게 하시옵소서. ○○○께서 하나님을 두려워하며 지내셨던 믿음의 길을 자녀들도 가게 하시옵소서. 만나와 메추라기의 은혜로 살아갔던 ○○○의 길을 가는 자녀들이 되게 해 주시옵소서. 하나님을 경외하는 식구들이 자자손손 여호와의 복으로 둘려지는 은혜를 보기 원합니다.
예수님의 이름으로 기도드립니다. 아멘.

▷ 찬송 _ 187장
▷ 주님의 기도

성묘 2

하나님이 나를 웃게 하시니

▷ 예식사 _ 인도자

하나님의 사랑과 은혜로 지내온 우리들, 고○○○ 님을 성묘한 지금, 추모하며 예배하겠습니다. 다 같이 머리를 숙이십시다.

내가 여호와께 그의 의를 따라 감사함이여 지존하신 여호와의 이름을 찬양하리로다(시 7:17)

▷ 신앙고백 _ 사도신경

▷ 찬송 _ 528장

▷ 대표 기도 _ 참석자 중에서

▷ 말씀 합독 _ 창 21:2-6

2. 사라가 임신하고 하나님이 말씀하신 시기가 되어 노년의 아브라함에게 아들을 낳으니
3. 아브라함이 그에게 태어난 아들 곧 사라가 자기에게 낳은 아들을 이름하여 이삭이라 하였고
4. 그 아들 이삭이 난 지 팔 일 만에 그가 하나님이 명령하신 대로 할례를 행하였더라
5. 아브라함이 그의 아들 이삭이 그에게 태어날 때에 백 세라
6. 사라가 이르되 하나님이 나를 웃게 하시니 듣는 자가 다 나와 함께 웃으리로다

▷ 설교 _ 하나님이 나를 웃게 하시니

고인께서 묻히신 산소에 와보니, 하나님 앞에서 ○○○를 그리워하는 마음이 사무칩니다. 고인께서는 늘 가정과 자녀들을 위해서 수고하는 삶을 사셨기에, 오늘, 우리는 ○○○를 더욱 기억하게 됩니다. 하나님께서 위로해주실 것을 기대하면서 말씀을 보겠습니다.

이삭은 아브라함이 백세에 낳은 아들입니다. 이삭이라는 이름의 뜻은 기쁨입니다. 그는 하나님의 기쁨이었고, 그가 태어났을 때, 부모(아브라함과 사라)에게 기쁨이었습니다. 그리고 자신의 자녀인 야곱에게 기쁨이었고, 이스라엘에게 기쁨이었습니다. 오늘, 여기에 몸을 묻히신 고인께서 하나님께 기쁨으로 평생을 사셨던 삶을 생각해봅니다.

1. 순종함으로 기쁨이 되다

하나님이 아브라함을 시험하려고 이삭을 번제물로 드리라고 말씀하셨습니다. 하나님의 말씀에 아브라함은 자기에게 지시하신 곳에 단을 쌓고 이삭을 번제물로 드리기 위하여 칼을 잡고 그 아들을 잡으려 했습니다. 아버지와 아들의 순종을 보여주었습니다. 이삭의 제물로 드림에 대한 순종은 그리스도의 순종의 그림자였습니다.

2. 평화를 사랑함으로 기쁨이 되다

양떼에 물을 먹어야 하는 문제로 다툼이 생겼습니다. 그랄 목자들이 이삭의 목자들과 다툼으로 그 우물 이름을 에섹이라 하였습니다. 이삭은 다툼을 피해서 다른 우물을 팠는데, 또 다툼이 생겼습니다. 그 우물 이름은 싯나라 하였으며 파고 거기서 자리를 옮겨 다른 우물을 팠더니 그들이 다투지 아니하므로 그 이름을 르호봇이라 했습니다. 그는 다툼을 피하여 자신을 거절하였습니다.

3. 기도의 제단을 쌓으므로 기쁨이 되다

이삭은 르호봇에서 브엘세바로 올라갔습니다. 그 날 밤에, 하나님께서 그에게 나타나 약속해주셨습니다. "내가 너와 함께 있어 네게 복을 주어 네 자손이 번성하게 하리라."(창 26:24) 이에, 이삭은 하나님께서 자기에게 찾아와주신 자리에, 단을 쌓고 여호와의 이름을 불렀습니다. 그는 조용히 주의 모든 일을 묵상하며 여호와의 이름을 불렀습니다.

4. 믿음으로 기쁨이 되다

이삭은 믿음으로 장차 오는 모든 일에 대하여 자녀들에게 축복하였습니다, 아버지로서 야곱과 에서에게 축복한 것입니다. 그는 아버지 아브라함의 신앙을 본받아 범사를 믿음으로 했습니다. 아버지가 자기를 번제물로 드릴 때도 그는 믿음으로 순종하였습니다. 하나님은 믿음으로 사는 것을 기뻐하십니다. 믿음이 없이는 하나님을 기쁘시게 못합니다.

5. 언약의 아들로 기쁨이 되다

이삭은 언약의 아들로서 그리스도(메시아)의 그림자였습니다. 그의 생애에서는 그리스도를 보여주는 대목이 많이 있습니다. 이삭은 독자였고, 나무를 지고 산에 올라갔으며 죽기까지 아버지에게 순종하였습니다. 하나님께서 그에게 네 씨가 그 대적의 문을 얻으리라 했으며, 네 씨로 말미암아 천하 만민이 복을 받으리라 하셨씁니다.

이삭의 탄생은 하나님의 약속의 성취였으며, 이로 인하여 약속을 기다렸던 부모에게 기쁨을 주었습니다. 하나님께 기쁨이었던 이삭은 장차 오실 그리스도를 예시하는 삶을 살았습니다. 하나님께서 그의 생애를 그리스도의 그림자로 삼으신 것입니다. 인생의 목적은 하나님을 기쁘시게 해드리는 것과 사람들에게 기쁨이 되는 것입니다. 기쁨의 사람들이 되시기를 축복합니다.

▷ 기도 _ 설교자

지금, 저희들의 발걸음을 인도하셔서 이 자리에 서게 해 주셨음에 감사드립니다. 하나님의 부르심을 받으신 ○○○님의 몸을 흙으로 돌려보낸 자리에 섰습니다. 여기가 거룩한 자리가 되게 하시고, 하나님 앞에서 은혜의 보좌로 나아가는 자리가 되게 해주시옵소서. ○○○를 추모할 때, 복을 내려 주시옵소서. 저희들에게 하나님께 드림이 되는 제물의 삶을 살고자 기도하게 하셨습니다. ○○○의 기도와 사랑을 저희들의 것으로 삼게 하시옵소서. 이로써 우리 가정이 하나님 앞에서나 사람들 앞에서 존귀하게 하시옵소서.
예수님의 이름으로 기도드립니다. 아멘.

▷ 찬송 _ 35장
▷ 주님의 기도

성묘 3

이가 그니 일어나 기름을 부으라

▷ 예식사 _ 인도자

하나님께서 성묘라고 하는 복된 시간을 주셨습니다. 오늘, 고○○○ 님을 추모하며 하나님께 영광을 드리겠습니다.

> 여호와께서는 그의 성전에 계시고 여호와의 보좌는 하늘에 있음이여 그의 눈이 인생을 통촉하시고 그의 안목이 그들을 감찰하시도다(시 11:4)

▷ 신앙고백 _ 사도신경
▷ 찬송 _ 539장
▷ 대표 기도 _ 참석자 중에서
▷ 말씀 합독 _ 삼상 16:11-13

11. 또 사무엘이 이새에게 이르되 네 아들들이 다 여기 있느냐 이새가 이르되 아직 막내가 남았는데 그는 양을 지키나이다 사무엘이 이새에게 이르되 사람을 보내어 그를 데려오라 그가 여기 오기까지는 우리가 식사 자리에 앉지 아니하겠노라
12. 이에 사람을 보내어 그를 데려오매 그의 빛이 붉고 눈이 빼어나고 얼굴이 아름답더라 여호와께서 이르시되 이가 그니 일어나 기름을 부으라 하시는지라
13. 사무엘이 기름 뿔병을 가져다가 그의 형제 중에서 그에게 부었더니 이 날 이후로 다윗이 여호와의 영에게 크게 감동되니라 사무엘이 떠나서 라마로 가니라

▷ 설교 _ 이가 그니 일어나 기름을 부으라

시간이 흐를수록 ○○○를 그리워합니다. 그 사랑과 희생으로 오늘, 우리들이 이렇게 살아가고 있으니 감사할 뿐이라, ○○○께 배은망덕하지 않기를 다짐하며 매일을 지내고 있습니다. 이 시간에, 하나님께서 우리 가정에 주시는 복을 나누려 합니다.

본문의 말씀에서 고인의 삶이 더욱 새로워지는 오늘입니다. 말씀을 보기 위해서 본문을 읽던 중에, 고인께서 다윗의 모습을 많이 닮았었구나 하는 생각이 왔습니다. 우리도 본문의 말씀에서 하나님의 뜻을 발견해야 하겠습니다.

1. 자신이 맡은 일에 성실한 사람

다윗이 하나님께 선택되어진 내용을 고찰해보면 자기가 맡은 양치는 일에 성실했다고 하였습니다. 다윗이 자신이 맡은 일에 성실했다는 것은 무엇을 의미합니까?

그가 책임감과 의식이 강했다는 것입니다. 다윗은 양을 치고 보호하는 책임을 자기의 목숨을 바쳐 수행하였습니다. 하나의 실례로서 맹수인 곰과 사자와도 싸웠다고 하였습니다.

그가 자신에게 맡겨진 일에 최선을 다했다는 것입니다. 최선을 다한다는 말은 미치광이 달래 캐듯 하지 아니하고 진실하게 또는 정성을 다 기울여 그 맡은 일을 감당해나아간다는 것입니다.

2. 진실한 사랑의 사람

다윗은 진실한 사랑의 사람이었습니다. 그는 사랑에 변함이 없었던 사람입니다. 먼저 하나님을 뜨겁게 사랑하였습니다. 우리들의 사랑의 초점은 오직 하나님이심을 잊지 말아야 합니다. 그리고 나라를 사랑하였습니다.

국가 없는 민족은 불행합니다. 우리는 나라를 사랑해야 합니다. 민족을 사랑하였습니다.

이 사랑이 화목을 가져오고, 총화단결을 가져오고, 저력을 발휘하여 발전하고 승리하게 하는 원동력이 되었습니다.

진실한 사람은 유종의 미를 거둡니다. 자신이 맡은 일을 창조적으로 수행하여 아름다운 결과 결실을 많이 거두게 합니다. 적은 일에 충성하면 큰일에도 충성하고 적은 일에 불의하면 큰일에도 불의하다고 하였습니다.

우리는 사랑의 사람이 되어 봉사와 수고와 희생을 아끼지 말아야 합니다. 그때, 하나님께서 선택하여 쓰임을 받는 종이 될 것입니다.

3. 스스로에게 겸손한 사람

다윗은 누구보다도 겸손하고 겸비한 사람이었습니다. 그는 스스로에게 겸손해서 하나님께 무릎을 꿇었습니다. 그의 겸손으로 남을 자신보다 낫게 여겨 존경할 줄 알았습니다. 그리고 남의 권면과 충고를 잘 받아 자기를 새롭게 만들어갔습니다. 하나님의 사랑의 징계를 기쁨으로 감수하였습니다.

다윗은 이 세 가지를 통해서 얼마나 겸손한 사람인 것을 보여 주고 있습니다. 하나님은 언제나 교만한 자는 물리치시고 겸손한 사람에게 은혜를 주신다고 하였습니다.

이 겸손은 주님이 우리에게 보여 주신 모범인 동시에 요청입니다. 겸손은 모든 사람의 아낌을 받고, 덕을 세우고, 화평을 가져옵니다. 겸손한 다윗이어서 하나님께서 그를 선택하여 기름을 붓도록 하셨습니다.

사람이 세워지는 것은 하나님이 주권입니다. 사랑하는 고인께서도 이 땅에서 지내시던 동안에 하나님께 선택되어 쓰임을 받으시는 삶이셨습니다. 우리에게도 하나님께서 인정하시는 삶이 되시기를 축복합니다.

▷ 기도 _ 설교자

○○○께서 자신을 성전으로 여기고 사셨던 신앙이 오늘, 저희들에게 물려지게 하시옵소서. 존귀와 영광 그리고 모든 권세가 주님께 있음을 인정해 드리는 삶으로 살아가게 하시옵소서.
복된 자녀들에게서 하나님을 소망하는 삶을 통해서 조상의 신앙을 잇는 믿음을 보는 은혜를 주시옵소서. ○○○께서 자신의 평생을 여호와께 맡겨서 형통의 삶을 살았던 은혜를 이 가정에 내려 주시옵소서. 자녀들도 여호와께서 이루어주시는 복을 누리는 생활을 하게 해주시옵소서.
예수님의 이름으로 기도드립니다. 아멘.

▷ 찬송 _ 440장
▷ 주님의 기도

성묘 4

천만인의 어머니가 될지어다

▷ 예식사 _ 인도자

오늘, 성묘의 시간으로 가족이 한 자리에 모이도록 하신 하나님이십니다. 이제, 고○○○ 님을 추모하며 하나님께 영광을 드리겠습니다.

여호와는 나의 산업과 나의 잔의 소득이시니 나의 분깃을 지키시나이다 내게 줄로 재어 준 구역은 아름다운 곳에 있음이여 나의 기업이 실로 아름답도다 (시 16:5-6)

▷ 신앙고백 _ 사도신경

▷ 찬송 _ 442장

▷ 대표 기도 _ 참석자 중에서

▷ 말씀 합독 _ 창 24:57-61

57. 그들이 이르되 우리가 소녀를 불러 그에게 물으리라 하고
58. 리브가를 불러 그에게 이르되 네가 이 사람과 함께 가려느냐 그가 대답하되 가겠나이다
59. 그들이 그 누이 리브가와 그의 유모와 아브라함의 종과 그 동행자들을 보내며
60. 리브가에게 축복하여 이르되 우리 누이여 너는 천만인의 어머니가 될지어다 네 씨로 그 원수의 성 문을 얻게 할지어다
61. 리브가가 일어나 여자 종들과 함께 낙타를 타고 그 사람을 따라가니 그 종이 리브가를 데리고 가니라

▷ 설교 _ 천만인의 어머니가 될지어다

하나님께 감사할 따름입니다. ○○○는 우리 가정에 하나님의 선물이셨습니다. 그분의 헌신과 열성으로 우리들은 모두 성장하였고, 이제는 가정도 꾸려서 어엿하게 살아가고 있습니다. ○○○의 발자취를 따르려는 우리에게 오늘, 하나님의 말씀은 큰 위로가 될 것입니다.

리브가는 이삭에게 위로가 되어주었습니다. 남편을 위로해준 여자였습니다. 그녀는 이삭과 결혼을 한 뒤에, 에서와 야곱 쌍둥이를 낳았습니다. 아내로서 남편을 사랑했던 리브가의 모습에서 고인의 얼굴이 떠올랐습니다. 아마도 리브가를 흠모하면서 지내셨던 것 같습니다. 우리는 리브가에게서 그리스도의 신부로서 성도의 모습을 보게 됩니다.

1. 아름다운 여인

리브가는 아름다웠습니다. 그녀는 자신의 외모, 즉 몸과 얼굴만 아름다운 것이 아니라 마음도 삶도 아름다웠습니다. 아브라함의 종이 마실 물을 청할 때 그녀는 친절하게 대접해드리고 약대에게도 물을 마시게 했습니다. 여인은 아름다워야 합니다. 그리스도의 신부인 성도는 몸과 마음과 삶이 아름다워야 합니다.

2. 부지런한 여인

리브가는 삶에 있어서 근면하고 성실하였습니다. 아브라함의 노종 엘리에셀이 우물가에 엎드려 하나님 앞에 기도하였습니다. 그 기도가 미치기도 전에 그녀는 물 항아리를 메고 제일 먼저 우물가로 나왔습니다. 그리스도의 일군이 그리스도인들은 근면하고 성실해야 합니다. 먼저 일어나고, 먼저 일하며, 먼저 기도하고, 먼저 선을 베풀어야 합니다. 리브가를 보게 된 것은 하나님께서 기도에 응답해주신 것입니다.

3. 결단성이 있는 여인

리브가는 엘리에셀을 따라나서기로 합니다. 리브가의 부모는 그녀를 아브라함에게 보내는 것에 찬성했습니다. 그러면서 어머니와 오라버니는 열흘 정도 있다 보내려고 했는데, 그녀는 아브라함의 종의 뜻을 따라 바로 가겠다고 결심했습니다. 지체하지 않고, 곧 결단을 내렸습니다. 그리스도인은 성령의 감동이 올 때 지체하지 말고 곧바로 결단을 내리고 순종해야 합니다.

4. 이삭의 아내가 된 여인

아브라함의 하나님이 이삭의 하나님이십니다. 리브가는 언약의 사람의 관계 안으로 들어왔습니다. 땅에 대한 언약과 자손에 대한 언약과 메시아에 대한 언약의 사람이 되었습니다. 그는 기쁨(웃음)의 사람이었습니다. 이삭과 함께 언약을 믿음으로 하나님과 사람에게 기쁨의 사람이 되었습니다.

5. 야곱을 편애한 어머니

리브가는 에서보다도 야곱을 사랑했습니다. 그리고 "큰 자는 어린 자를 섬기리라"라는 하나님의 약속에도 불구하고 일을 하나님께 맡기지 않고 자기의 간계로 야곱에게 형 에서로부터 아브라함의 축복을 빼앗도록 공모하였습니다. 사실, 부모는 자녀를 편애하지 말아야 합니다. 편애는 자녀를 노엽게 하고 실망하게 합니다. 그렇지만 리브가의 편애에도 하나님의 뜻이 있었습니다.

리브가는 아름다운 여인이었습니다. 그녀는 부지런하였고 결단성이 있는 여인이었습니다. 리브가의 모습은 오늘날, 성도의 그림자입니다. 우리는 그녀의 아름다운 모습을 본기를 도전해야 하겠습니다.

▷ 기도 _ 설교자

○○○의 아름다운 신앙을 본받으려고 그를 추모합니다. 이 시간에 고인께서 평생 감사로 사셨던 은혜를 저희들의 것으로 삼게 하시옵소서. 여호와께서 주시는 생명과 복을 누리게 하시옵소서.
신앙을 유산으로 남기신 그 뜻을 받들어 하나님을 섬기는 가족이 되게 하시옵소서. 불신자의 가정에서 살다가 주님을 영접하여 믿음의 반석을 세웠던 ○○○의 신앙을 이어가기에 조금도 부족함이 없는 식구들이 되게 하시옵소서. 자녀들에게는 ○○○의 길로 행하여 여호와를 사랑하는 은혜를 주시옵소서. 예수님의 이름으로 기도드립니다. 아멘.

▷ 찬송 _ 605장
▷ 주님의 기도

성묘 5

스스로 작게 여길 그 때에

▷ 예식사 _ 인도자

오늘, 한식을 맞이해서 보니 우리 가정을 위하시는 하나님의 은혜가 크셨습니다. 고○○○ 님을 추모하며 하나님께 예배드리겠습니다.

여호와께서 자기에게 기름 부음 받은 자를 구원하시는 줄 이제 내가 아노니 그의 오른손의 구원하는 힘으로 그의 거룩한 하늘에서 그에게 응답하시리로다(시 20:6)

▷ 신앙고백 _ 사도신경

▷ 찬송 _ 446장

▷ 대표 기도 _ 참석자 중에서

▷ 말씀 합독 _ 삼상 15:16-19

16. 사무엘이 사울에게 이르되 가만히 계시옵소서 간 밤에 여호와께서 내게 이르신 것을 왕에게 말하리이다 하니 그가 이르되 말씀하소서

17. 사무엘이 이르되 왕이 스스로 작게 여길 그 때에 이스라엘 지파의 머리가 되지 아니하셨나이까 여호와께서 왕에게 기름을 부어 이스라엘 왕을 삼으시고

18. 또 여호와께서 왕을 길로 보내시며 이르시기를 가서 죄인 아말렉 사람을 진멸하되 다 없어지기까지 치라 하셨거늘

19. 어찌하여 왕이 여호와의 목소리를 청종하지 아니하고 탈취하기에만 급하여 여호와께서 악하게 여기시는 일을 행하였나이까

▷ 설교 _ 스스로 작게 여길 그 때에

늘 ○○○의 모습을 가슴에 담고 살아온 우리들, 추모예배로 하나님께 나아가니 감사합니다. 생전에 가족과 자녀를 위하여 간구하셨던 기도의 응답으로 오늘 우리는 복을 누리고 있습니다.
○○○의 사랑과 기도를 본 받아 우리도 가정과 자녀를 위하여 기도하기를 원합니다. 이 시간에, 하나님께서 우리를 격려해주시는 말씀을 듣겠습니다.

1. 자기를 위한 기념비를 세우다

12절, "사무엘이 사울을 만나려고 아침에 일찍이 일어났더니 혹이 사무엘에게 고하여 가로되 사울이 갈멜에 이르러 자기를 위하여 기념비를 세우고 돌이켜 행하여 길갈로 내려갔다 하는 지라."
사울은 제대로 한 것도 없으면서 기념비를 세웠습니다. 아말렉과의 전투에서 승리한 것을 자기 영광으로 돌린 것입니다. 하나님께서 도와주심으로 승리한 사실을 깨닫지 못하고 이방의 왕들처럼 교만한 마음으로 공적 비를 세웠습니다. 하나님은 사울을 왕으로 세운 것을 후회하고 계시는데 그는 하나님께 버림받는 순간까지도 자신의 영광을 위하여 망령되게 행한 것입니다.
우리는 자기의 공로를 드러내기 위한 기념비를 세우면 안 됩니다. 모든 것을 하나님의 은혜로 여기며 하나님만이 존귀와 영광을 드려야 합니다.

2. 공개적으로 거짓말을 하다

13절, "사무엘이 사울에게 이른즉 사울이 그에게 이르되 원컨대 당신은 여호와께 복을 받으소서 내가 여호와의 명령을 행하였나이다."
사울은 하나님 앞에 불순종했으면서도 사무엘에게 자기가 여호와의 명령을 다 이행했다고 당당하게 말했습니다. 도리어 자기가 행한 것을 자랑하고 사무엘에게 여호와께 복을 받으라고 했습니다. 회개하는 모습은 전혀 찾아볼 수 없습니다.

사울의 마음은 이미 너무 교만해져 있었습니다. 왕으로 뽑히고서도 행구 사이에 숨었던 사울이었으나(삼상 10:22) 자기를 위해 공적 비를 세우고 하나님의 종에게 뻔뻔스러운 거짓말을 하는 데까지 이르게 된 것입니다.

거짓말을 왜 하였습니까? 자기의 유익을 위해서 변명을 한 것입니다. 혹시 자신의 과오로 어떤 위기의 순간에서도 하나님 앞에서 정직해야 합니다. 정직하면 하나님께서 세워주십니다.

3. 죄를 감추려고 했습니다.

14절, "사무엘이 가로되 그러면 내 귀에 들어오는 이 양의 소리와 내게 들리는 소의 소리는 어찜이니이까."

사무엘이 이미 다 알고 있는데 사울은 자신의 죄를 감추려고 양과 소를 놓은 것입니다. 그러나 양 떼의 울음소리는 감출 수가 없었습니다. 하나님께서는 죄를 드러나게 하십니다.

아무리 작은 잘못이라도 하나님 앞에는 숨길 수 없습니다. 감추는 것은 마귀의 함정입니다. 그러므로 죄를 지었을 때는 하나님 앞에 속히 고백해야 됩니다. 하나님께서 드러나게 하시면 이미 심판입니다.

사람은 지위가 높을수록 하나님 앞에서 더 조심해야 됩니다. 언제나 자기를

낮추어 정직해야 합니다. 예수님도 스스로 낮추는 자가 높아진다고 말씀하셨습니다.(마 23:12)

은혜를 받았으면 무엇보다도 먼저 하나님을 영화롭게 해야 됩니다. 우리가 자신을 낮추고 하나님께 모든 영광을 돌릴 때 하나님께서 더욱 큰 축복을 주십니다. 은혜를 많이 받고 귀한 성도가 되려면 일생 동안 주님의 뜻을 잘 따라가야 할 줄로 믿습니다. 그 복을 사모합시다.

▷ 기도 _ 설교자

사랑하는 ○○○께서 저희들보다 한 발 일찍 가신 그 나라를 묵상하게 하셨음에 감사드립니다. 함께 예배한 지체들도 맡겨주신 일을 다 마치고 승리의 모습으로 본향으로 갈 것을 소망하게 하시옵소서.
하나님께서 귀히 여기시던 ○○○는 주께로부터 왔다가 주님의 품에 안긴 것을 감사하면서 예배하게 하시옵소서. 이 땅에서 지내시는 동안에 하나님의 사랑을 입으셨던 ○○○를 추억하게 하시니 감사드립니다.
이 가정을 여호와께 올려 드립니다. 거룩하게 구별함을 받은 식구들의 삶이 여호와께 맡겨지게 하시옵소서.
예수님의 이름으로 기도드립니다. 아멘.

▷ 찬송 _ 311장
▷ 주님의 기도

상 주심을 바라봄이라

▷ 예식사 _ 인도자

자비로우신 하나님께서 우리에게 고○○○ 님을 추모하며 성묘하는 시간을 주셨습니다. 복된 자리에서 하나님께 영광을 드리겠습니다.

> 그는 여호와께 복을 받고 구원의 하나님께 의를 얻으리니 이는 여호와를 찾는 족속이요 야곱의 하나님의 얼굴을 구하는 자로다 (셀라) (시 24:5-6)

▷ 신앙고백 _ 사도신경

▷ 찬송 _ 409장

▷ 대표 기도 _ 참석자 중에서

▷ 말씀 합독 _ 히 11:24-27

24. 믿음으로 모세는 장성하여 바로의 공주의 아들이라 칭함 받기를 거절하고
25. 도리어 하나님의 백성과 함께 고난 받기를 잠시 죄악의 낙을 누리는 것보다 더 좋아하고
26. 그리스도를 위하여 받는 수모를 애굽의 모든 보화보다 더 큰 재물로 여겼으니 이는 상 주심을 바라봄이라
27. 믿음으로 애굽을 떠나 왕의 노함을 무서워하지 아니하고 곧 보이지 아니하는 자를 보는 것 같이 하여 참았으며

▷ 설교 _ 상 주심을 바라봄이라

하나님께서 우리를 사랑하사 ○○○의 자녀가 되게 하셨고, ○○○께서는 우리를 위해서 평생의 수고를 하셨던 삶이 자주 떠오릅니다. 우리가 어렸을 때, 힘든 고비마다 ○○○께서 감당하여 지냈던 시간들, 결코 잊을 수 없습니다. 오늘, 하나님께서 권면해주시는 말씀을 듣고, 새롭게 결단하기를 원합니다.

하나님께서는 모세에게 출애굽의 역사적 사명을 주시려고 그에게 난세에 태어나도록 하셨습니다. 그가 성장하면서 애굽에서 고등교육을 받게 하신 하나님이십니다. 하나님은 그를 지켜 보호하여 주셨습니다. 하나님의 부름을 받은 그는 긍휼과 인자함으로 그 사명을 감당하였습니다. 그리하여 하나님의 뜻을 이루셨습니다.

1. 하나님의 보호

모세의 어머니는 모세의 출생을 석 달 동안이나 숨길 수 있었습니다. 그 이상 숨길 수 없으므로 그를 갈 상자에 넣어 나일강 갈대 사이에 두었습니다. 그때, 바로의 딸이 목욕하러 강에 왔다가 그 갈 상자를 발견하고 가져다가 자기의 아이로 양육하기로 결심하였습니다.
그때였습니다. 마침 가까이에 있던 미리암에게 히브리인 유모를 구하게 하였습니다. 그녀는 그의 어머니가 유모로서 아이를 기르도록 주선하여 이 아이는 바로의 딸의 양자가 되었습니다.
이때부터 모세는 왕궁에서 애굽인으로서 양육되어 교육을 받으며 성장하였습니다. 하나님께서 주권과 경륜 속에 모세를 지켜 보호하신 것입니다.

2. 광야에서의 연단

모세가 애굽 사람을 살해했다는 소식을 바로가 듣게 됩니다. 바로는 모세를 죽이려고 했습니다. 모세는 바로의 손을 피하여 미디안 광야로 피신하였습니다. 그는 공주의 아들이라는 명예로운 신분도 부귀도 영화도 일시에 다 잃었습니다. 이처럼 죄는 모든 것을 빼앗아갑니다.

모세가 미디안으로 망명한 것은 그가 임으로 간 것이 아니라 하나님이 모세를 연단시켜 출애굽시키려고 그곳으로 보내신 것입니다. 그는 광야에서 홀로 하나님 앞에 홀로 서게 되었고 인격적으로 거듭나게 되었습니다. 그는 한 사람의 의협심에서 민족의 지도자로 준비됩니다.

비로소 하나님이 바라시는 모세는 미디안 광야에서 만들어졌습니다. 용광로를 통과하지 아니한 지금은 정금이 될 수 없습니다.

3. 백성을 위한 중재자

모세는 하나님 앞에서 공정한 중재를 했습니다. 그는 백성의 죄를 고백하고 속죄함을 받으려했습니다. 의로우신 하나님에 대한 신앙 안에서 백성의 죄를 인식하고 하나님의 의를 시인하는 중재였습니다.

그는 사랑의 중재를 했습니다. 백성의 죄를 알고, 하나님의 공의를 알면서도 용서를 구한 것은 백성에 대한 지극한 사랑 때문입니다. 주님은 사랑의 중보자이십니다.

공정하고 사랑이 가득한 모세의 중재를 하나님이 받으셨습니다. 이것은 유효한 구원의 중재였습니다. 주님께서는 어떠하셨습니까? 나 같은 죄인을 위하여 십자가에 못 박혀 죽으셨고 지금은 하나님 보좌 우편에 앉아계셔서 우리를 위하여 기도하고 계십니다.

모세는 하나님의 언약이었습니다. 그가 이집트의 왕궁에서 자란 것은 하나님의 주권과 경륜이었습니다. 그리고 미디안은 연단의 장소가 되어 하나님이 바라시는 인물로 만들어졌습니다. 연단하여 준비된 그는 백성을 위하여 중재하였습니다. 우리에게도 하나님께서 의도하신 사명이 있습니다. 그 사명으로 사시기를 축복합니다.

▷ 기도 _ 설교자

저희들의 발걸음을 이곳으로 이끌어 주셔서 ○○○를 추모하게 하셨음에 감사드립니다. 이 시간에, 사망을 이기신 능력을 주님을 모신 이 가족들에게도 매일의 삶에서 이김을 보는 은혜를 주시옵소서.
저희들이 ○○○를 기억하면서 예배할 때, 여호와의 은혜가 이 자리에 충만하게 하시옵소서. 혹시 저희들 중에, 아직까지도 하나님의 자녀가 되지 못한 이들이 있을지라도 ○○○의 기도응답을 통한 복을 누리게 하시옵소서. 귀한 종이 생존해 있을 때, 간구했던 모든 기도가 응답되게 하시옵소서.
예수님의 이름으로 기도드립니다. 아멘.

▷ 찬송 _ 336장
▷ 주님의 기도

성묘 7

나를 온전히 따랐은즉

▷ 예식사 _ 인도자

늘 함께 해주신 하나님께서 오늘, 우리에게 한식을 주셨습니다. 이제, 고○○○ 님을 추모하며 하나님께 예배를 시작하겠습니다.

여호와는 나의 힘과 나의 방패이시니 내 마음이 그를 의지하여 도움을 얻었도다 그러므로 내 마음이 크게 기뻐하며 내 노래로 그를 찬송하리로다(시 28:7)

▷ 신앙고백 _ 사도신경
▷ 찬송 _ 413장
▷ 대표 기도 _ 참석자 중에서
▷ 말씀 합독 _ 민 14:6-8, 24

6. 그 땅을 정탐한 자 중 눈의 아들 여호수아와 여분네의 아들 갈렙이 자기들의 옷을 찢고
7. 이스라엘 자손의 온 회중에게 말하여 이르되 우리가 두루 다니며 정탐한 땅은 심히 아름다운 땅이라
8. 여호와께서 우리를 기뻐하시면 우리를 그 땅으로 인도하여 들이시고 그 땅을 우리에게 주시리라 이는 과연 젖과 꿀이 흐르는 땅이니라
24. 그러나 내 종 갈렙은 그 마음이 그들과 달라서 나를 온전히 따랐은즉 그가 갔던 땅으로 내가 그를 인도하여 들이리니 그의 자손이 그 땅을 차지하리라

▷ 설교 _ 나를 온전히 따랐은즉

○○○께서 우리의 곁을 떠나신 지도 어언 ○년이 지나고 있는데, 마음에 남겨주신 ○○○의 모습은 시간의 흐름이 더할수록 더욱 또렷해집니다. 오늘, 추모예배를 준비하면서 바로 옆에 ○○○께서 계신 것 같았습니다. ○○○의 자취에서 어긋나지 않는 삶을 살기로 다짐합시다.

이름으로 보자면 갈렙은 '개'라는 의미를 갖고 있습니다. 바란 광야에서 가나안 땅을 탐지하러 갔을 때, 유다 지파를 대표하였습니다. 그는 정탐하고 돌아와 긍정적인 믿음으로 보고하였습니다. 그는 하나님께 대하여 절대 신앙자로 살았습니다. 하나님의 말씀을 좇는 데 목숨을 바쳤습니다.

1. 절대 믿음의 사람

가나안 땅을 40일 동안 땅을 탐지하고 돌아와 그 결과를 모세와 아론, 그리고 회중에게 보고할 때, 10 사람은 그 땅 실과를 보이고, 그 땅 거민이 강하고 성읍이 견고하고 커서 정복이 불가능하다고 하였습니다. 그들은 하나님을 거절하고 자기들이 본 것에 마음을 두었습니다.
그러나 오직 갈렙과 여호수아(눈의 아들 호세아)만은 그 땅을 정복할 수 있다고 말했습니다. 여호와께 온전히 순종하여(민32:12, 수14:6) 모세 앞에서 백성을 안심시키고 담대히 하나님의 권능으로 말했습니다.
"그들은 우리의 밥이다."라고 했습니다. 믿음은 무엇이라 했습니까? 바랄 수 없는 것을 바라는 것이며, 볼 수 없는 것을 보는 것이며, 할 수 없는 것을 하는 것입니다. 믿음이 승리에 대한 약속입니다.

2. 하나님께 담대한 사람

그러나 백성은 부정적으로 보고한 10 사람의 말을 받아들였습니다. 그들은 밤새 울면서 원망하였습니다.

갈렙과 여호수아는 옷을 찢고 회중에게 "하나님께서 젖과 꿀이 흐르는 땅으로 우리를 인도할 것이니, 하나님을 거역하지 말고, 또 그 땅 백성을 두려워하지 말라. 그들은 우리의 밥이다, 그들의 보호자는 그들에게서 떠났고 여호와는 우리와 함께 하신다"라고 권고하였습니다.

그래도 완악한 회중은 듣지 않고, 그들을 오히려 돌로 치려했습니다. 그때 하나님께서 모세에게 말씀하셨습니다. "백성이 나를 멸시하니 내가 전염병으로 그들을 쳐서 멸하겠다." 하나님의 약속에 대한 반응은 믿음입니다. 갈렙은 약속의 땅을 바라보며, 함께 동행해주시는 하나님을 믿자고 회중을 권고하였습니다.

3. 하나님의 약속을 받은 사람

하나님과 그 종들을 불신하고 반역하여 원망하며 그들을 죽이려고 하는 회중은 광야에서 죽었습니다. 그렇지만 갈렙은 하나님을 믿고 순종하며 온전히 좇았으므로 죽음의 재앙에서 구원받아 젖과 꿀이 흐르는 가나안 땅으로 인도하여 주셨습니다.

하나님께서는 그에게 헤브론을 주셨습니다. 그리고 갈렙이 밟는 땅을 그 자손들에게 주셨습니다. 그의 나이 85세가 되도록 청년의 때와 같이 강건하도록 해 주셨습니다.

무엇보다 그는 하나님을 믿고 순종하여 하나님의 뜻을 이루어 하나님을 기쁘시게 해드렸습니다. "나더러 주여 주여 하는 자마다 다 천국에 들어갈 것이 아니요 다만 하늘에 계신 내 아버지의 뜻대로 행하는 자라야 들어가리라."(마 7:21)

하나님의 말씀에 대한 절대 신앙으로 살았던 갈렙의 길은 우리가 따라야 할 길입니다. 그가 우리에게 남겨준 말의 자취, 발의 자취는 우리의 것이 되어야 합니다. 그는 믿음으로 담대하여 하나님의 복을 받은 사람입니다. 우리가 그렇게 되기를 축복합니다.

▷ 기도 _ 설교자

즐겁고도 기쁜 날에, ○○○의 묘소를 찾게 해주셨음에 감사드립니다. 언제든지 ○○○를 기억하면서 저희들에게 물려주신 믿음의 길을 따르며 살아왔음을 고백합니다. 여호와의 손으로 이 묘소를 지켜 주시고, 저희들을 인도해 주셨음에 감사드립니다.
○○○를 추모하는 지금, 사랑하는 가족들에게 구원의 은총을 베풀어주시옵소서. 사랑하는 고인의 후손이 된 저희들, 각자의 이름들이 어린양의 생명책에 기록되었음에 감사드립니다. 매일 매일의 삶에서 쓴물이 단물로 바뀌는 은혜를 주시옵소서.
예수님의 이름으로 기도드립니다. 아멘.

▷ 찬송 _ 70장
▷ 주님의 기도

성묘 8

여호와로 내게 맹세하고

▷ 예식사 _ 인도자

우리 가족이 지금까지 지내온 것은 하나님의 은혜였습니다. 그 은혜에 감사하고, 고○○○ 님을 추모하며 예배를 시작하겠습니다.

너희 의인들아 여호와를 기뻐하며 즐거워할지어다 마음이 정직한 너희들아 다 즐거이 외칠지어다(시 32:11)

▷ 신앙고백 _ 사도신경
▷ 찬송 _ 306장
▷ 대표 기도 _ 참석자 중에서
▷ 말씀 합독 _ 수 2:3-6, 12

3. 여리고 왕이 라합에게 사람을 보내어 이르되 네게로 와서 네 집에 들어간 그 사람들을 끌어내라 그들은 이 온 땅을 정탐하러 왔느니라
4. 그 여인이 그 두 사람을 이미 숨긴지라 이르되 과연 그 사람들이 내게 왔었으나 그들이 어디에서 왔는지 나는 알지 못하였고
5. 그 사람들이 어두워 성문을 닫을 때쯤 되어 나갔으니 어디로 갔는지 내가 알지 못하나 급히 따라가라 그리하면 그들을 따라잡으리라 하였으나
6. 그가 이미 그들을 이끌고 지붕에 올라가서 그 지붕에 벌여 놓은 삼대에 숨겼더라
12. 그러므로 이제 청하노니 내가 너희를 선대하였은즉 너희도 내 아버지의 집을 선대하도록 여호와로 내게 맹세하고 내게 증표를 내라

▷ 설교 _ 여호와로 내게 맹세하고

오늘, 우리에게 ○○○의 추모예배를 드리도록 인도해주신 하나님께 감사합니다. ○○○의 자녀와 후손들이 한 명도 빠지지 않고 다 모이도록 해주셨습니다. ○○○의 마음과 신앙을 물려받아서 살아가게 하셨으니, 한 마음으로 하나님의 말씀을 받읍시다.

라합에 대한 말씀을 함께 나누면서 고인도 더불어 생각해보기를 원합니다. 라합의 생애에서 고인께서 지내셨던 삶의 흔적을 발견하게 됩니다. 고인께서는 라합이 가졌던 하나님께의 신앙을 닮으려고 하셨나 봅니다. 그녀가 하나님께 대한 소문을 듣고, 정탐꾼들을 유숙시키고 숨겨 살려주었던 은혜를 나누고자 합니다.

1. 여호와 하나님을 믿다

라합은 이스라엘의 정탐꾼을 숨겨 주고, 그들을 쫓아온 왕의 신하들을 따돌렸습니다. 그녀는 정탐꾼들이 눕기 전에 지붕으로 그들을 만나러왔습니다. 이 만남은 하나님께서 예비하신 은총의 만남이었습니다.
그녀는 "여호와께서 이 땅을 너희에게 주신 줄을 내가 아노라"(2:9)라고 말했습니다. 그녀는 보지 않고 믿은 복된 자로 신약의 성도들에게 산 믿음의 본이 되었습니다.
그녀는 고백하였습니다. "여호와의 위로는 하늘에서도 아래로는 땅에서도 하나님이시니라."(2:11) 하나님은 유일하십니다. 그렇습니다. 천상천하에 여호와 하나님만 하나님이십니다. 하나님 외에는 하나님이 없습니다. 진리는 하나입니다. 천이 천말을 하고 만이 만 말을 해도 하나님만 하나님이십니다. 여호와 하나님만 나에게 하나님이십니다.

2. 믿음으로 가족을 구원하다

자신의 생명을 걸고 정탐꾼의 생명을 구해준 라합은 정탐꾼들에게 요구하였습니다. 자신과 부모와 형제와 친척의 구원을 요구하였습니다. 그녀는 부모와 형제와 친척의 생명을 소중하게 여겼기 때문입니다.
라합이 정탐꾼들의 생명을 구해준 대가로 요구한 것은 무엇이었습니까? 자기 자신의 유익을 구하였습니까?
그녀는 자신의 출세와 성공을 위하여 구하지 아니하고 자신과 가족들의 구원을 위하여 생명을 걸었습니다. 그리고 그녀는 확실한 증표를 요구하였습니다. 무슨 일이든 후일에 사실 여부를 확인하려면 확실한 증표가 있어야 하였습니다. 그 증표는 창문에 붉은 줄을 매다는 것이었습니다.(6:22, 25)

3. 예수 그리스도의 족보에 오르다

고대 유대의 전승에 의하면 라합은 절세미인이라고 합니다. 여호수아와 이스라엘이 여리고성을 함락할 때 붉은 줄을 보고 그녀의 가족을 구원해주었습니다. 죄인은 십자가의 보혈로만 구원받습니다.
신약성경은 그녀의 아름다운 신앙을 칭찬하고 있습니다(약 2:25) 그녀는 구원의 은혜를 입은 후에 기생의 생활을 청산하고 믿음으로 산 위인이 되었습니다. 히브리서 11:31에 의하면, "순종하지 아니한 자와 함께 멸망하지 아니하였도다."라고 하였습니다.

유다 지파의 위인인 살몬의 룻의 시아버지인 살몬의 아내가 되고 보아스의 어미가 되어 다윗과 예수의 조상이 되었습니다. 그녀는 여호와를 하나님으로 믿음으로 자신도 구원받고 가족과 친척도 구원받았습니다.

비록 자신의 신분은 기생이었지만 라합은 여호와 하나님을 믿었습니다. 그래서 그녀는 가나안 땅에 정탐 온 하나님의 종들을 숨겨 구원하였습니다. 그리고 그 믿음으로 자신과 가족이 구원함을 받았습니다. 그녀는 생명을 구원하는 일에 생명을 걸었습니다. 그 은혜를 나의 것으로 삼읍시다.

▷ 기도 _ 설교자

예배하는 이 시간에, 우리 가족의 믿음이 꽃들처럼 피어나기를 축복합니다. ○○○를 추모하면서 위로부터 내리는 은혜를 더욱 하나님의 말씀을 가까이 하기를 결단하는 식구들이 되게 하시옵소서.
○○○께 임했던 은총이 후손들에게 풍성히 나타나게 하시옵소서. 이 묘소를 찾을 때마다 아버지의 사랑에 감사하는 저희들이 되게 하시옵소서.
하나님의 부르심을 받으신 ○○○께서 후손들을 복되게 하시려고 참으로 아름다운 신앙의 모습들을 많이 남기게 해주셨으니, 그 길을 따르는 자녀들이 되게 하시옵소서.
예수님의 이름으로 기도드립니다. 아멘.

▷ 찬송 _ 250장
▷ 주님의 기도

성묘 9

선한 청지기 같이

▷ 예식사 _ 인도자

성묘를 하는 시간에, 돌아보니 오직 하나님의 자비하심이셨습니다. 이에, 고 ○○○ 님을 추모하며 하나님께 영광을 드리겠습니다.

> 네 길을 여호와께 맡기라 그를 의지하면 그가 이루시고 네 의를 빛 같이 나타내시며 네 공의를 정오의 빛 같이 하시리로다(시 37:5-6)

▷ 신앙고백 _ 사도신경

▷ 찬송 _ 374장

▷ 대표 기도 _ 참석자 중에서

▷ 말씀 합독 _ 벧전 4:8-11

8. 무엇보다도 뜨겁게 서로 사랑할지니 사랑은 허다한 죄를 덮느니라
9. 서로 대접하기를 원망 없이 하고
10. 각각 은사를 받은 대로 하나님의 여러 가지 은혜를 맡은 선한 청지기 같이 서로 봉사하라
11. 만일 누가 말하려면 하나님의 말씀을 하는 것 같이 하고 누가 봉사하려면 하나님이 공급하시는 힘으로 하는 것 같이 하라 이는 범사에 예수 그리스도로 말미암아 하나님이 영광을 받으시게 하려 함이니 그에게 영광과 권능이 세세에 무궁하도록 있느니라 아멘

▷ 설교 _ 선한 청지기 같이

○○○의 추모예배로 하나님께 영광을 드리게 되어 감사합니다. ○○○의 자녀와 후손들이 그리스도 예수 안에서 살아가고 있음이 우리 가족에게 영광입니다. 오늘, ○○○의 하나님을 나의 하나님으로 다시 한 번 고백하면서 하나님의 말씀을 보겠습니다.

본문의 말씀은 하나님께 봉사하는 삶에 대하여 교훈해줍니다. 하나님의 영광과 교회의 부흥, 이 단어는 고인의 평생 단어였습니다. 고인께서는 하나님의 교회에 충성스럽게 봉사하다가 부르심을 받으셨습니다. 성경이 말하고 있는 청지기의 삶을 보여주신 것입니다.

1. 교회는 주님의 몸

예수님은 하나님의 아들이시면서도 하나님께 봉사하셨습니다. 세상을 이처럼 사랑하신 하나님의 뜻에 따라 십자가에 달려 죽으시기까지 봉사하셨다고 보아집니다. 그렇게 사셨던 주님은 우리에게 교회를 주셨습니다. 그러므로 이 교회를 위한 봉사가 우리에게 있어야 합니다.
우리가 교회를 봉사해야 될 이유가 무엇입니까? 주님의 요청인 동시에 명령이기 때문입니다. 주님께서는 피 흘려 세우신 교회를 봉사하라고 분부하셨습니다. 기독 신자들의 본분이요 의무이기 때문입니다. 우리는 이 세상에서 모든 사람을 위해서 봉사하도록 태어난 사람들이라고 해도 좋을 것입니다.
교회를 섬기는 봉사는 믿음의 일입니다. 이 세상에서 여러 가지 일들이 많이 있으나 가장 가치 있는 일은 교회 봉사라고 하였습니다.

2. 봉사의 방법

어떻게 해야 바로 봉사할 수 있습니까? 기본자세가 바르게 되어야 합니다. 아무리 바로 봉사하려고 할지라도 기본자세가 되어 있지 아니하면 불가능하다는 말입니다.

여기에서 기본자세는 예수님을 따름입니다. 예수님을 본받으라고 하였습니다. 예수님처럼 먼저 온유해야 되고, 겸손해야 되고, 진실해야 되고, 사랑해야 되고, 인내해야 되고, 희생해야 됩니다.

더불어서 인색함이 없이 드릴 수 있어야 합니다. 봉사는 입으로만 부르는 구호는 아닙니다. 실제로 드리고 섬기는 일입니다.

무엇을 드려야 됩니까? 몸도 드리고 시간도 드리고 노력도 드리고 재물도 드리고 재능도 드리고 정성도 드리고 생명까지 드려 봉사하라고 하였습니다. 십자가를 져야 되는 것입니다.

3. 봉사의 바른 길

교회의 봉사에 있어서 바로 봉사하는 이들이 있습니다. 그런 반면에 바로 봉사하지 못하는 이들도 많이 있습니다. 하나님께서 요구하시는 대로, 하나님께 영광을 위하여 봉사하지 않습니다.

봉사자의 바른 길은 보상을 바라지 말고 봉사해야 되고 자신을 드러내지 말아야 하고 낙심하지 말아야 하고 자원하는 마음으로 봉사해야 하고 교회 질서를 따라 봉사해야 되고 교회의 덕과 유익을 위해 봉사해야 하고 하나님의 영광을 위해서 봉사해야 된다고 하였습니다.

장차 영광의 면류관을 받는 일이기 때문입니다. 주님의 일에 바로 봉사한 사람들에게 주님이 장차 나타나 시들지 아니하는 영광의 면류관을 주시겠다고 하셨습니다.

주님께서 이 땅에서 지내시면서 보여주신 선한 청지기의 모습이 있습니다. 예수님께서 하나님 앞에서 선한 청지지로 사셨던 까닭은 우리가 그 삶으로 살아야 하기 때문이었습니다. 우리는 하나님과 교회 앞에서 청지기로 부름을 받았습니다. 그러므로 선한 청지기가 되어야 합니다.

▷ 기도 _ 설교자

천국이 본향이라 하면서도 세상의 것들에 마음을 빼앗기곤 합니다. 천국으로 부름을 받으면 다 놓고 갈 것들뿐인데 거절하는 은혜를 주시옵소서. 찬란한 면류관을 바라보게 하시옵소서. 이 시간에, 하나님께서 이 자리에 참여한 이들과 사랑하는 가족들을 위하여 행하시는 일들을 소망하게 하시옵소서.
지금, ○○○의 육체가 묻혀 있는 이 산소에서 묘소의 봉우리만 볼 것이 아니라, 저가 남겨준 신앙의 모습을 보는 은혜를 주시옵소서. 복된 후손들이 약속해주신 말씀에 따라 번성하게 해 주시는 여호와의 손을 보게 하시옵소서. 저희에게 약속된 후손의 복을 받게 하시옵소서.
예수님의 이름으로 기도드립니다. 아멘.

▷ 찬송 _ 35장
▷ 주님의 기도

추석 1

그를 번제로 드리라

▷ 예식사 _ 인도자

오늘, 추석을 맞이해서 고○○○ 님을 추모하는 예배를 드리고자 성삼위 하나님께로 나아가겠습니다.

> 주께서 내 마음에 두신 기쁨은 그들의 곡식과 새 포도주가 풍성할 때보다 더 하니이다 내가 평안히 눕고 자기도 하리니 나를 안전히 살게 하시는 이는 오직 여호와이시니이다(시 4:7-8)

▷ 신앙고백 _ 사도신경

▷ 찬송 _ 521장

▷ 대표 기도 _ 참석자 중에서

▷ 말씀 합독 _ 창 22:1-3

1. 그 일 후에 하나님이 아브라함을 시험하시려고 그를 부르시되 아브라함아 하시니 그가 이르되 내가 여기 있나이다
2. 여호와께서 이르시되 네 아들 네 사랑하는 독자 이삭을 데리고 모리아 땅으로 가서 내가 네게 일러 준 한 산 거기서 그를 번제로 드리라
3. 아브라함이 아침에 일찍이 일어나 나귀에 안장을 지우고 두 종과 그의 아들 이삭을 데리고 번제에 쓸 나무를 쪼개어 가지고 떠나 하나님이 자기에게 일러 주신 곳으로 가더니

▷ 설교 _ 그를 번제로 드리라

오늘, 추석 명절을 즐거워하는 시간에, 고인이 참으로 그립습니다. 고인은 우리에게 사랑이셨습니다. 고인을 향한 그리움이 사무치는 마음에 하나님께서 말씀으로 위로하여 주시고, 복을 주시려고 본문을 보게 하셨습니다. 하나님의 말씀을 듣겠습니다.

아브라함은 우상을 숭배하는 가정에서 태어났습니다. 하나님께서 그에게 한 민족을 세울 의도를 갖고 그를 부르셨습니다. 아브라함은 하나님의 말씀을 믿고 갈 바를 알지 못하나 그 말씀을 따랐습니다. 그리하여 믿음의 조상이 되었습니다. 하나님께 한 사람을 자기 백성으로 삼으심에는 그 자신에 대한 하나님의 계획이 있습니다.

1. 화평케 하는 자

아브라함에게 은과 금이 풍부하였습니다. 그리하여 그와 롯이 함께 동거할 수 없었습니다. 키우는 양 떼가 많아져 아브라함과 롯의 목자가 서로 다투게 되었습니다. 아브라함이 롯에게 말하기를, "우리는 한 친족이니 서로 다투게 하지말자. 네가 좌하면 나는 우하고 네가 우하면 나는 좌하리라"고 하였습니다. 그는 화목을 위하여 좋은 땅을 양보하였습니다. 주님은 화평을 위하여 십자가에 못 박혀 죽으셨습니다. 화평케 하는 자가 하나님의 자녀입니다.

2. 롯의 생명을 구해낸 자

시날 왕을 비롯한 네 왕과 소돔 왕을 비롯한 다섯 왕이 싸웠습니다. 이때, 소돔과 고모라 왕이 달아났습니다. 연합군을 결성한 네 왕들이 재물과 양식을 빼앗아갔습니다. 그때, 그들은 롯도 사로잡아 갔습니다. 이에, 아브라함이 집에 있던 병정 318 명을 거느리고 단까지 쫓아가서 그들을 쳐서 부수고 롯과 잃었던 것을 다 찾아왔습니다. 주님께서는 어떻게 하셨습니까? 친히 십자가에 못 박혀 죽으심으로 저주에 빼앗겼던 우리를 찾아주셨습니다.

3. 제단을 쌓은 자

"너는 너의 고향과 친척과 아비집을 떠나 내가 네게 보여줄 땅으로 가라." 이때, 아브라함은 하나님을 처음으로 경험했습니다. 하나님의 말씀도 처음으로 들었습니다. 그런데 그가 하나님의 말씀을 믿고 따랐습니다. 하나님께서 그렇게 하신 것입니다. 그는 세겜 모레 상수리나무 밑에서 제단을 쌓았고 벧엘 동쪽 산으로 옮겨 제단을 쌓았습니다. 우리도 몸을 하나님이 기뻐하시는 거룩한 산제사로 드려야 합니다.

4. 손님을 대접한 자

여호와께서 아브라함에 나타나셨습니다. 아브라함은 사람 셋이 찾아온 것을 보고 달려 나가 그들을 영접하였습니다. 몸을 땅에 굽혀 그들의 발을 씻어주고 떡을 만들고 송아지를 잡아 대접했습니다. "형제 사랑하기를 계속하자. 손님 대접하기를 잊지 말자. 이로써 부지중에 천사들을 대접한 일이 있었다."(히 13:1-2)

하나님께서 아브라함에게 약속해주셨습니다. "네 아내 사라에게 아들이 있으

리라."(창 18:10)

5. 이삭을 번제로 드린 자

하나님께[서 아브라함을 시험하셨습니다. "내게 네게 일러준 산 거기서 그를 번제로 드리라." 아브라함은 시험을 받을 때에 믿음으로 이삭을 번제물로 드렸습니다. 그는 "여호와 이레"를 경험합니다. 하나님은 이삭을 대신하여 드릴 양을 준비해놓으셨습니다.
하나님께서 독생자 예수 그리스도를 번제물로 십자가에 못 박아 죽이셨습니다. 더불어 예수 그리스도의 부활을 준비해 놓으셨습니다.

▷ 기도 _ 설교자

○○○께서 신앙의 선배로서 열린 천국문으로 들어가셨음에 감사드립니다. 이제, 저희들도 갈 길을 다 가면 갈 터인데, 복 된 식구들이 말씀을 가까이 하며, 사는 은혜를 누리게 하시옵소서.
이 좋은 날에, 온 가족이 모여 하나님의 은혜를 즐거워하며 ○○○를 추억하게 하시니 감사드립니다. 이제, 돌이켜보니, ○○○는 하나님께서 저희들에게 보내주신 선물이었습니다. ○○○의 사랑과 헌신으로 자녀들이 잘 자라게 하시며, 믿음의 사람으로 성장하게 되었음에 감사드립니다.
예수님의 이름으로 기도드립니다. 아멘.

▷ 찬송 _ 327장
▷ 주님의 기도

추석 2

우리 주의 은혜가

▷ 예식사 _ 인도자

하나님의 사랑과 은혜로 지내온 우리들, 추석 명절에, 고○○○ 님을 추모하며 예배하겠습니다. 다 같이 머리를 숙이십시다.

사람이 무엇이기에 주께서 그를 생각하시며 인자가 무엇이기에 주께서 그를 돌보시나이까 그를 하나님보다 조금 못하게 하시고 영화와 존귀로 관을 씌우셨나이다(시 8:4-5)

▷ 신앙고백 _ 사도신경

▷ 찬송 _ 529장

▷ 대표 기도 _ 참석자 중에서

▷ 말씀 합독 _ 딤전 1:12-15

12. 나를 능하게 하신 그리스도 예수 우리 주께 내가 감사함은 나를 충성되이 여겨 내게 직분을 맡기심이니

13. 내가 전에는 비방자요 박해자요 폭행자였으나 도리어 긍휼을 입은 것은 내가 믿지 아니할 때에 알지 못하고 행하였음이라

14. 우리 주의 은혜가 그리스도 예수 안에 있는 믿음과 사랑과 함께 넘치도록 풍성하였도다

15. 미쁘다 모든 사람이 받을 만한 이 말이여 그리스도 예수께서 죄인을 구원하시려고 세상에 임하셨다 하였도다 죄인 중에 내가 괴수니라

▷ 설교 _ 우리 주의 은혜가

추석이 되면 음식을 장만하시느라 분주하셨던 ○○○를 그리워합니다. 저의 기억으로도 고인께서는 늘 가정과 자녀들을 위해서 수고하는 삶을 사셨기에, 오늘, 우리는 ○○○를 더욱 기억하게 됩니다. 하나님께서 위로해주실 것을 기대하면서 말씀을 보겠습니다.

하나님의 나라와 하나님의 일에는 일꾼이 요청됩니다. 하나님께서는 우리를 충성되이 여겨 일꾼으로 삼으시기를 원하십니다. 고인께서도 하나님의 부르심에 응답하여 충성된 일꾼으로 지내셨습니다. 우리도 고인과 같이 충성된 일꾼이 되기를 소망합니다.

1. 말씀으로 준비되는 일꾼

13절, "내가 전에는 훼방자요 핍박자요 포행자이었으나 도리어 긍휼을 입은 것은 내가 믿지 아니할 때에 알지 못하고 행하였음이라." 바울은 바리새파 유대인으로서 당대 최고의 교육을 받았고 율법에 대해서도 많이 배운 사람이었습니다.
그러나 예수님에 대해 잘못 알았습니다. 그래서 그는 다메섹 도상에서의 회심이 있기까지 성도들을 핍박하고, 죽이는 일에 앞장섰습니다.
믿음은 하나님의 말씀을 잘 배워서 기초를 든든히 쌓아야 합니다. 말씀을 지식으로만 알고 감동으로 깨닫지 못하면 그 믿음에는 생명이 없습니다. 성경공부만 열심히 하면 되는 줄 알지만 하나님의 뜻은 공부해서 깨달을 수 있는 것이 아닙니다. 성경말씀을 기초로 은혜의 꽃을 피워야 합니다.

2. 말씀에 기초하는 일꾼

성도에게는 말씀에 의한 진리를 배우는 것을 중요하게 생각해야 합니다. 하나님 말씀은 이 세상을 마치는 날까지 배워도 다 배울 수 없습니다. 그러므로 우리는 주님 오시는 날까지 말씀을 배워야 합니다.

하나님의 말씀을 소홀히 여기고 은혜만 강조하는 은혜 제일주의로 나가면 안 됩니다. 가령, 은혜를 받았거나 은사를 경험했다면 꼭 말씀을 배워야 합니다. 그래야만 블레셋 사람처럼 법궤를 다곤의 신당에 갖다 놓는 죄를 범하지 않게 됩니다.

유대인들은 성경적인 지식이 있었는데도 예수님을 십자가에 못 박았습니다. 그들의 심령에는 진리가 없었기 때문입니다. 만일, 세상적인 지식만 있고 진리가 없는 사람은 잘못을 저지르기 쉽습니다. 성도는 말씀과 은혜를 모두 겸비해야 하는 것입니다.

3. 성령님께 충만함을 경험한 일꾼

성령님께 충만하면 그의 믿음과 지식이 살아있게 됩니다. 그의 지식이 산지식이 되고 살아 있는 믿음이 되는 것입니다. 성령님께 충만하지 않고, 자신의 경험과 습관으로 말미암아진 지식에 의해서 신앙생활을 하려 해서는 안 됩니다. 예수님을 믿는 것은 하나님의 일입니다. 그러므로 하나님의 일을 사람의 경험을 갖고 해서는 안 됩니다.

직분을 받은 분들은 성령의 은혜를 받아 하나님의 일을 감당해야 합니다. 은혜를 받아야 감당할 수 있는 능력이 생기는 것입니다. 천국의 일을 할 때는 반드시 말씀과 은혜를 겸비해야 합니다. 말씀을 잘 배워서 익히는 가운데 성령의 은혜도 충만하게 받아야 할 줄 믿습니다.

우리는 말씀을 잘 배우고 성령의 도우심으로 은혜를 받아야 합니다. 은혜는 사모해야 받을 수 있습니다. 아무리 말씀을 배워도 사모하지 않으면 은혜를 받을 수 없습니다. 사모하는 심령으로 기도할 때 성령께서 내 영혼에 풍성한 은혜를 부어주실 줄로 믿습니다.

▷ 기도 _ 설교자

오늘, 하나님 앞에서 부르심을 받아 먼저 가신 ○○○을 추모할 때, 영광을 받으시옵소서. 이 시간에 ○○○님께서 오직 영으로 살아 주 안에서 복된 인생이 되셨던 은총을 저희들에게 내려 주시옵소서. 머리를 숙인 주의 백성들에게서 ○○○의 신앙이 보여 지게 하시옵소서.
이 시간에, ○○○의 신앙을 보화처럼 여기고, 그 믿음으로 살아가는 후손을 축복합니다. 우리 가정에 속해 있는 권속을 대할 때마다, ○○○를 보는 것 같사오니, 이 영광을 하나님께 드리게 하시옵소서. 땅에서 지낼 때의 고인의 간구가 다 응답되는 삶을 보게 하시옵소서.
예수님의 이름으로 기도드립니다. 아멘.

▷ 찬송 _ 401장
▷ 주님의 기도

추석 3

내가 하나님을 대신하리이까

▷ 예식사 _ 인도자

하나님께서 추석이라는 복된 시간을 주셨습니다. 오늘, 고○○○ 님을 추모하며 하나님께 영광을 드리겠습니다.

여호와의 말씀은 순결함이여 흙 도가니에 일곱 번 단련한 은 같도다 여호와여 그들을 지키사 이 세대로부터 영원까지 보존하시리이다(시 12:6-7)

▷ 신앙고백 _ 사도신경
▷ 찬송 _ 438장
▷ 대표 기도 _ 참석자 중에서
▷ 말씀 합독 _ 창 50:18-21

18. 그의 형들이 또 친히 와서 요셉의 앞에 엎드려 이르되 우리는 당신의 종들이니이다
19. 요셉이 그들에게 이르되 두려워하지 마소서 내가 하나님을 대신하리이까
20. 당신들은 나를 해하려 하였으나 하나님은 그것을 선으로 바꾸사 오늘과 같이 많은 백성의 생명을 구원하게 하시려 하셨나니
21. 당신들은 두려워하지 마소서 내가 당신들과 당신들의 자녀를 기르리이다 하고 그들을 간곡한 말로 위로하였더라

▷ 설교 _ 내가 하나님을 대신하리이까

시간이 흐를수록 ○○○를 그리워합니다. 그 사랑과 희생으로 오늘, 우리들이 이렇게 살아가고 있으니 감사할 뿐이라, ○○○께 배은망덕하지 않기를 다짐하며 매일을 지내고 있습니다. 하나님께서 주시는 복을 나누려 합니다.

세상 속에서의 그리스도인은 고난을 견디는 사람입니다. 고난을 견디어 승리하는 자의 표상으로 우리는 요셉을 보게 됩니다. 꿈의 사람 요셉은 아름다운 여인의 유혹을 믿음으로 이겼으며, 자기를 노예로 팔아넘긴 원수도 믿음으로 용서함으로 이겼습니다. 요셉은 우리에게 '승리인생'의 모델입니다.

1. 꿈의 사람

하나님께서 요셉에게 꿈을 주셨습니다. 그가 꾼 꿈의 내용은 열한 단이 자기의 단에 절하는 것과 해와 달과 별들이 절하는 것이었습니다. "지금부터 꿈을 키우기 시작하라. 그리고 크게 생각하라. 크고 위대한 일은 꿈이 크고 위대한 생각을 하는 사람에게서 이루어진다"(로버트 슐러) 우리는 주 안에서 꿈을 꾸어야 합니다. 예수의 꿈을 꿉시다. 반드시 승리인생이 될 것입니다.

2. 고난을 이긴 사람

요셉은 자신의 꿈으로 말미암아 고난을 당하기 시작합니다. 하나님께서 그를 단련시키시려고 의도하신 것입니다. 형들의 질투에 의하여 깊은 구덩이에 던져졌지만 하나님께서 그를 살려주셨습니다. 그는 이스마엘 장사꾼에게 팔려갔고(37:25-28), 애급의 바로의 시위대장 보디발에게 팔려갔고(39:19-23), 억울한 누명을 쓰고 감옥에 갇히게 되었습니다(39:19-23). 이러한 연단은 그에게 단련의 시간이 되어주었습니다. 그는 이 모든 고난을 믿음의 인내로 승리하였습니다.

3. 유혹을 이긴 사람

요셉이 보디발의 집에서 하인으로 지낼 때, 보디발의 아내가 눈짓을 하며 그에게 동침하기를 청하였습니다. 그러나 그는 하나님을 두려워하여 거절하였습니다. 그녀는 날마다 동침하자고 청하였습니다. 요셉은 동침하지 아니할 뿐만 아니라 함께 있지도 않았습니다. 여인은 요셉의 옷을 잡고 동침하자고 했습니다. 요셉은 옷을 벗어던지고 도망하였습니다. 그는 믿음으로 여인의 유혹을 이겼습니다.

4. 용서함으로 이긴 사람

요셉은 분노와 증오의 벽을 뛰어넘었습니다. 자기를 죽이려고 계획한 형제들을 용서의 사랑으로 분노와 증오의 벽을 뛰어넘었습니다. "내가 믿으려면 어떻게 해야 합니까? 사랑하십시오. 사랑하려면 내가 어떻게 해야 합니까? 믿으십시오." 울어도, 힘써도 못하나 믿으면 합니다. 사랑은 허다한 죄를 덮습니다. 용서하는 사랑이 승리의 무기입니다.

5. 겸손함으로 이긴 사람

바로 왕이 꿈을 꾸고 옥중에 있는 요셉을 불렀다. 부름을 받은 요셉은 바로의 꿈을 해몽하였습니다. 애굽의 소는 토지와 풍년을 상징합니다. 그는 은혜의 풍년과 심판의 흉년으로 해석하였습니다. "이는 내게 있는 것이 아니라 하나님에게 있다."고 하였습니다. 이처럼 요셉은 겸손하였습니다. 하나님은 겸손한 자에게 은혜를 더하여 주십니다.

요셉은 위대한 승리인생을 살았습니다. 요셉에게서 고인의 모습 한 장면을 보게 됩니다. 고인께서도 세상에서 지내실 때, 고난의 연속이 많았지만 믿음으로 다 이기셨습니다.

▷ 기도 _ 설교자

이제, ○○○의 후손들에게 힘써 대장부가 되는 은혜를 주시옵소서. 저가 사랑하셨던 하나님을 가까이 하고, ○○○께서 지키신 믿음의 길을 따라 살아가는 은혜를 보게 하시옵소서. 여호와의 명령을 지켜 그 길로 행하는 삶이 후손들의 것이 되게 하시옵소서.
저희들이 ○○○을 추억할 때, 아름다운 결단의 은혜를 내려 주시옵소서. ○○○께서 육신의 옷을 입고 계셨을 때, 모든 환란 중에서 위로하시는 하나님만을 바라보았던 믿음을 저희들의 것으로 삼게 해 주시옵소서. 오직 여호와 하나님의 위로를 소망하는 후손들이 되기를 다짐하게 하시옵소서.
예수님의 이름으로 기도드립니다. 아멘.

▷ 찬송 _ 302장
▷ 주님의 기도

하나님의 은혜에 이르지 못하는

▷ 예식사 _ 인도자

추석을 즐기게 하시고, 가족이 한 자리에 모이도록 하신 하나님이십니다. 이제, 고○○○ 님을 추모하며 하나님께 영광을 드리겠습니다.

> 나를 눈동자 같이 지키시고 주의 날개 그늘 아래에 감추사 내 앞에서 나를 압제하는 악인들과 나의 목숨을 노리는 원수들에게서 벗어나게 하소서(시 17:8-9)

▷ 신앙고백 _ 사도신경

▷ 찬송 _ 443장

▷ 대표 기도 _ 참석자 중에서

▷ 말씀 합독 _ 히 12:14-17

14, 모든 사람과 더불어 화평함과 거룩함을 따르라 이것이 없이는 아무도 주를 보지 못하리라

15, 너희는 하나님의 은혜에 이르지 못하는 자가 없도록 하고 또 쓴 뿌리가 나서 괴롭게 하여 많은 사람이 이로 말미암아 더럽게 되지 않게 하며

16, 음행하는 자와 혹 한 그릇 음식을 위하여 장자의 명분을 판 에서와 같이 망령된 자가 없도록 살피라

17, 너희가 아는 바와 같이 그가 그 후에 축복을 이어받으려고 눈물을 흘리며 구하되 버린 바가 되어 회개할 기회를 얻지 못하였느니라

▷ 설교 _ 하나님의 은혜에 이르지 못하는

하나님께 감사할 따름입니다. ○○○는 우리 가정에 하나님의 선물이셨습니다. 그분의 헌신과 열성으로 우리들은 모두 성장하였고, 이제는 가정도 꾸려서 어엿하게 살아가고 있습니다. ○○○의 발자취를 따르려는 우리에게 오늘, 하나님의 말씀은 큰 위로가 될 것입니다.

본문에서 우리를 위하시는 하나님의 말씀 세 마디가 있습니다. "하나님의 은혜에 이르지 못하는 자가 없도록 하고"와 "쓴 뿌리가 나서 괴롭게 하여", "망령된 자가 없도록 살피라."는 말씀입니다. 우리를 향한 경고입니다. 이 경고로 말미암아 우리가 지켜지기를 축복합니다.

1. 하나님의 은혜에서 이탈될까 두려워하라

15절, "너희는 돌아보아 하나님 은혜에 이르지 못하는 자가 있는 가 두려워하고." 우리가 신앙생활을 한다고 하지만 하나님의 은혜에 이르지 못하는 자들도 있을 수 있습니다.
여기에는 하나님께서 은혜를 주시는 공간과 시간에 또는 예배를 드리며 말씀을 듣는 자리에 참석하지 못했다는 의미가 있습니다. 또한 하나님의 구원의 영역에 들어가지 못했다는 의미가 있습니다. 그리하여 마침내 구원의 자리에도 이르지 못한다는 것입니다.
하나님의 은혜와 구원을 등한히 여기는 가치관의 착오 때문이고, 하나님의 은혜와 구원을 거부하는 자신의 교만 때문이고, 하나님의 은혜와 구원을 부정하는 불순종과 불신앙 때문입니다.

2. 쓴 뿌리가 발생될까 두려워하라

15절, "또 쓴 뿌리가 나서 괴롭게 하고 많은 사람이 이로 말미암아 더러움을 입을까 두려워하고." '쓴 뿌리'는 "그 마음이 우리 하나님 여호와를 떠나서 그 모든 신들에게 가서 섬길까 염려하며 독초와 쓴 뿌리가 너희 중에 생겨서"(신 29:18-19)라는 것입니다.

성도들과 교회 안에 뿌리를 내리고 있는 하나님을 배반한 악한 사상과 불신앙의 무리들입니다. 고라와 발람과 같은 무리들입니다. 또한 성도들과 교회를 괴롭게 하고 성장과 발전을 방해하는 악한 사상과 대적하는 무리들입니다.

그러면 이러한 쓴 뿌리에 영향을 받아 손해 보는 이유가 무엇입니까? 구원의 도리와 확신을 가지지 못한데 그 원인이 있고, 성경말씀 중심 신앙에 굳게 서지 못한데 그 원인이 있고, 자신의 영적인 변화를 받지 못하고 아직도 육적인 욕망에 이끌려 사는데 그 원인이 있습니다.

3. 망령된 자가 있을까 두려워하라

16절, "음행하는 자와 혹 한 그릇 식물을 위하여 장자의 명분을 판 에서와 같이 망령된 자가 있을까 두려워하라." 누구를 망령된 사람이라 합니까? 귀중한 것을 귀중하게 여기지 아니하고 천대하는 사상과 행동을 자진 자를 망령된 자라고 합니다.

음행하는 자들이 망령된 자들이요. 한 그릇의 식물을 위하여 장자의 명분을 팔아먹은 자들이라고 하였습니다. 이점에 대하여 신학적인 차원에서 정리해 보면 순간적인 쾌락을 위하여 영원한 행복을 포기하는 어리석은 행동을 가리킵니다.

더블어 본다면 세상의 것을 갖기 위하여 신령한 하늘의 영광을 포기하는 비극적인 행동이라고 합니다. 그 원인은 자기의 욕망관리를 잘못하여 식욕과 성욕에 지배를 받아 살아가는 거듭나지 못한 인생들의 비극입니다.

우리는 믿음에서 떨어지지 않도록 주의합시다. 자신을 경건으로 두르십시다. 그리고 쓴 뿌리의 방해를 받지 않도록 성령님께 충만합시다. 또한 망령된 행실로부터 자기를 지켜냅시다.

▷ 기도 _ 설교자

○○○께서 여호와 앞에서 복을 누려 자손을 많이 보게 하셨음에 감사드립니다. 이제, 이 귀한 지체들이 예수님을 주님으로 모시고 사는 날 동안에 복에 복을 더하는 은총을 내려 주시옵소서.
하늘을 바라보며 살던 중에, ○○○을 추억하게 해주셨음에 영광을 받으옵소서. 저희들의 시민권이 하늘에 있음에 감사드립니다. 하늘나라를 소유한 백성으로서 이 땅에서 잠시 살되, 여호와의 영광을 구하게 하셨으니 이 사명을 감당하는 종들이 되게 하시옵소서.
예수님의 이름으로 기도드립니다. 아멘.

▷ 찬송 _ 276장
▷ 주님의 기도

추석 5

물의 끓음 같았은즉

▷ 예식사 _ 인도자

오늘, 추석을 맞이해서 보니 우리 가정을 위하시는 하나님의 은혜가 크셨습니다. 고○○○ 님을 추모하며 하나님께 예배드리겠습니다.

여호와여 주의 능력으로 높임을 받으소서 우리가 주의 권능을 노래하고 찬송하게 하소서(시 21:13)

▷ 신앙고백 _ 사도신경
▷ 찬송 _ 405장
▷ 대표 기도 _ 참석자 중에서
▷ 말씀 합독 _ 창 49:3-4

3. 르우벤아 너는 내 장자요 내 능력이요 내 기력의 시작이라 위풍이 월등하고 권능이 탁월하다마는
4. 물의 끓음 같았은즉 너는 탁월하지 못하리니 네가 아버지의 침상에 올라 더럽혔음이로다 그가 내 침상에 올랐었도다

▷ 설교 _ 물의 끓음 같았은즉

늘 ○○○의 모습을 가슴에 담고 살아온 우리들, 추모예배로 하나님께 나아가니 감사합니다. 생전에 가족과 자녀를 위하여 간구하셨던 기도의 응답으로 오늘 우리는 복을 누리고 있습니다. ○○○의 사랑과 기도를 본 받아 우리도 가정과 자녀를 위하여 기도로 살아가기를 원합니다. 이 시간에, 하나님께서 우리를 격려해주시는 말씀을 듣겠습니다.

오늘, 우리는 하나님께서 주시는 주의에 주목하기를 원합니다. 주의에 주목하면 자신을 보호하게 남에게도 이롭게 합니다. 그러나 주의에 게으르다 문제가 생기면 자신을 망하게 하고, 남들에게도 피해를 줍니다. 하나님 앞에서 주의에 민감한 은혜를 누리시기를 축복합니다.

1. 선한 사람

르우벤의 성품을 보여주는 한 사건이 있었습니다. 동생들이 공모하여 요셉을 죽이려고 할 때 그는 요셉을 아버지에게 돌려보낼 목적으로 "그 생명은 상하지 말자. 그를 광야 구덩이에 던지고 손을 그에게 대지 말자"고 제안했습니다. 요셉이 구덩이에 없는 것을 보고 옷을 찢고 매우 슬퍼했습니다.
요셉이 형제 중 한 사람만 옥에 들어가고 말째 아우를 데리고 와서 진실을 증명하라고 하자, 르우벤은 동생들에게 말하기를, "내가 너희더러 그 아이에게 득죄하지 말라고 하지 아니하였느냐 그래도 너희가 듣지 아니하였느니라. 그러므로 그의 피 값을 내게 되었다"라고 하였습니다.
베냐민을 애굽으로 데리고 가려할 때, "그를 아버지께로 데리고 오지 아니하거든 나의 두 아들을 죽이소서"라고 하였습니다.

2. 야곱의 장자

르우벤은 장자였습니다. 장자는 그의 인생이 하나님의 것입니다(출13:2) 그는 하나님 앞에서 장자의 은총을 누렸습니다. 장자의 은총은 그만이 누린 은총이 아닙니다. 예수 안에 있는 성도는 모두 하나님의 장자입니다.

하나님의 장자는 하나님의 아들 예수이십니다. 하나님의 구원의 계획에 따라 하나님은 예수를 장자로서 세상을 보내시고, 믿는 자를 하나님의 아들로 삼으시고, 특히 그리스도를 부활한 자의 장자. 곧 첫 열매가 되게 하셨습니다.

이스라엘은 여호와의 장자였습니다.(출 4:22, 렘31:9). 그것은 제 국민 사이에 있어서 이스라엘이 특별한 지위와 역할을 갖고 있기 때문입니다. 장자는 세상을 천국으로 만들 의무가 있습니다.

3. 부친의 침상을 더럽힌 자

야곱은 임종을 앞두고 열 두 아들들을 불렀습니다. 그리고 그들에게 축복을 하면서 르우벤에게 언명했습니다. "위풍이 월등하고 권능이 탁월하도다마는 물의 끓음 같았은즉 너는 탁월하지 못하리니 네가 아비의 침상에 올라 더럽혔음이로다."

르우벤은 선하였지만 성격이 불같았습니다. 그리하여 서모 빌하를 범하는 죄를 저질렀습니다. 자신의 성격을 잘못 관리한 것입니다. 나단 선지는 왕을 회개시켰고, 세례 요한은 광야의 소리였습니다. 하나님의 영광과 우리들의 평화를 위하여 불같은 성격을 활용해야 합니다.

르우벤은 극상품 포도나무였습니다. 그런데 지금, 들 포도나무가 되었습니다. 그는 아비의 침상을 더럽힘으로 들 포도나무가 된 것입니다. 장자인 그리스도인은 세상을 천국으로 만들 의무가 있습니다.

그리스도를 만나 새롭게 거듭난 사람도 타락하여 옛 생활을 할 수 있습니다. 마귀는 지금도 할 수 있으면 택한 자를 집어 삼키려고 우는 사자와 같이 삼킬 자를 두루 찾고 있습니다. 우리에게는 파수꾼이 새벽을 기다리며 경성함 같이 깨어있어야 합니다.

▷ 기도 _ 설교자

추모예배를 드리는 ○○○의 후손을 축복합니다. 믿음의 자손들이 여호와께 드려지는 제물이 되기 원합니다. 이들의 삶을 통해서, 하나님의 뜻이 존중되고, 여호와께 선한 손들이 되게 하시옵소서.
택한 백성의 여호와이십니다. 오늘, 사랑하는 가족이 모여 ○○○를 추억할 때, 고인을 흠모하는 은혜를 경험하게 해주시옵소서. ○○○께서 생존해 계셨을 때, 여호와께서 저를 위하여 행하셨던 일들을 추억하는 은혜를 주시옵소서. 이로써 ○○○의 신앙과 삶을 자손들이 물려받게 하시옵소서.
예수님의 이름으로 기도드립니다. 아멘.

▷ 찬송 _ 455장
▷ 주님의 기도

여호와께서 내게 이르신 것을

▷ 예식사 _ 인도자

자비로우신 하나님께서 오늘, 우리에게 추석을 맞이하도록 해주셨습니다. 고 ○○○ 님을 추모하며 하나님께 영광을 드리겠습니다.

나의 하나님이여 내가 주께 의지하였사오니 나를 부끄럽지 않게 하시고 나의 원수들이 나를 이겨 개가를 부르지 못하게 하소서(시 25:2)

▷ 신앙고백 _ 사도신경

▷ 찬송 _ 410장

▷ 대표 기도 _ 참석자 중에서

▷ 말씀 합독 _ 삼상 15:16-19

16. 사무엘이 사울에게 이르되 가만히 계시옵소서 간 밤에 여호와께서 내게 이르신 것을 왕에게 말하리이다 하니 그가 이르되 말씀하소서

17. 사무엘이 이르되 왕이 스스로 작게 여길 그 때에 이스라엘 지파의 머리가 되지 아니하셨나이까 여호와께서 왕에게 기름을 부어 이스라엘 왕을 삼으시고

18. 또 여호와께서 왕을 길로 보내시며 이르시기를 가서 죄인 아말렉 사람을 진멸하되 다 없어지기까지 치라 하셨거늘

19. 어찌하여 왕이 여호와의 목소리를 청종하지 아니하고 탈취하기에만 급하여 여호와께서 악하게 여기시는 일을 행하였나이까

▷ 설교 _ 여호와께서 내게 이르신 것을

하나님께서 우리를 사랑하사 ○○○의 자녀가 되게 하셨고, ○○○께서는 우리를 위해서 평생의 수고를 하셨던 삶이 자주 떠오릅니다. 우리가 어렸을 때, 힘든 고비마다 ○○○께서 감당하여 지냈던 시간들, 결코 잊을 수 없습니다. 오늘, 추모예배를 드리면서 하나님께서 권면해주시는 말씀을 듣고, 새롭게 결단하기를 원합니다.

예배를 준비하면서 본문의 말씀을 대하는데 고인에 대한 생각이 많았습니다. 사무엘이 사울 왕에게 겸손에 대하여 권면을 하는 내용인데, 겸손하게 지내셨던 고인을 다시 뵙고 싶어졌습니다. 우리는 하나님 앞에 잠잠히 있으면서 그에게 겸손해야 합니다.

1. 잠잠히 하나님의 말씀을 들어야

하나님께서 원하시는 성도의 자세는 어떤 것인가요? 사무엘이 사울을 만나러 오기 전에, 밤에 하나님께서 그에게 나타나셨습니다. 하나님께서 사울을 버리시겠다는 말씀을 사무엘에게 하셨습니다.
하나님의 말씀을 들은 사무엘은 여호와의 진노를 풀기 위해서 밤새도록 부르짖었습니다. 우리는 사울을 위해 근심하며 기도한 사무엘로 말미암아 위대한 하나님의 종의 모습을 볼 수 있습니다.
16절, "사무엘이 사울에게 이르되 가만히 계시옵소서 간밤에 여호와께서 내게 이르신 것을 왕에게 말하리이다 가로되 말씀하소서."
자신을 위해 그렇게 밤새워 기도했던 사무엘에게 사울은 거짓말만 늘어놓고 있습니다. 그렇지만 사무엘은 사울에게 가만히 있으라고 하며 하나님의 말씀을 선포하였습니다.

2. 하나님께 겸손해야

17절, "사무엘이 가로되 왕이 스스로 작게 여길 그때에 이스라엘 지파의 머리가 되지 아니하셨나이까 여호와께서 왕에게 기름을 부어 이스라엘 왕을 삼으시고." 사울이 이스라엘의 왕으로 기름부음을 받을 때는 겸손했었다는 것입니다. 그렇습니다. 지난날에, 사울은 백성들이 왕으로 추대하려고 할 때 행구 사이에 숨어 있었습니다.

자신을 낮춘다고 해서 낮아지거나 높인다고 해서 높아지는 것이 아닙니다. 스스로 높아지려는 사람은 하나님께서 대적하시지만 낮아지려는 사람은 오히려 높여주십니다. 마음을 낮추어 하나님 앞에 나오면 은혜가 넘치게 됩니다. 겸손한 마음으로 하나님께 나아갑시다. 겸손한 사람에게 하나님은 반드시 그 마음에 합당한 은혜를 주십니다.

3. 완전히 순종해야

19절, "어찌하여 왕이 여호와의 목소리를 청종치 아니하고 탈취하기에만 급하여 여호와의 악하게 여기시는 것을 행하였나이까." 바로 이것이 사울에게 전하는 하나님 말씀의 핵심입니다. 하나님께서 다 없애라고 하셨는데 사울은 순종하지 않고, 전리품을 남겨 놓았습니다.

우리는 하나님께 온 몸과 마음을 다 바쳐야 합니다. 믿음으로 완전히 순종할 때에 우리 마음도 평안을 얻을 수 있습니다. 내 양심을 속이고 말씀대로 순종하지 않으면 사울과 같이 고통과 시련을 당하게 됩니다. 하나님 앞에서 끊을 것이 있으면 끊어야 합니다. 버리는 것이 축복입니다. 새롭게 살아야 합니다. 그렇게 할 때 참 평안이 오는 것입니다.

하나님 앞에서 나를 위한 탑을 쌓으면 안 됩니다. 모든 사람이 나를 돕고 물질과 능력이 뒷받침되어도 하나님께서 함께 하시는 것과는 비교할 수 없습니다. 아무것이 없어도 하나님께서 도와주시면 다되는 것입니다. 여호와께 잠잠히 있는 은혜로 지내시기를 축복합니다.

▷ 기도 _ 설교자

○○○를 축복의 통로로 삼으셔서, 우리 가정에 복음의 빛을 비추어 주셨음에 감사드립니다. 이 집안의 지체들에게 거룩한 소명을 주셨으니, 저들이 각각 자신의 자리에서 성령님께 붙들려 복음의 일꾼으로 살게 하시옵소서.
여호와의 사랑을 받는 이 은혜에 감동되어, 이 자리에 참여한 이들이 하나님의 이름을 부르게 하시옵소서. 하나님을 멀리 했던 이들에게도 마음의 문이 열려 그 사랑을 받아들이게 해주시옵소서. 그리하여 이 가문이 여호와께 구별된 집안이 되기 원합니다.
예수님의 이름으로 기도드립니다. 아멘.

▷ 찬송 _ 305장
▷ 주님의 기도

이스라엘 나라를 왕에게서 떼어

▷ 예식사 _ 인도자

늘 함께 해주신 하나님께서 오늘, 우리에게 즐거운 시간을 주셨습니다. 이제, 고○○○ 님을 추모하며 하나님께 예배를 시작하겠습니다.

여호와께서 자기 백성에게 힘을 주심이여 여호와께서 자기 백성에게 평강의 복을 주시리로다(시 29:11)

▷ 신앙고백 _ 사도신경

▷ 찬송 _ 303장

▷ 대표 기도 _ 참석자 중에서

▷ 말씀 합독 _ 삼상 15:26-29

26. 사무엘이 사울에게 이르되 나는 왕과 함께 돌아가지 아니하리니 이는 왕이 여호와의 말씀을 버렸으므로 여호와께서 왕을 버려 이스라엘 왕이 되지 못하게 하셨음이니이다 하고

27. 사무엘이 가려고 돌아설 때에 사울이 그의 겉옷자락을 붙잡으매 찢어진지라

28. 사무엘이 그에게 이르되 여호와께서 오늘 이스라엘 나라를 왕에게서 떼어 왕보다 나은 왕의 이웃에게 주셨나이다

29. 이스라엘의 지존자는 거짓이나 변개함이 없으시니 그는 사람이 아니시므로 결코 변개하지 않으심이니이다 하니

▷ 설교 _ 이스라엘 나라를 왕에게서 떼어

○○○께서 우리의 곁을 떠나신 지도 어언 ○년이 지나고 있는데, 마음에 남겨주신 ○○○의 모습은 시간의 흐름이 더할수록 더욱 또렷해집니다. 오늘, 추모예배를 준비하면서 바로 옆에 ○○○께서 계신 것 같았습니다. ○○○의 자취에서 어긋나지 않는 삶을 살기로 다짐하면서 함께 하나님의 말씀을 보겠습니다.

성도의 삶에서는 하나님께서 나를 찾아와주시고, 내게 복을 주시기를 기대하지만, 하나님의 영광이 떠날까 하는 부분에 민감해야 합니다. 사람이 하나님께 영광이 되지 못하면 그에게서 하나님의 영광이 떠납니다. 그렇게 되면 자기 자신에게도 불행해집니다.

1. 회개하지 못하다

하나님 앞에서는 때가 있습니다. 부르심을 받을 때가 있다면 버려짐을 당할 때가 있습니다. 응답의 때가 있다면 거절의 때가 있습니다. 사울은 자신의 불순종에 변명을 앞세우더니 사무엘에게 요청합니다.
"청하오니 지금 내 죄를 사하고 나와 함께 돌아가서 나로 여호와께 경배하게 하소서." 하나님께서 버리신다고 하니까 사무엘에게 여호와께 기도해 달라고 간곡히 부탁하는 것입니다.
지금, 사울은 하나님께 불순종한 것을 회개해야 하였습니다. 이것은 그에게 주시는 하나님의 시간이었습니다. 그러나 백성이 두려워서 하나님의 명령을 어겼다고 변명했습니다. 사울은 하나님의 뜻에 굴복하지 않았습니다. 사울은 인간적인 생각으로 백성들 앞에서 위신과 체면을 손상당하지 않으려고 사무엘에게 매달렸습니다.

2. 사무엘의 옷이 찢어지다

사울이 하나님의 뜻을 따르지 않자, 사무엘은 더 이상 그 자리에 머물 까닭이 없어졌습니다. 사울에게 무슨 말을 한들 그가 하나님께로 돌이킬 기대가 보이지 않았던 것입니다. 사울에게서 떠나려 합니다,
그가 떠나려는 사무엘을 붙잡고 늘어지다가 사무엘의 옷이 찢어지기까지 했습니다. 사무엘은 그것이 사울에게서 나라를 떼어 다른 사람에게 나누어 주시려는 하나님의 뜻임을 즉시 알아차렸습니다.
29절, "이스라엘의 지존 자는 거짓이나 변개함이 없으시니 그는 사람이 아니시므로 결코 변개치 않으심이니이다."
사무엘의 옷이 찢어지는 사건은 사울의 비극을 예고하는 전조였지만 사무엘은 사울을 불쌍히 여겨 그와 같이 가서 제사를 드렸습니다. 그러나 사무엘은 이미 사울이 하나님의 심판을 벗어날 수 없음을 알고 있었습니다.

3. 회개는 은혜이다

하나님께 죄악을 저질렀을 때는 즉시 무릎을 꿇어 회개해야 합니다. 인생의 시간에 살면서 병들거나 가난해지거나 실패하는 것은 창피한 일이 아닙니다. 여호와께서 나를 떠나시는 것이 영원한 저주입니다.
사실, 심판대 앞에서 벌거벗은 것같이 나의 죄가 낱낱이 드러나는 것보다 더 큰 저주가 어디 있겠습니까? 하나님께 무릎을 꿇고, 주님 뜻대로 살겠다고 회

개하는 사람에게 길이 열리고, 평안이 오고, 염려가 사라집니다.
집으로 돌아온 탕자가 말하기를, "지금부터는 아버지의 아들이라 일컬음을 감당치 못하겠나이다."(눅 15:21)라고 했지만 아버지는 그를 품꾼으로 보지 않았습니다. 기꺼이 아들로 맞아주었습니다.

성도에게는 하나님께 버림받는 것이 가장 무서운 일입니다. 하나님은 벌하기를 즐겨 아니하시고 긍휼을 베풀기 원하시는 분이십니다. 우리 모두 회개의 은혜로 살아가기를 다짐합시다.

▷ 기도 _ 설교자

○○○를 저희들에게 신앙의 본으로 주셨음에 감사드립니다. 일생의 삶이 하나님을 영화롭게 해드렸던 모습을 가족들과 자손들이 잇는 복을 누리게 하시옵소서. 복음의 능력으로 살게 하시옵소서.
하나님을 예배하는 이 자리를 거룩하게 해주시고, 머리를 숙인 지체들에게 성령님의 역사가 있게 하시옵소서. 성령님의 능력으로 예배하는 중에, 금년에도 오직 복음으로 살기를 결단하게 하시옵소서. 늘 하나님 앞에 있음을 잊지 않게 하시고, 여호와의 말씀을 새김질하며 사는 저희 가족들이 되도록 이끌어 주시옵소서.
예수님의 이름으로 기도드립니다. 아멘.

▷ 찬송 _ 200장
▷ 주님의 기도

추석 8

잠시 받는 환난의 경한 것이

▷ 예식사 _ 인도자

우리 가족이 지금까지 지내온 것은 하나님의 은혜였습니다. 그 은혜에 감사하고, 고○○○ 님을 추모하며 예배를 시작하겠습니다.

> 여호와께서 하늘에서 굽어보사 모든 인생을 살피심이여 곧 그가 거하시는 곳에서 세상의 모든 거민들을 굽어살피시는도다(시 33:13-14)

▷ 신앙고백 _ 사도신경

▷ 찬송 _ 308장

▷ 대표 기도 _ 참석자 중에서

▷ 말씀 합독 _ 고후 4:8-9, 16-18

8. 우리가 사방으로 우겨쌈을 당하여도 싸이지 아니하며 답답한 일을 당하여도 낙심하지 아니하며

9. 박해를 받아도 버린 바 되지 아니하며 거꾸러뜨림을 당하여도 망하지 아니하고

16. 그러므로 우리가 낙심하지 아니하노니 우리의 겉사람은 낡아지나 우리의 속사람은 날로 새로워지도다

17. 우리가 잠시 받는 환난의 경한 것이 지극히 크고 영원한 영광의 중한 것을 우리에게 이루게 함이니

18. 우리가 주목하는 것은 보이는 것이 아니요 보이지 않는 것이니 보이는 것은 잠깐이요 보이지 않는 것은 영원함이라

▷ 설교 _ 잠시 받는 환난의 경한 것이

오늘, 우리에게 ○○○의 추모예배를 드리도록 인도해주신 하나님께 감사합니다. ○○○의 자녀와 후손들이 한 명도 빠지지 않고 다 모이도록 해주셨습니다. ○○○의 마음과 신앙을 물려받아서 살아가게 하셨으니, 한 마음으로 하나님의 말씀을 받읍시다.

인생의 시간에는 다양한 상황들을 마주하게 됩니다. 오늘, 말씀을 준비하면서 고인께서 하나님의 사람으로서 자기를 단련하셨던 경우들이 떠올랐습니다. 고인께서도 환난으로 말미암아 더욱 세련된 신앙의 사람으로 사셨습니다. 그 은혜를 함께 나누겠습니다.

1. 자기를 발견하여 정화해나가는 방편

우리 인간의 약점은 하나님을 섬기려하지 않고, 자신의 슬기와 기능과 방법에 의지하여 살아가려 합니다. 이 세상의 돈과 지식과 권력만이 인생의 전부요, 행복의 조건인양 착각하여 세속적인 가치관에 도취되어 살아갑니다. 이러한 착각과 과오를 발견하도록 하나님은 우리 인생들에게 때를 따라 환난과 풍파를 일으키십니다.

예수님께서 비유로 말씀하셨던 탕자의 이야기를 기억합시다. 탕자는 자신이 하늘과 아버지께 범죄 한 죄인임을 자각했고, 자신은 하늘과 아버지를 거역하여 인생으로서 아니 아들로서의 자격을 상실한 인생임을 자각하였습니다.

인생의 환난은 첫째 자기 정체를 발견하여 회개하라는 신호이고, 둘째 하나님을 찾아 돌아오라는 신호이고, 셋째 장차 큰 위로와 은총을 받을 신호라고 하였습니다.

2. 천국으로 전진하게 하는 방편

히브리서 11:13-16에, 이 세상은 외국이요 여관인 동시에 우리 성도들은 외국인이요 나그네라고 하였습니다. 우리 성도들의 영원한 본향은 이 땅에 있는 것이 아니라 하늘나라에 있다고 하였습니다.

나그네라는 의미가 무엇입니까? 이 세상에 항구적인 거주지가 없다는 뜻이요, 이 세상에서는 생존할 수 없다는 뜻이요, 이 세상에는 영원한 안식처가 없다는 뜻이겠습니다.

우리가 이 세상에서 수백 년, 수천 년, 살 것처럼 이 세상에다가 깊이 뿌리를 내리고 지나치게 세상 것을 추구해 나아가지 못하도록 하나님은 때에 따라 시험과 환난을 일으키십니다. 그래서 찬송에도 "큰 풍파 일어나는 것 세상 줄 끊음일세. 주께서 오라 하시면 내 고향 찾아가리."고 하였습니다.

성도의 환난은 이 세상 것을 포기하라는 신호입니다. 천국으로 전진하라는, 즉 장차에 누릴 영광을 추구하라는 신호입니다.

3. 신앙을 연단케 하는 구원완성의 방편

성도의 시험과 환난은 사실상 괴로운 것이며 고통스러운 것입니다. 그러나 우리 기독교의 진리는 "괴로운 후에 평안이 있고 슬픔 후에 희락이 있고 십자가 후에야 부활의 영광이 있다고 하였습니다.

가령, 요셉의 경우를 봅시다. 형제들의 증오와 배척의 슬픔과 고통이 보디발의 관계에 의한 감옥의 억울한 고통이 없었던들 애굽의 총리대신이 될 수 있었겠습니까?

성도에게 시험과 환난은 우리들의 신앙을 연단시키는 방편입니다. 정금은 불로 연단하고 성도의 신앙은 환난을 통해서 연단을 하십니다. 우리들의 구원을 완성시키는 방편입니다. 우리들에게 보다 더 큰 은혜와 복을 주시기 위한 방편입니다. 야곱은 신앙 연단 후에 더 큰 복을 받았습니다.

▷ 기도 _ 설교자

○○○께서 육신의 옷을 벗고, 아브라함의 품에 안기신 지 ○○년이 지나도록 이 가족들에게 은혜로 함께 하셨음을 즐거워합니다. ○○○를 기억하면서 예배하는 저희들에게 성령님의 충만하심이 있게 해 주시옵소서. ○○○님께서 생전에 사랑했던 하나님이 저희들의 하나님이 되셔서 여호와 앞에서 살아가게 하시옵소서.

○○○의 후손들이 하나님의 사랑이 되게 하셨음에 감사드립니다. 주님의 이름을 부르던 날부터 저희들을 하나님의 손바닥에 새기셨음에 감사드리며 살아가게 하시옵소서. ○○○께서 평생에 기도했던 응답을 후손들이 누려 땅에서 잘 되는 복을 보게 하시옵소서.

예수님의 이름으로 기도드립니다. 아멘.

▷ 찬송 _ 251장
▷ 주님의 기도

추석 9

너의 행사를 여호와께 맡기라

▷ 예식사 _ 인도자

오늘, 추석을 맞이하여 돌아보니 오직 하나님의 자비하심이셨습니다. 이에, 고○○○ 님을 추모하며 하나님께 영광을 드리겠습니다.

여호와여 나를 버리지 마소서 나의 하나님이여 나를 멀리하지 마소서속히 나를 도우소서 주 나의 구원이시여(시 38:21-22)

▷ 신앙고백 _ 사도신경

▷ 찬송 _ 620장

▷ 대표 기도 _ 참석자 중에서

▷ 말씀 합독 _ 잠 16:1-3

1. 마음의 경영은 사람에게 있어도 말의 응답은 여호와께로부터 나오느니라
2. 사람의 행위가 자기 보기에는 모두 깨끗하여도 여호와는 심령을 감찰하시느니라
3. 너의 행사를 여호와께 맡기라 그리하면 네가 경영하는 것이 이루어지리라

▷ 설교 _ 너의 행사를 여호와께 맡기라

○○○의 추모예배로 하나님께 영광을 드리게 되어 감사합니다. ○○○의 자녀와 후손들이 그리스도 예수 안에서 살아가고 있음이 우리 가족에게 영광입니다. 하나님의 말씀을 보겠습니다.

고인께서는 날마다 본문의 말씀을 묵상하셨는지 모릅니다. 고인이 그렇게 사셨고, 우리에게도 그렇게 사시기를 원하셔서 고인은 자신을 여호와께 맡기는 삶을 사셨습니다. 은혜를 나누도록 하겠습니다.

1. 하나님께 맡기는 믿음-기다리면 이루어주신다

하나님은 일을 행하실 때 우리가 하나님께 온전히 맡기기를 원하십니다. 하나님과 우리 관계는 신뢰의 관계가 되어야 합니다.
하나님께서 복을 주시겠다고 말씀하시면 그것을 믿어야 합니다. 복을 언제 어떻게 주실는지 궁금해 하지 말고 말씀하신 것을 그대로 믿고 기다려야 합니다. 때가 되면 하나님께서 다 이루어주시는 것입니다.
제사장 사가랴는 아들을 낳을 것이라는 천사의 말을 믿지 못했으므로 벙어리가 되었습니다. 그의 아내 엘리사벳이 아들을 낳았을 때 서판에 요한이라는 이름을 쓰니까 그때서야 다시 말을 하게 되었습니다. 하나님께서 약속하신 대로 아들을 주셨듯이 말씀을 그대로 믿고 순종하면 다 이루어집니다.
하나님은 말씀을 하십니다, 그리고 그 말씀을 이루어주십니다. 그러므로 하나님의 말씀 앞에서 그 약속의 성취를 기다리는 우리가 되어야 합니다.

2. 그때그때 인도하심을 믿는 믿음

사무엘은 이새의 집에 가서 몇째 아들에게 기름 부어야 할 것인가를 염려할 필요가 없었습니다. 하나님께서 예비하신 줄 믿고 가기만 하면 되었습니다. 하나님 앞에는 오직 믿음으로 살아야 합니다.

하나님께서 나에게 주의 종의 길을 열어주시든지 또 어떤 사업을 맡겨주시든지 그대로 순종하면서 나아가면 됩니다. 하나님의 음성을 들으려고 지나치게 애쓰면 귀신의 음성을 듣게 됩니다.

우리는 무슨 일이든지 청지기로서 최선을 다해 사명을 감당하면서 하나님의 말씀을 기다려야 합니다. 예수님은 우리가 어디에 가서 무슨 말을 할까 염려하지 말라고 하셨습니다.

인간적인 생각으로 미리 계획하지 말라는 것입니다. 하나님께서 이루십니다. 우리는 나의 삶을 하나님께 맡기고, 하나님께서 인도하시는 대로 따르기만 해야 합니다.

3. 하나님의 인도와 응답을 믿는 믿음

교회의 모든 일은 하나님의 선하신 뜻에 따라 하나님의 공의가 강물같이 흐르게 해야 합니다. 인간의 방법과 생각으로 해서는 안 됩니다. 하나님께서 그때그때 주시는 말씀대로 따라야 하는 것입니다.

사무엘이 베들레헴에서 이새를 만났을 때에야 비로소 하나님은 왕을 뽑는 기준을 가르쳐주셨습니다. 누가 쓰임 받을지 어느 것이 하나님 앞에 가장 귀한지 우리는 알 수 없습니다.

우리가 주의 일을 할 때는 늘 기도로 준비해야 합니다. 내 발걸음이 쓰임 받으면 발을 내 머리가 쓰임 받으면 머리를 내 손이 쓰임 받으면 손을 하나님께서 주장하셔서서 잘 감당케 해달라고 기도해야 합니다. 주님을 위해 일할 때는 무엇보다 먼저 순종하는 마음 기도하는 마음으로 준비하는 것이 가장 중요합니다.

하나님께서 인도하시는 대로 순종하고 따라가기만 하면 됩니다. 일은 내가 하는 것이 아니라 하나님께서 그때그때 맞는 은혜를 주셔서 감당하게 하십니다. 그러므로 하나님의 뜻 안에서는 무슨 일이든 잘될 수밖에 없다는 확고한 믿음을 가지시기를 축복합니다.

▷ 기도 _ 설교자

오늘, 사랑하던 ○○○를 그리워하여 모인 이들에게 영과 진리로 예배하게 하시옵소서. 하나님께서 이 자리를 복되게 하셨으니, 감사로 여호와의 이름을 부르게 해주시옵소서. 여기에 모인 이들 모두가 하늘의 은혜를 맛보게 하시옵소서.
○○○를 추모할 때, 하늘의 문이 열려짐에 감사드립니다. 우리의 삶이 하나님 앞에서 넉넉하여 감사가 넘치게 하심을 즐거워하기 원합니다.
늘 감사로 하나님을 뵙게 하시옵소서. 지금, 여호와의 영광이 가득한 것처럼 저희들의 삶이 복 되게 해 주시옵소서.
예수님의 이름으로 기도드립니다. 아멘.

▷ 찬송 _ 545장
▷ 주님의 기도

2부

고인 불신자의 가정

기일 1

나를 마라라 부르라

▷ 예식사 _ 인도자

고〇〇〇 님의 〇 주기 기일을 맞이해서 고인을 추모하는 예배를 드리고자 성삼위 하나님께로 나아가겠습니다.

주를 찾는 자는 다 주 안에서 즐거워하고 기뻐하게 하시며 주의 구원을 사랑하는 자는 항상 말하기를 여호와는 위대하시다 하게 하소서(시 40:16)

▷ 신앙고백 _ 사도신경
▷ 찬송 _ 613장
▷ 대표 기도 _ 참석자 중에서
▷ 말씀 합독 _ 룻 1:19-21

19. 이에 그 두 사람이 베들레헴까지 갔더라 베들레헴에 이를 때에 온 성읍이 그들로 말미암아 떠들며 이르기를 이이가 나오미냐 하는지라
20. 나오미가 그들에게 이르되 나를 나오미라 부르지 말고 나를 마라라 부르라 이는 전능자가 나를 심히 피롭게 하셨음이니라
21. 내가 풍족하게 나갔더니 여호와께서 내게 비어 돌아오게 하셨느니라 여호와께서 나를 징벌하셨고 전능자가 나를 피롭게 하셨거늘 너희가 어찌 나를 나오미라 부르느냐 하니라
22. 나오미가 모압 지방에서 그의 며느리 모압 여인 룻과 함께 돌아왔는데 그들이 보리 추수 시작할 때에 베들레헴에 이르렀더라

▷ 설교 _ 나를 마라라 부르라

오늘, 존경하는 ○○○의 ○주기 기일을 맞이해서 고인이 참으로 그립습니다. 고인은 우리에게 사랑이셨습니다. 고인을 향한 그리움이 사무치는 마음에 하나님께서 말씀으로 위로하여 주시고, 복을 주시려고 본문을 보게 하셨습니다. 하나님의 말씀을 듣겠습니다.

나오미의 일생은 하나님의 회복이라고 보여 집니다. 자신의 생각대로 베들레헴을 떠났다가 실패한 인생이 되었는데, 하나님께서 그녀에게 고향으로 돌아오게 하시고, 그녀에게 잃었던 기쁨을 누리게 해주셨습니다. 우리가 그러하지 않습니까? 하나님은 우리에게 기쁨을 주십니다.

1. 흉년을 피하여 모압으로

젖과 꿀이 흐르는 가나안에 흉년이 들었습니다. 사실, 이 흉년에는 하나님의 의도가 있으셨습니다. 그들의 허영과 방종을 억제하고 고치기 위하여 기름진 땅을 황폐하게 하셨습니다.
베들레헴에서 살던 나오미는 남편과 두 아들과 자부와 함께 기근을 피하여 요단강 건너에 있는 식량이 풍족한 모압 지방으로 이사했습니다.
나오미는 하나님 앞에서 기다려야 했습니다.
선민인 이스라엘 자손들은 이미 그곳에 뿌리를 내렸습니다. 그러므로 그곳에서 이교도의 땅으로 내려가면 안 되었습니다.
성도는 이미 그리스도에게 뿌리를 내렸습니다. 그러므로 성도는 세상으로 내려가면 안 됩니다. 하나님을 찾아 성산으로 올라가야 합니다.

2. 가족을 잃은 후에 고향으로

나오미는 베들레헴의 흉년을 피하여 식량이 풍족한 모압 지방으로 내려갔습니다. 그녀는 행복을 찾아 모압으로 갔으나 도리어 불행이 찾아왔습니다. 살려고 내려갔으나 도리어 남편과 두 아들이 죽었습니다.

그녀는 흉년을 믿음으로 극복했어야 했습니다. 환난과 역경을 믿음으로 극복하지 못하고 내려가면 어려움을 만난다. 나오미가 베들레헴에서 모압으로 내려가 환난의 강도를 만났고, 한 청년은 예루살렘에서 여리고로 내려가다가 강도를 만났습니다.

그녀는 고향 사람들이 이름을 부르며 반기는 것을 보고 "나를 나오미(즐거움)라 칭하지 말고 마라(괴로움)라 칭하라"(룻 1:20)라고 했습니다. 성도는 하나님께서 계신 곳에 붙박혀야 합니다. 그렇지 않으면 괴로움만 남게 됩니다.

3. 동일한 믿음으로 기쁨을 얻다

흉년을 피하여 베들레헴에서 모압으로 내려갔다가 환난의 강도를 만난 나오미는 "여호와의 손이 나를 치셨으므로 나는 너희로 말미암아 더욱 마음이 아프도다"(룻 1:13)라고 회개하며 베들레헴으로 올라갔습니다.

고향으로 올라간 그녀는 잃었던 기쁨과 평안과 축복을 다시 얻게 되었습니다. "보아스는 룻에게서 오벳을 낳고 오벳은 이새를 낳고 이새는 다윗 왕을 낳으니라."(마 1:5-6)

강권하여 받은 아버지의 상속을 세상에 내려가 허랑방탕하여 그 재산을 낭비하고 흉년이 들어 궁핍하여 죽게 된 탕자가 회개하고 아버지께로 돌아가 자비로운 아버지의 은혜로 아들의 신분을 회복하였습니다.

우리도 올라갑시다. 성산(교회)으로 올라갑시다.

그녀는 흉년을 피하여 모압으로 내려갔습니다. 모압에서 환난의 강도를 만나 회개하고 베들레헴으로 올라갔습니다. 베들레헴으로 올라간 그녀는 하나님의 은혜로 효부 룻을 통하여 기쁨과 평안, 복을 다시 얻게 되었습니다. 우리가 하나님께로 가면 살 길을 열어주십니다.

▷ 기도 _ 설교자

여호와의 가정으로 삼아주신 저희 가족을 축복합니다. 우리 식구들에게도 다니엘과 같은 여호와 앞에서 경건한 자의 삶을 살게 하시옵소서. 사탄의 대적도 물리치는 능력이 있는 경건을 주시옵소서.
하나님의 사람이 되어 친구와 대면하듯이 여호와를 가까이 하는 은혜를 보게 하시옵소서. 성령님의 충만하심으로 구원에 이르게 해 주신 부르심과 택하심을 굳게 하게 하시옵소서.
창세 전에 그리스도 예수 안에서 택해주셨음을 믿는 반석 위에 굳게 서게 해 주시옵소서.
예수님의 이름으로 기도드립니다. 아멘.

▷ 찬송 _ 211장
▷ 주님의 기도

기일 2

<u>그의 얼굴을 땅에 대니라</u>

▷ 예식사 _ 인도자

하나님의 사랑과 은혜로 지내온 우리들, 고○○○ 님을 추모하며 예배하겠습니다. 다 같이 머리를 숙이십시다.

이르시기를 너희는 가만히 있어 내가 하나님 됨을 알지어다 내가 뭇 나라 중에서 높임을 받으리라 내가 세계 중에서 높임을 받으리라 하시도다(시 46:10)

▷ 신앙고백 _ 사도신경
▷ 찬송 _ 456장
▷ 대표 기도 _ 참석자 중에서
▷ 말씀 합독 _ 삼상 25:18-19, 23-24

18. 아비가일이 급히 떡 이백 덩이와 포도주 두 가죽 부대와 잡아서 요리한 양 다섯 마리와 볶은 곡식 다섯 세아와 건포도 백 송이와 무화과 뭉치 이백 개를 가져다가 나귀들에게 싣고
19. 소년들에게 이르되 나를 앞서 가라 나는 너희 뒤에 가리라 하고 그의 남편 나발에게는 말하지 아니하니라
23. 아비가일이 다윗을 보고 급히 나귀에서 내려 다윗 앞에 엎드려 그의 얼굴을 땅에 대니라
24. 그가 다윗의 발에 엎드려 이르되 내 주여 원하건대 이 죄악을 나 곧 내게로 돌리시고 여종에게 주의 귀에 말하게 하시고 이 여종의 말을 들으소서

▷ 설교 _ 그의 얼굴을 땅에 대니라

고인께서 우리의 곁을 떠나가신지 ○주기에, 하나님 앞에서 ○○○를 그리워합니다. 저의 기억으로도 고인께서는 늘 가정과 자녀들을 위해서 수고하는 삶을 사셨기에, 오늘, 우리는 ○○○를 더욱 기억하게 됩니다. 하나님께서 위로해주실 것을 기대하면서 말씀을 보겠습니다.

오늘, 평생의 삶을 우리를 위하여 사셨던 고인을 생각하고, 고인께서 일구어 놓으신 우리 가정 앞에서 각오를 새롭게 하는 시간이 되기를 원합니다. 아비가일을 통해서 우리에게 도전해주시는 대로 은혜롭기를 원합니다. 우리 함께 나와 가정, 그리고 하나님께의 영광을 생각합시다.

1. 총명하고 용모가 아름다운

성경이 전해주는 아비가일은 마온 사람 나발의 아내로 총명하고 용모가 아름다웠습니다. 그녀는 남편의 어리석음에 보완을 해주는 지혜로운 여인이었습니다.

완고하고 행사가 악한 남편 나발이 피신 중인 다윗의 원조 요청을 거절하고 모욕했으므로 다윗이 그를 치려했습니다. 이 사실을 안 그녀는 즉시 떡 200덩이, 포도주 두 가죽부대, 양 다섯 마리, 볶은 곡식 다섯 세아 건포도 백송이, 무화과 뭉치 200 등 예물을 준비해 가지고 다윗에게 가서 그의 앞에 엎드려 사죄하였습니다.

그녀는 자신이 가져온 예물을 다윗에게 주어 그의 부하들에게 먹게 하였습니다. 다윗의 노염을 풀어 자신의 가정에 미칠 화를 면하였습니다.

2. 다윗이 베푼 은혜에 보답

아비가일은 다윗과 그의 종자들을 만나 다윗의 발 앞에 겸손히 엎드려 용서를 구하였습니다. 다윗은 그녀의 지혜로운 말에 감동하여 고맙게 여기고 나발의 배은망덕의 죄를 용서하였습니다.

아비가일은 다윗의 생명이, "하나님 여호와와 함께 생명싸개 속에 싸였을 것이요" 라고 하였습니다.

다윗은 이처럼 총명하고 아름다운 여인을 보내어 피 흘리는 복수를 막게 하신 하나님께 감사 찬송을 드렸습니다.(삼상 25:23-33)

"다만 여호와께서 내주를 후대하신 때에 원컨대 내 주의 여종을 생각하소서." 아비가일이 다윗에게 요청한 말입니다. 아비가일은 다윗으로부터 용서함을 받고 자기의 집으로 돌아갔습니다.

3. 다윗의 아내가 되다

아비가일이 다윗에게 용서함을 받고 집으로 돌아갔을 때, 나발은 술에 취해 있었습니다. 이튿날 아침에, 모든 사실을 남편에게 말하니 그는 낙담하여 한 열흘 앓다가 죽었습니다.

남편이 죽은 후에, 그녀는 다윗의 아내가 되었습니다. 그리고 다윗을 따라 가드 시글락에서 살았습니다.

시글락에서 아말렉 사람의 습격을 받았을 때 그녀는 다른 여자들과 같이 사로잡혀 갔으나, 다윗에게 구출되었습니다. 그녀는 헤브론에서 길르압과 다니엘, 두 아들을 다윗에게 낳았습니다.

배은망덕한 나발은 하나님의 심판을 받아 죽었고 은혜에 보답한 그녀는 하나님의 은혜를 받아 다윗의 아내가 되었습니다.

아비가일에게는 은혜를 보답하는 지혜가 있었습니다. 그 결과, 하나님의 은혜를 입어 다윗 왕의 아내가 되었습니다. 배은망덕한 성도는 하나님의 심판을 받을 것이요 은혜를 보답하는 성도는 은혜를 받아 어린 양의 혼인 잔치에 청함을 받을 것입니다.

▷ 기도 _ 설교자

여호와 앞에서 평생을 사셨던 ○○○를 추모할 때, 하늘의 은혜를 맛보게 하시니 감사드립니다. 아이들에게 지혜와 육체의 성장이 있듯이, 저희도 하나님의 사람으로 성숙되어 가는 은혜를 즐기게 하시옵소서.
○○○의 수고로 말미암아 이 집안이 이만큼 지탱되었고, 자녀들 역시 잘 자랐으니, 하나님의 은혜를 묵상하는 귀한 시간이 되게 하시옵소서. 이 가정을 복되게 하시려고, 고인께서 가족을 위하여 평생을 헌신의 삶을 살게 하셨으니, 그 수고를 잊지 않는 저희들이 되게 하시옵소서.
예수님의 이름으로 기도드립니다. 아멘.

▷ 찬송 _ 479장
▷ 주님의 기도

기일 3

그가 왕을 공궤하였더라

▷ 예식사 _ 인도자

하나님께서 복된 시간을 주셨습니다. 고○○○ 님의 ○ 주기 기일에, 고인을 추모하며 하나님께 영광을 드리겠습니다.

> 하나님이여 내 속에 정한 마음을 창조하시고 내 안에 정직한 영을 새롭게 하소서(시 51:10)

▷ 신앙고백 _ 사도신경

▷ 찬송 _ 433장

▷ 대표 기도 _ 참석자 중에서

▷ 말씀 합독 _ 삼하 19:31-34, 39

31. 길르앗 사람 바르실래가 왕이 요단을 건너가게 하려고 로글림에서 내려와 함께 요단에 이르니

32. 바르실래는 매우 늙어 나이가 팔십 세라 그는 큰 부자이므로 왕이 마하나임에 머물 때에 그가 왕을 공궤하였더라

33. 왕이 바르실래에게 이르되 너는 나와 함께 건너가자 예루살렘에서 내가 너를 공궤하리라

34. 바르실래가 왕께 아뢰되 내 생명의 날이 얼마나 있사옵겠기에 어찌 왕과 함께 예루살렘으로 올라가리이까

39. 백성이 다 요단을 건너매 왕도 건너가서 왕이 바르실래에게 입을 맞추고 그에게 복을 비니 그가 자기 곳으로 돌아가니라

▷ 설교 _ 그가 왕을 공궤하였더라

시간이 흐를수록 ○○○를 그리워합니다. 그 사랑과 희생으로 오늘, 우리들이 이렇게 살아가고 있으니 감사할 뿐이라, ○○○께 배은망덕하지 않기를 다짐하며 매일을 지내고 있습니다. 이 시간에, 하나님께서 우리 가정에 주시는 복을 나누려 합니다.

다윗이 압살롬의 반역을 받고 피난 중에 있을 때, 소비와 마길과 바르실래는 다윗 군대에게 침상, 질그릇, 곡식과 먹을 것을 공급해주었습니다. 난리가 평정된 후에, 다윗이 환궁하게 되자, 다윗은 그에게 은혜를 갚기 위해 그를 예루살렘으로 동행할 것을 강청했으나 바르실래는 연로함을 핑계로 사양하였습니다.

1. 자기의 처지를 아는 사람

바르실래는 다윗과 압살롬의 전투가 임박한 위급한 상황에서 다윗의 진영에 귀중한 물자를 공급하여 다윗을 공궤했습니다.(삼하 17:27) 다윗은 승리하고 환궁하면서 그 때의 일을 기억하고 보답하고자 하였습니다. 그러나 그는 자신의 처지를 잘 알고 다윗의 요청을 겸허히 사양했습니다. 늙어서도 향기를 발하는 사람의 모습니다.

2. 대가를 바라지 않는 사람

바르실래는 다윗의 승리를 기뻐하며 그를 배웅하기 위하여 다윗에게 나왔습니다. 다윗은 그에게 모든 필요를 채워주고 합당한 영예로 예우하겠다고 제안했습니다. 그러나 그는 모든 제안을 사양하고 고향에서 살겠노라고 말씀드렸습니다. 아무런 보상도 받지 않는 참된 봉사의 자세이입니다.(롬 12:8) 기독인의 봉사정신입니다.

3. 죽음의 길을 예비한 사람

바르실래는 인생의 최후를 보는 미래 지향적인 인물이었습니다. 그는 세상의 것들에 대한 욕심에 사로잡힌 모든 사람들과는 달리 머지않아 오게 될 인생의 마지막을 생각하고 준비하는 사람이었습니다. 그는 자신의 여생을 고향에서 살다가 믿음의 선진들처럼 조상의 묘실에 장사되기를 소원했습니다. 우리도 여생을 지혜롭게 준비하여 기쁨으로 주를 맞이해야 합니다.

4. 그의 축복을 받은 사람

다윗은 어려울 때 선대한 그를 공궤하여 은혜를 보답하고자 했습니다. 마음에서 우러나오는 진실한 보답을 하고자 했습니다. 이는 양 무리 하나하나에게 정성을 쏟으신 주님의 모습을 봅니다. 그러나 바르실래는 겸허히 사양했습니다. 우리에게 맡겨주신 일에 충성을 다할 때 참되고 지실한 주인의 즐거움에 참여하게 될 것입니다.

5. 아들에게 은혜를 요청한 사람

바르실래는 다윗의 제의를 사양하면서 다윗의 강권적인 요구에 못 이겨 대신

자기의 아들 김함에게 은혜를 베풀어 주시라고 합니다. 이는 왕의 호의를 받아들인 것이며 다윗은 다른 왕자들에게 하듯이 김함에게 베들레헴 근처에 있는 토지를 선사하였습니다. 뿐만 아니라 바르실래에게 내리려면 모든 것을 김함에게 베풀었습니다.

바르실래와 다윗은 오늘, 우리에게 아름다운 그림을 보여줍니다. 어려움에 처한 다윗을 아무 대가 없이 공궤했던 바르실래, 그의 은혜에 보답을 하려 했던 다윗, 우리가 가져야 될 자세입니다.

▷ 기도 _ 설교자

하나님의 사랑에 감사하며, 오늘, 고인을 추모하는 가족들에게 하나님의 풍성하심을 잊지 않게 하시옵소서. 주님의 보혈로 구원을 받았음에 그 사랑에 늘 감격하게 하시옵소서.
저희들을 복되게 하시려고, 하나님께 소망을 두게 하시고, 오늘은 추모예배로 모이게 하셨습니다. 기도와 사랑 속에 자녀들이 자라게 하셨으니 감사드립니다. 사랑하는 후손들을 인도해주셨음을 즐거워합니다.
오늘, ○○○를 추억하면서 저가 남긴 삶의 발자취를 따르는 가족이 되게 해주시옵소서.
예수님의 이름으로 기도드립니다. 아멘.

▷ 찬송 _ 368장
▷ 주님의 기도

기일 4

여호와 보시기에 정직하게 행하여

▷ 예식사 _ 인도자

가족이 한 자리에 모이도록 하신 하나님이십니다. 이제, 고○○○ 님을 추모하며 하나님께 영광을 드리겠습니다.

네 짐을 여호와께 맡기라 그가 너를 붙드시고 의인의 요동함을 영원히 허락하지 아니하시리로다(시 55:22)

▷ 신앙고백 _ 사도신경
▷ 찬송 _ 391장
▷ 대표 기도 _ 참석자 중에서
▷ 말씀 합독 _ 왕상 15:11-15

11. 아사가 그의 조상 다윗 같이 여호와 보시기에 정직하게 행하여
12. 남색하는 자를 그 땅에서 쫓아내고 그의 조상들이 지은 모든 우상을 없애고
13. 또 그의 어머니 마아가가 혐오스러운 아세라 상을 만들었으므로 태후의 위를 폐하고 그 우상을 찍어 기드론 시냇가에서 불살랐으나
14. 다만 산당은 없애지 아니하니라 그러나 아사의 마음이 일평생 여호와 앞에 온전하였으며
15. 그가 그의 아버지가 성별한 것과 자기가 성별한 것을 여호와의 성전에 받들어 드렸으니 곧 은과 금과 그릇들이더라

▷ 설교 _ 여호와 보시기에 정직하게 행하여

하나님께 감사할 따름입니다. ○○○는 우리 가정에 하나님의 선물이셨습니다. 그분의 헌신과 열성으로 우리들은 모두 성장하였고, 이제는 가정도 꾸려서 어엿하게 살아가고 있습니다. ○○○의 발자취를 따르려는 우리에게 오늘, 하나님의 말씀은 큰 위로가 될 것입니다.

본문에서, 아사가 어떤 사람이었는지를 보게 됩니다. 오늘, 말씀을 준비하는데 하나님께서 아사에 대한 감동을 주셨습니다. 그가 '여호와 보시기에 정직하게 행하였다'는 것을 하나님께서 우리 가정에 주시는 메시지라 확신합니다. 하나님 앞에서 살아가기를 다짐합시다.

1. 정직하였다

아사는 하나님께 자신의 중심으로 정직하였습니다. 아사는 유다의 왕위에 올라 41년을 통치하였습니다. 그는 유다를 통치하면서 그의 조상 다윗과 같이 여호와 보시기에 정직하여 선과 정의를 행하였습니다(왕상 14:2, 15:11) 지도자는 하나님께 정직하고 선하며 의로워야 합니다.
그의 마음은, "일평생 여호와 앞에 온전하였다"(왕상 15:14)고 했습니다. 그리스도인은 말씀의 사람으로(眞) 말씀을 말하고(義) 말씀으로 사는(善) 온전한 사람이 되어야 합니다.

2. 우상을 제거하였다

아사가 왕위에 오른 당시에 유다의 곳곳에서는 남색(男色)이 성행하였습니다. 남색은 하나님께 죄악이 되는 행위였습니다. 이에, 그는 남색문화를 근절시켰습니다. 심지어 친어머니 마아가가 아세라 우상을 만들었다는 이유로 폐위까지 하였습니다. 아사는 왕의 권세로 우상을 찍어서 기드온 시냇가에서 불살랐습니다. 성도는 탐심을 비롯한 옛 사람의 우상들을 멀리하고 쫓아내고 온전히 하나님만 믿고 섬겨야 합니다.

3. 하나님께 부르짖었다

아사는 나라애 위기가 닥쳤을 때, 자신은 물론, 국방을 위지하지 않았습니다. 그는 하나님을 찾았습니다. 구스(에디오피아) 사람 세라가 아프리카의 대군(군사 100만, 병거 300승)을 거느리고 침입해 왔을 때였습니다. 아사는 하나님만을 의지하고 "하나님 여호와여 우리를 도우소서…"라고 하나님께 부르짖어 반수에 불과한 군사로서 100만 대군을 물리쳤습니다.
하나님은 하나님을 사랑하는 자, 찬송하는 자, 부르짖는 자의 힘이 되십니다.(시 18:1-6) 믿음의 기도는 홍해를 가르게 됩니다. 무릎을 꿇으면 삽니다.

4. 다하여 하나님을 섬겼다

아사는 자신의 힘이 미치는 한 우상을 제거하고 하나님을 찾게 하였으며, 율법과 명령을 준행하게 하였습니다. 그리고 유다인들이 섬기던 종래의 산당과 태양상을 제거하였습니다. 그의 이 종교개혁으로 말미암아 하나님께[서 유다를 지켜주셨습니다.

그는 오랫동안(40년) 유다를 다스렸습니다. 은과 금과 기명들을 여호와의 전에 바쳤고, 수천마리의 우양을 하나님께 드렸습니다. 하나님을 섬기는 사람은 하나님께로부터 보호하심을 경험합니다.

성도는 마음과 뜻과 정성과 지혜와 목숨을 다하여 하나님을 섬겨야 합니다.(마 22:37) 하나님을 사랑하고 오직 하나님께 성실합시다. 하나님께서 우리를 사랑해주시고, 우리에게 성실하실 것입니다. 하나님이 보장이 되어주시는 인생은 복이 됩니다.

▷ 기도 _ 설교자

고인을 복 되게 하셨던 은총이 저희 자손들에게 이어지게 하시옵소서. ○○○의 기일에, 저희들을 복 되게 하시옵소서. 그의 생전에 여호와께 간구했던 복이 저희 세대에 응답되어 형통하고, 번성하여 더욱 많은 것으로 영광을 구하게 하시옵소서.
이 자리에서 저희들이 천국을 가진 사람으로 새로워지게 하시옵소서. ○○년 전에 고인이 저희들의 곁을 떠났을 때는 슬픔에 북받쳐 캄캄했으나 하나님의 은혜로 살아오고 있음을 생각할 때, 감사할 따름입니다. 이제, 고인의 모습을 뒤따라 열심히 사는 저희들이 되게 하시옵소서.
예수님의 이름으로 기도드립니다. 아멘.

▷ 찬송 _ 347장
▷ 주님의 기도

기일 5

세상의 더러움을 피한 후에

▷ 예식사 _ 인도자

고○○○ 님의 ○ 주기 기일을 맞이해서 보니 우리 가정을 위하시는 하나님의 은혜가 크셨습니다. 고인을 추모하며 예배드리겠습니다.

주 하나님이여 주께서 나의 서원을 들으시고 주의 이름을 경외하는 자가 얻을 기업을 내게 주셨나이다(시 61:5)

▷ 신앙고백 _ 사도신경
▷ 찬송 _ 543장
▷ 대표 기도 _ 참석자 중에서
▷ 말씀 합독 _ 벧후 2:18-21

18, 그들이 허탄한 자랑의 말을 토하며 그릇되게 행하는 사람들에게서 겨우 피한 자들을 음란으로써 육체의 정욕 중에서 유혹하는도다

19, 그들에게 자유를 준다 하여도 자신들은 멸망의 종들이니 누구든지 진 자는 이긴 자의 종이 됨이라

20, 만일 그들이 우리 주 되신 구주 예수 그리스도를 앎으로 세상의 더러움을 피한 후에 다시 그 중에 얽매이고 지면 그 나중 형편이 처음보다 더 심하리니

21, 의의 도를 안 후에 받은 거룩한 명령을 저버리는 것보다 알지 못하는 것이 도리어 그들에게 나으니라

▷ 설교 _ 세상의 더러움을 피한 후에

늘 ○○○의 모습을 가슴에 담고 살아온 우리들, 추모예배로 하나님께 나아가니 감사합니다. 생전에 가족과 자녀를 위하여 간구하셨던 기도의 응답으로 오늘, 우리는 복을 누리고 있습니다. ○○○의 사랑과 기도를 본 받아 우리도 가정과 자녀를 위하여 기도로 살아가기를 원합니다. 이 시간에, 하나님께서 우리를 격려해주시는 말씀을 듣겠습니다.

1. 세상 속된 것과 더러움을 피해야

세상 더러움은 세상이 더럽다는 의미가 아닙니다. 타락한 인간의 정신과 도덕상의 더러움을 피해서 살라는 말씀입니다. 하나님을 저버리고 우상을 섬기면서 순리를 저버리고 인간의 정욕을 좇아 역리대로 살면서 온갖 죄악을 다 범했다고 하였습니다.
은혜를 받은 사람은 이러한 죄악을 피해서 예수 그리스도 안에서 순결하게 살아야 한다고 하였습니다.
"세상의 더러움을 피한 후에 다시 그 중에 얽매이고 지면 나중 형편이 처음보다 더 심하리라."고 하였습니다. 한마디로 세상 더러움을 피하여 살지 아니하면 후환이 더욱 심하리라는 말씀입니다.
베드로는 자기의 경험을 통해서 교만하지 말고 겸손하여 깨어 기도하면서 주님의 말씀 따라 나 자신을 쳐서 이기고 십자가를 바로 지고 살아가라고 하였습니다. 이 길만이 세상을 피해서 바로 사는 길입니다.

2. 거룩한 말씀과 명령을 따랄 살아야

21절, "의의 도를 안후에 받은 거룩한 명령을 저버리는 것보다 알지 못하는 것이 도리어 저희에게 나으니라."

거룩한 명령을 저버리지 말라는 의미는 우리가 "의의도"를 알기 전에는 마귀의 명령과 나의 정욕의 지시를 따라 살아 왔으나 이제 예수 안에서 은혜를 받았으면 하나님의 거룩한 말씀과 명령을 따라 살라는 말씀입니다.

우리의 올바른 신앙생활은 내 마음대로 살지 아니하고 하나님의 말씀대로 사는데 있습니다. 우리가 거룩한 말씀과 명령대로 살아야 할 이유는 마태복음 7:21에 밝힌바와 같이 나의 구원과 천국의 기업을 누리기 위해서 라고 하였습니다.

베드로의 경우에, 부활하신 주님을 만나 주님을 뜨겁게 사랑하는데 있다고 하였습니다. 하나님을 사랑하는 것은 우리가 그의 계명을 지키는 것이라고 하였습니다.(요일 5:3)

3. 자신의 순결과 정조를 파수해야

22절, "참 속담에 이르기를 개가 그 토하였던 것에 돌아가고 돼지가 씻었다가 더러운 구덩이에 도로 누웠다하는 말이 저희에게 응하였도다."

먼저, 은혜 받은 사람이 자신의 순결과 정조를 지킨다는 것은 항상 예수 그리스도 안에 거하는 삶이라고 하였습니다. 다음에, 순결과 정조를 파수해야 할 이유는 하나님의 요청을 따라 하나님의 자녀 구실을 해야 되겠기 때문입니다. 성도가 자신의 순결과 신앙 정조를 파수해 나아가는 비결은 예수님의 십자가를 든든히 붙잡고 그 피의 공로를 힘입어야 된다고 하였습니다. 그렇습니다. 나의 생각이나 나의 의지로 죄를 격파할 수 없습니다. 아울러 나를 유혹해오는 세력을 물리칠 수 없습니다.
주님의 보혈, 그 보혈의 능력이 죄를 이기게 합니다. 우리를 깨끗하게 하고 하나님과 교제하고 하나님의 거룩한 자녀가 되게 하십니다.

예수님께서 말씀하시기를, 믿다가 타락하면 더욱 악해진다고 하셨습니다. 우리는 은혜를 받았으면 세상 더러움을 피해서 살아야 합니다.

▷ 기도 _ 설교자

○○○를 추억하는 저희들에게 그가 살았던 교훈적인 발자취도 따르게 하시옵소서. 고인의 희생으로 자라난 자녀들에게 이제는 믿음에서 믿음에 이르게 하시고, 천국을 사모하는 목마름으로 지내게 하시옵소서.
대대로 인도하시는 여호와이십니다. 여호와 앞에서 고인의 기일을 맞이하여 예배하게 하시니 감사드립니다. 하나님의 은혜로 지난 시간에도 저희 식구들이 평안을 누렸으니, 감사로 예배할 때, 하나님께 홀로 영광을 드리게 하시옵소서. 식구들이 사랑하는 ○○○님을 그리워하며 찬송을 드리게 하시옵소서. 예수님의 이름으로 기도드립니다. 아멘.

▷ 찬송 _ 405장
▷ 주님의 기도

기일 6

너희 부르심과 택하심을

▷ 예식사 _ 인도자

하나님께서 우리에게 고○○○ 님의 ○ 주기 기일을 맞이하도록 해주셨습니다. 고○○○ 님을 추모하며 하나님께 영광을 드리겠습니다.

> 주께서 택하시고 가까이 오게 하사 주의 뜰에 살게 하신 사람은 복이 있나이다 우리가 주의 집 곧 주의 성전의 아름다움으로 만족하리이다(시 65:4)

▷ 신앙고백 _ 사도신경

▷ 찬송 _ 448장

▷ 대표 기도 _ 참석자 중에서

▷ 말씀 합독 _ 벧후 1:8-11

8. 이런 것이 너희에게 있어 흡족한즉 너희로 우리 주 예수 그리스도를 알기에 게으르지 않고 열매 없는 자가 되지 않게 하려니와

9. 이런 것이 없는 자는 맹인이라 멀리 보지 못하고 그의 옛 죄가 깨끗하게 된 것을 잊었느니라

10. 그러므로 형제들아 더욱 힘써 너희 부르심과 택하심을 굳게 하라 너희가 이것을 행한즉 언제든지 실족하지 아니하리라

11. 이같이 하면 우리 주 곧 구주 예수 그리스도의 영원한 나라에 들어감을 넉넉히 너희에게 주시리라

▷ 설교 _ 너희 부르심과 택하심을

하나님께서 우리를 사랑하사 ○○○의 자녀가 되게 하셨고, ○○○께서는 우리를 위해서 평생의 수고를 하셨던 삶이 자주 떠오릅니다. 우리가 어렸을 때, 힘든 고비마다 ○○○께서 감당하여 지냈던 시간들, 결코 잊을 수 없습니다. 오늘, 추모예배를 드리면서 하나님께서 권면해주시는 말씀을 듣고, 새롭게 결단하기를 원합니다.

하나님께서 ○○○님의 가정에 복음을 주시고, 오늘은 고인의 기일을 맞이해서 성경을 같이 보게 되어 감사합니다. 하나님께 영광이 되고 있는 이 가정입니다. 이제, 말씀을 보면서 은혜를 나누도록 합니다.

1. 열매 없는 자가 되지 않게 하려니와

8절, "이런 것이 너희에게 있어 흡족한즉 너희로 우리 예수 그리스도를 알기에 게으르지 않고 열매 없는 자가 되지 않게 하려니와"라고 하였습니다. 우리들의 신앙생활이 정비되어 있는가, 정비가 되어 있지 않는가 하는 것은 그 신앙의 열매로 보아서 알 수 있다고 하였습니다.
신앙은 생활에서 정비된 모습을 나타내어야 합니다.
마 7:16-20, "나무는 그 열매를 보아서 알 수 있느니라." 좋은 나무는 좋은 열매를 맺고 나쁜 나무는 나쁜 열매를 맺습니다. 이것은 우리의 삶이 열매로 나타나는 것이란 증거입니다. 성도의 삶은 열매이며, 그 열매로 그가 신앙인인지 아닌지를 구별하게 된다는 것입니다.
현대 혼란한 신앙사조 속에서 우리들은 그 신앙생활을 보아서 그가 자유주의 신앙인지 보수주의 신앙인지 보수주의 정통 신앙인지 알 수 있다는 말입니다.

2. 정비되어 있는가?

우스갯소리의 말로, 현대의 신앙인들에게는 급이 있습니다. A급 신자 B급 신자, C급 신자가 있다는 것입니다. A급은 알콜을 마시는 신자요, B급은 맥주를 마시는 신자요, C급은 콜라를 마시는 신자라고 합니다. 우리는 하나님께서 기뻐하시는 열매를 맺는 신자가 되어야 합니다.

이점에 대하여 사도 베드로는 신앙의 열매를 일곱 가지로 설명하였습니다. 이들 열매를 맺어 자신의 신앙을 정비하라는 것입니다.

① 조화를 이룬 신앙생활입니다.
② 무장된 신앙생활입니다.
③ 완전 유비된 원만한 신앙생활입니다.

3. 신앙의 7대 열매

① 신앙에 덕이 있어야 된다고 하였습니다. 덕이라는 낱말은 헬라어 원문에 아레테라고 하는데, 신앙생활에 원기를 도와주는 작용이라고 합니다. '믿음에 덕'이라는 말은 믿음에다가 덕을 덧붙인다는 말이 아니고 믿음은 덕을 발전시키는 근원이며 능력을 제공하는 원천이라고 하였습니다.

② 신앙에 지식을 갖추라고 하였습니다. 하나님을 바로 아는 성경 지식 또는 영적 지식을 의미합니다.

③ 신앙에 절제를 갖추라고 하였습니다. 나 자신의 관리를 바로 하라는 의미

입니다.

④ 신앙에 인내를 갖추라고 하였습니다. 인내는 시험과 환난과 어려움과 고난을 극복해 나아가는 원동력을 의미합니다.

⑤ 신앙에 경건을 갖추라고 하였습니다. 이 경건은 하나님을 경외하는 성별된 생각과 태도를 의미합니다.

⑥ 신앙에 형제 우애를 갖추라고 하였습니다. 필리아의 사랑 즉 사회적 사랑을 의미합니다.

⑦ 신앙에 사랑을 갖추라고 하였습니다. 아가페의 사랑으로서 하나님과 이웃을 사랑하는 종교적인 고차원적 사랑을 의미합니다.

▷ 기도 _ 설교자

오늘, ○○○의 기일에, 추모예배로 식구들이 모였음에 감사드립니다. 저희들이 고인의 은혜를 묵상하면서, 하나님의 신령한 은혜를 사모하기 원합니다. 이 시간에, 견고한 신앙에 대한 소망을 갖게 하시옵소서.

저희들은 이제와 같이 앞으로도 마음을 다하여 여호와를 신뢰하는 다짐을 하게 하시옵소서. 생명수의 강물이 흐르는 아름다운 나라를 바라보는 소망 가운데 즐거워하는 저희들이 되게 하시옵소서.

그동안에도 고인의 신앙을 본받아 지내던 식구들에게 하나님의 영원한 기업을 누리는 후사의 반열에 들게 하시옵소서.

예수님의 이름으로 기도드립니다. 아멘.

▷ 찬송 _ 215장
▷ 주님의 기도

기일 7

그의 손에서 구원하옵소서

▷ 예식사 _ 인도자

늘 함께 해주신 하나님께서 고○○○ 님의 ○ 주기 기일을 주셨습니다. 고인을 추모하며 하나님께 예배를 시작하겠습니다.

여호와여 나를 반기시는 때에 내가 주께 기도하오니 하나님이여 많은 인자와 구원의 진리로 내게 응답하소서(시 69:13)

▷ 신앙고백 _ 사도신경

▷ 찬송 _ 417장

▷ 대표 기도 _ 참석자 중에서

▷ 말씀 합독 _ 왕하 19:16, 19-20

16. 여호와여 귀를 기울여 들으소서 여호와여 눈을 떠서 보시옵소서 산헤립이 살아 계신 하나님을 비방하러 보낸 말을 들으시옵소서

19. 우리 하나님 여호와여 원하건대 이제 우리를 그의 손에서 구원하옵소서 그리하시면 천하 만국이 주 여호와가 홀로 하나님이신 줄 알리이다 하니라

20. 아모스의 아들 이사야가 히스기야에게 보내 이르되 이스라엘 하나님 여호와의 말씀이 네가 앗수르 왕 산헤립 때문에 내게 기도하는 것을 내가 들었노라 하셨나이다

▷ 설교 _ 그의 손에서 구원하옵소서

○○○께서 우리의 곁을 떠나신 지도 어언 ○년이 지나고 있는데, 마음에 남겨주신 ○○○의 모습은 시간의 흐름이 더할수록 더욱 또렷해집니다. 오늘, 추모예배를 준비하면서 바로 옆에 ○○○께서 계신 것 같았습니다. ○○○의 자취에서 어긋나지 않는 삶을 살기로 다짐하면서 함께 하나님의 말씀을 보겠습니다.

앗수르 왕 살만에셀이 이스라엘을 침공하여 이스라엘의 수도 사마리아 성을 포위하므로 3년 만에 이스라엘을 점령했습니다. 히스기아 14년에 아수르 왕 산헤립이 유다 왕국을 침공하여 예루살렘을 포위하고 앗수르의 랍사게가 히스기아를 모욕하며 항복을 강요하였습니다.

1. 백성이 잠잠하게 하다

랍사게는 이스라엘 백성을 자극시켜 히스기야에게 그들의 불평을 유도하여 유다를 내란 상태에 빠뜨리려고 계획하였습니다. 그러나 백성들이 잠잠하므로 그의 계획이 수포로 돌아갔습니다. 참기 어려운 모욕적인 말 앞에 침묵은 가장 위력적인 대답입니다. 세상에 속한 자들이 진리와 거짓을 섞어 말하고 시험할 때, 주님처럼 침묵으로 응수하자. 침묵은 때론 웅변보다 낫습니다.

2. 여호와의 전을 찾다

랍사게의 포위를 당한 히스기아는 모사나 군대 장관을 찾지 않고 성전을 찾았습니다. 그는 고난을 원망하지 않고 전능하신 하나님의 전을 찾았습니다. 이는 위기에 처한 자의 첫 번째 자세입니다. 우리가 고난을 당할 때 세상 힘을 찾아가지 말고 전능하신 하나님이 계신 성전을 찾아가자. 당신을 찾는 자를 버리지 않으십니다(시9:10)

3. 옷을 찢고 굵은 베옷을 입고 참회하다

히스기야는 임금으로서 옷을 찢고 굵은 베를 두르고 성전으로 들어갔습니다. 옷을 찢는 것은 슬픔과 분노를 표현하고, 베옷을 입는 것은 슬픔과 회개를 의미합니다. 왕이 심히 원통함을 느낀 것은 랍사게가 자신을 모욕했기 때문이 아니라 하나님을 모욕했기 때문입니다. 성도는 하나님의 이름이 욕되면 슬퍼하며 분노해야 합니다.

4. 신복을 이사야에게 보내어 기도를 부탁하다

히스기야는 자신이 성전에 들어가 기도할 뿐만 아니라 신복을 이사야 선지자에게 보내어 기도를 부탁하였습니다. 하나님의 뜻을 알기 위해서입니다. 이처럼 그는 하나님의 말씀을 따르고자 했습니다. 그리스도인은 어려움이 닥쳐왔을 때 자신은 물론 믿음의 사람의 기도를 부탁하고 하나님의 말씀을 따라야 합니다. 여기에 승리가 있기 때문입니다.

5. 대적의 편지를 하나님께 펴놓다

히스기야는 겸손하였습니다. 자신이 하나님 앞에 어떤 존재인지 바로 알고 있었습니다. 그는 나라에 문제가 생길 때마다 하나님 앞에 무릎을 꿇었습니다. 그는 하나님이 항상 옆에서 자신을 지켜 보호하여 주심을 믿었습니다. 그래서 그는 산헤립의 편지를 하나님 앞에 펴놓고 기도하였습니다. 그의 교만을 보시고 이스라엘을 구원하여 달라는 것입니다.

오늘, 우리 가정은 하나님을 찾는 가족이 되어야 합니다. 좋은 일 앞에서는 찬송으로 하나님께 영광을 드리고, 어려움에서는 하나님께서 구해주실 것을 기다리는 가족이어야 합니다. 하나님은 우리 가정에 희망이시며, 심판주이십니다.

▷ 기도 _ 설교자

저희들은 ○○○께서 거룩한 삶을 위해서 늘 자신을 쳐 복종시키시던 것을 기억합니다. 고인께서 자녀들에게 보여준 본을 저희들도 단 마음으로 받아 따르게 하시옵소서. 그리스도의 장성한 부분에까지 다가가려는 열심의 은혜를 주시옵소서.
우리 가정의 식구들을 사랑하셔서 있을 곳을 예비해 주신 은혜를 늘 기억하게 하시옵소서. 주님과 함께 낙원에 계시는 고인을 생각하는 중에, 그 곳을 소망하는 저희들이 되기 원합니다. 십자가를 굳게 붙잡고 의의 열매를 많이 맺는 가정으로 인도해주시옵소서.
예수님의 이름으로 기도드립니다. 아멘.

▷ 찬송 _ 28장
▷ 주님의 기도

기일 8

너희 착한 행실을 보고

▷ 예식사 _ 인도자

우리 가족이 지금까지 지내온 것은 하나님의 은혜였습니다. 그 은혜에 감사하고, 고◯◯◯ 님을 추모하며 예배를 시작하겠습니다.

옛적부터 얻으시고 속량하사 주의 기업의 지파로 삼으신 주의 회중을 기억하시며 주께서 계시던 시온 산도 생각하소서(시 74:2)

▷ 신앙고백 _ 사도신경

▷ 찬송 _ 379장

▷ 대표 기도 _ 참석자 중에서

▷ 말씀 합독 _ 마 5:13-16

13. 너희는 세상의 소금이니 소금이 만일 그 맛을 잃으면 무엇으로 짜게 하리요 후에는 아무 쓸 데 없어 다만 밖에 버려져 사람에게 밟힐 뿐이니라
14. 너희는 세상의 빛이라 산 위에 있는 동네가 숨겨지지 못할 것이요
15. 사람이 등불을 켜서 말 아래에 두지 아니하고 등경 위에 두나니 이러므로 집 안 모든 사람에게 비치느니라
16. 이같이 너희 빛이 사람 앞에 비치게 하여 그들로 너희 착한 행실을 보고 하늘에 계신 너희 아버지께 영광을 돌리게 하라

▷ 설교 _ 너희 착한 행실을 보고

오늘, 우리에게 ○○○의 추모예배를 드리도록 인도해주신 하나님께 감사합니다. ○○○의 자녀와 후손들이 한 명도 빠지지 않고 다 모이도록 해주셨습니다. ○○○의 마음과 신앙을 물려받아서 살아가게 하셨으니, 한 마음으로 하나님의 말씀을 받읍시다.

우리는 구원을 받은 후에, 하나님께서 복을 주심에 관심을 많이 갖습니다. 맞습니다. 그러나 하나님께서 나를 자녀로 삼아주신 후에, 나에 대하여 갖고 계신 하나님의 계획에 주목해야 합니다. 아버지는 자녀에게 관심을 갖고 있습니다. 우리에게 하나님의 나라를 구하라고 하셨으니 하나님의 나라 백성으로 나에 대하여 관심을 기울여야 합니다.

1. 자신에게는 정직, 이웃에게는 진실

우리를 성도라 하셨습니다. 구별된 사람이라는 것입니다. 사람이 제일로 생각하는 것은 자신의 유익입니다. 그러나 성도로 구별된 사람은 자기의 유익을 구하지 않습니다. 하나님과의 관계에서 진실하고, 사람과의 관계에서 진실함을 구합니다. 어제도 진실하고 오늘도 진실하며 내일도 진실해야 합니다. 시종일관 진실해야 합니다. 생시에도 진실하고 꿈속에서도 진실해야 합니다. 진실하기 때문에 손해를 보고 불이익을 당한다 해도 진실해야 합니다.

진실한 삶이 한 때 불행하게 보여도 인내하면 참다운 복을 발견하고 인생의 복을 누리게 됩니다. 진실은 사람이 가질 수 있는 것 중에서 최고의 재산입니다. 우리 하나님이요 구주이신 주님이 진실이십니다.

2. 책임을 감사하므로 감당하는

사람에게는 책임이 있습니다. 부모에게는 부모의 책임이 있고, 자녀에게는 자녀의 책임이 있습니다. 남편이 남편의 책임을 감당해내고, 아내는 자신에게 주어진 책임을 다하면 그 가정이 세워집니다.

우리가 밖으로 나아가면 사회인으로서의 책임이 있습니다. 주님께서는 우리에게 빛과 소금이라 하셨습니다. 사회에 대하여 빛의 역할, 소금의 역할로 섬겨서 사회를 하나님의 나라로 건설해야 합니다. 나 자신만의 구원이 아니라 사회를 구원할 책임이 있습니다.

교회에 대하여서도 교회를 세울 책임이 있습니다. 믿음으로 역사하는 교회, 사랑으로 수고하는 교회, 소망 중에 인내하는 교회로 세워야 합니다. 우리는 성도로서 교회에서 책임을 감당해야 교회가 바로 세워갑니다.

3. 모범적인 생활을

주님께서는 자기가 섬기려고 이 세상에 오셨다고 했습니다. 우리를 성도라는 직분으로 부르심은 사랑으로 살아가라고 주신 직분입니다. 세상을 사랑하여 섬기라고 주신 직분입니다.

그러므로 섬기는 덕이 있어야 합니다. 말에 덕이 있어야 합니다. 용기와 희망과 확신과 위로를 주는 말을 해야 합니다.

또한 힘든 일은 내가, 쉬운 일은 네가, 먹는 것은 네가, 일은 내가 해야 합니다. 주님을 위하고, 교회를 위한 일이라면 어려운 일도 기쁨으로 감사함으로 자원함으로 희생함으로 믿음으로 감당해야 합니다.

만일, 우리가 성도의 직분으로 살아갈 때, 일일이 계산하고 따지면 덕이 되지 않습니다. 괴로운 일도 주님의 십자가를 생각하면서 겸손한 마음으로 참고 견디며 감당해야 합니다. 이런 사람이 주 안에서 복된 가정을 세우고, 그가 공동체로 모이는 교회를 세웁니다.

우리는 자신의 책임을 감당하기 위해서 드림을 경험합니다. 대가의 지불이 없는 책임의 감당은 없습니다. 그러므로 몸과 마음과 기도, 때로는 재물도 드립니다. 마음과 뜻과 정성과 지혜와 목숨을 드립니다. 기쁨으로, 감사함으로, 책임을 감당하려는 삶을 결단하시도록 축복합니다.

▷ 기도 _ 설교자

여호와의 사랑하는 가족을 이곳으로 인도해 주셨음에 감사합니다. ○○○께서 고인이 되어 저희들의 곁을 떠난 지 벌써 ○년이라는 시간이 지나고, 그를 추모하면서 예배합니다. 그동안에 사랑하는 유족들에게 은혜를 더하신 여호와의 이름을 송축하게 하시옵소서.
주 예수님의 은혜에 힘을 입어 죽음의 그늘 속에서도 소망으로 살게 해 주셨음에 감사합니다. 절망의 어둠이 저희들을 움츠러들게 하지만, 성령님의 위로와 담대함으로 이기게 하시옵소서. 사랑하는 고인께서 천국에 계신 것처럼, 저희들도 죄와 사망을 이기고 아브라함의 품에 안길 것을 믿습니다.
예수님의 이름으로 기도드립니다. 아멘.

▷ 찬송 _ 70장
▷ 주님의 기도

기일 9

그 사람에게 은총을 베풀리라

▷ 예식사 _ 인도자

오늘, 고○○○ 님의 ○ 주기 기일을 맞이하고 보니 오직 하나님의 자비하심이셨습니다. 고인을 추모하며 하나님께 영광을 드리겠습니다.

> 만군의 하나님 여호와여 우리를 돌이켜 주시고 주의 얼굴의 광채를 우리에게 비추소서 우리가 구원을 얻으리이다(시 80:19)

▷ 신앙고백 _ 사도신경

▷ 찬송 _ 451장

▷ 대표 기도 _ 참석자 중에서

▷ 말씀 합독 _ 삼하 9:6-8

6. 사울의 손자 요나단의 아들 므비보셋이 다윗에게 나아와 그 앞에 엎드려 절하매 다윗이 이르되 므비보셋이여 하니 그가 이르기를 보소서 당신의 종이니이다

7. 다윗이 그에게 이르되 무서워하지 말라 내가 반드시 네 아버지 요나단으로 말미암아 네게 은총을 베풀리라 내가 네 할아버지 사울의 모든 밭을 다 네게 도로 주겠고 또 너는 항상 내 상에서 떡을 먹을지니라 하니

8. 그가 절하여 이르되 이 종이 무엇이기에 왕께서 죽은 개 같은 나를 돌아보시나이까 하니라

▷ 설교 _ 그 사람에게 은총을 베풀리라

○○○의 추모예배로 하나님께 영광을 드리게 되어 감사합니다. ○○○의 자녀와 후손들이 그리스도 예수 안에서 살아가고 있음이 우리 가족에게 영광입니다. 오늘, ○○○의 하나님을 나의 하나님으로 다시 한 번 고백하면서 하나님의 말씀을 보겠습니다.

오늘, 고인의 기일에 다윗이 요나단의 집안에 베푼 친절함을 묵상하면서 고인이 그리워졌습니다. 고인께서는 하나님을 알지 못하고 사셨지만, 인륜을 삶의 원칙으로 삼고 지내셨습니다. 이웃에게 친절하셨고, 이웃에 대하여 오래 참으셨던 그 마음을 성경적으로 묵상합시다.

1. 한 번 맺은 약속은

이스라엘이 블레셋과 벌인 길보아 전투에서 패하여 요나단이 죽고 사울 왕도 자살하게 되자 다윗이 왕이 되었습니다. 다윗은 자기를 괴롭혔던 사울에 대해서는 슬퍼하였고, 요나단의 우정을 잊지 않았습니다.
1절, "다윗이 가로되 사울의 집에 오히려 남은 사람이 있느냐 내가 요나단을 인하여 그 사람에게 은총을 베풀리라."
다윗은 요나단의 아들 므비보셋에게 은혜를 베풀어 사울의 밭을 돌려주었고 왕이 된 자신과 함께 식사할 수 있도록 해주었습니다. 요나단이 죽은 다음에도 그 우정을 계속해서 유지하였습니다.
사람을 사귈 때는 매우 신중해야 되지만 한번 사귄 다음에는 그 관계가 변함이 없어야 됩니다. 그 사람의 본색이 다 드러났다 할지라도 허물을 덮어주고 친구 관계를 계속 유지하는 것이 진정한 우정입니다.

2. 우정을 유지하다

다윗은 요나단이 죽은 다음에도 그 우정을 지속해 나갔습니다. 죽은 친구의 아들을 데려다가 늘 자기 상에서 함께 먹는다는 것은 보통 힘든 일이 아닙니다. 이러한 모습을 통해서 다윗의 마음이 얼마나 온유했는지 알 수 있습니다. 우리는 다윗에게서 한번 맺으면 변하지 않는 친구 관계를 배워야 합니다. 하나님과는 물론이고, 사람과의 관계에서도 약속은 변하지 않아야 됩니다. 우리는 사람을 너무 쉽게 사귀고 쉽게 배반합니다. 그러나 일단 맺은 우정은 쉽게 변하지 말아야 합니다. 그것이 주님의 마음입니다. 조급한 성격을 느리게 하고, 마음의 그릇을 넓게 키워야 합니다.

하나님께서는 우리가 하나님께 행하는 자세도 중요하게 보시지만 다른 사람과의 관계도 꼭 살피고 우리를 부르십니다.

3. 허물을 덮어주는 마음

서로 감싸주어야 할 사이인데도 그 사람의 약점과 비밀을 남에게 이야기하는 사람이 있습니다. 그러면 아무것도 아닌 그 말 한마디가 오해를 낳고 오랫동안 유지되던 관계가 끊어지게 됩니다. 상대방의 허물을 덮어주지 못하는 사람은 자기 자신의 허물 또한 하나님 앞에 용서받을 수 없습니다.

"너희가 사람의 과실을 용서하면 너희 천부께서도 너희 과실을 용서하시려니와 너희가 사람의 과실을 용서하지 아니하면 너희 아버지께서도 너희 과실을

용서하지 아니하시리라."(마 6:14, 15)
 하나님께서 나 같은 죄인을 불러 주님의 일꾼으로 삼으시고 오늘날까지 사랑해 주셨는데 내가 누군들 사랑하지 못하겠습니까? 우리가 주님의 은혜를 생각하면 어떤 사람을 향해서도 고개를 숙일 수 있습니다.

다윗은 요나단으로부터 사랑을 받았습니다. 그가 어려운 위기에 처하는 순간, 요나단이 그의 생명을 자기의 생명처럼 사랑했습니다. 요나단이 죽었음에도 다윗은 그에 대한 우정을 요나단의 후손에게 이어갑니다. 우리 가정에서도 한 번 맺은 우정을 귀하게 여기기를 원합니다.

▷ 기도 _ 설교자

○○○의 ○주기 추모예배가 하나님께 영광을 바치는 시간이 되고, 저희들에게는 즐거움이 되기 원합니다. 고인을 기억하는 것이 자손들에게 기쁨이 되게 하시옵소서. 나아가 여호와의 뜻에 따라 순종을 하며, 하나님과의 동행을 즐거워하게 하시옵소서.
오늘, 만나주시는 하나님의 음성을 듣고, 아멘으로 응답하게 하시옵소서. 저희들도 언젠가는 하나님의 부르심을 받고, 천국에 간다는 믿음을 주시옵소서. 거룩한 본향으로 가서 하나님을 예배하는 소망을 갖게 하시옵소서. 십자가를 붙들고 살아가려는 굳건함을 주시옵소서.
예수님의 이름으로 기도드립니다. 아멘.

▷ 찬송 _ 93장
▷ 주님의 기도

설날 1

내가 할 일을 알았도다

▷ 예식사 _ 인도자

오늘, 설날을 맞이해서 고○○○ 님을 추모하는 예배를 드리고자 성삼위 하나님께로 나아가겠습니다.

주께서 나를 온전한 중에 붙드시고 영원히 주 앞에 세우시나이다 이스라엘의 하나님 여호와를 영원부터 영원까지 송축할지로다 아멘 아멘(시 41:12-13)

▷ 신앙고백 _ 사도신경

▷ 찬송 _ 585장

▷ 대표 기도 _ 참석자 중에서

▷ 말씀 합독 _ 눅 16:2-5

2. 주인이 그를 불러 이르되 내가 네게 대하여 들은 이 말이 어찌 됨이냐 네가 보던 일을 셈하라 청지기 직무를 계속하지 못하리라 하니
3. 청지기가 속으로 이르되 주인이 내 직분을 빼앗으니 내가 무엇을 할까 땅을 파자니 힘이 없고 빌어 먹자니 부끄럽구나
4. 내가 할 일을 알았도다 이렇게 하면 직분을 빼앗긴 후에 사람들이 나를 자기 집으로 영접하리라 하고
5. 주인에게 빚진 자를 일일이 불러다가 먼저 온 자에게 이르되 네가 내 주인에게 얼마나 빚졌느냐

▷ 설교 _ 내가 할 일을 알았도다

오늘, 설날의 기쁨을 나누는 시간에, 고인이 참으로 그립습니다. 고인은 우리에게 사랑이셨습니다. 고인을 향한 그리움이 사무치는 마음에 하나님께서 말씀으로 위로하여 주시고, 복을 주시려고 본문을 보게 하셨습니다. 하나님의 말씀을 듣겠습니다.

"내가 할 일을 알았도다." 참으로 귀한 깨달음입니다. 우리는 살아가면서 하나님 앞에서 자신이 해야 할 일을 바로 알아야 합니다. 그렇지 않으면 어리석은 행동을 하게 됩니다. 불의한 청지기였지만 자신의 미래를 위해서 지혜로운 선택을 하였습니다. 우리도 그러하기를 원하여 본문으로 은혜를 나누겠습니다.

1. 자신의 처지를 올바로 인식하다

3절, "땅을 파자니 힘이 없고 빌어먹자니 부끄럽구나."
이 고백은 청지기로서의 자신의 입장과 처지와 장차 임할 자신의 운명을 깨닫고 처세한 내용입니다. 이 사람은 자기가 범한 죄를 깨달아 알았습니다. 범죄의 결과, 주인에게 파면 당해야 한다는 사실을 깨달았습니다. 자신의 비참한 처지를 깨닫고 처세를 하였습니다.
여기에서, 주인은 하나님이시고 불의한 청지기가 인생들이라고 하면 우리는 하나님과의 관계에서 범죄와 이로 인한 심판, 장차 운명을 바로 인식하고 여기에 대처해 나아가는 처세 비결을 배워야 합니다.
그렇습니다. 인생 중에 자신의 처지를 모르고 사는 사람들이 비일비재합니다. 인생은 너와 나를 물론하고 하나님께 범죄 하여 타락되고 부패하여 무능한 존재가 되어졌고 비참한 존재가 되어졌습니다. 우리 자신의 처지를 바로 인식하는 슬기로운 성도가 되시기를 바랍니다.

2. 주어진 시간과 기회를 선용하다

4절, "내가 할 일을 알았도다. 이렇게 하면 직분을 빼앗긴 후에 저희가 나를 자기 집으로 영접하리라." 이는 자신의 장래의 삶을 위하여 주어진 시간과 기회를 포착하여 선용하려고 하였습니다.

인생에게는 그 누구에게나 죽음이 있고, 심판이 기다리고 있습니다. 이 길은 항거도 못하고 도피하지도 못하고 연기하지도 못하는 길입니다.

이러한 죽음과 심판이 나를 찾아오기 전에 주어진 남은 생존의 시간과 기회를 바로 선용하는 처세의 비결을 배워야겠습니다. 천하만사에 모두 때가 있다고 하였습니다.(전 3:1)

하나님이 주신 생존의 기간과 기회를 낭용하거나 허송하지 말고, 하루, 한 시간을 보람 있고 의의 있는 삶의 기회로 선용하는 처세의 비결을 배우시기 바랍니다.

3. 미래의 삶을 위하여 선심을 쓰다

5절, "기름 백말 진자에게 오십 말로 탕감해 주고 밀 백석 진 자에게는 팔십 석으로 탕감해" 주었습니다. 이와 같이 주인의 공문서를 위조하고 주인의 것을 허비한 행동에 대해서 윤리적으로는 잘못한 것입니다.

그럼에도 그가 장래의 삶을 위해서 선심을 썼다는 점에 대해서 주인도 칭찬했고 주님도 인정을 하셨습니다.

우리는 어떠합니까? 하나님의 것을 맡아 관리하는 청지기들입니다. 나에게 주어진 시간도 건강도 지식도 제물도 모두 하나님의 것입니다. 우리는 하나님의 것을 가지고 허비하거나 오용해서는 안 됩니다.

하나님의 영광을 위해서 이웃들을 위해서 또는 교회를 위해서 바로 선용하시기 바랍니다. 사람은 심은 대로 거둔다고 하였습니다.

우리에게는 하나님께서 주신 시간이 있습니다. 이 시간을 어떻게 사용해야 할까요? 인생의 청지기로써 하나님께 영광이 되도록 해야 할 것입니다.

▷ 기도 _ 설교자

오늘, 예배하면서 ○○○께서는 저희들에게 감사한 분이셨음을 다시 한 번 깨닫습니다. 저희들이 고안을 만나 살아온 것은 하나님의 은혜였습니다. 그 은혜를 기억하며, 여호와의 사람으로 살아가기를 결단하게 하시옵소서.

저희들에게 새해의 아침을 주시고, 주님의 사랑을 받는 지체들이 한 자리에 둘러앉게 하심에 고맙습니다. 설날의 복을 사모하면서 ○○○를 추모하는 한 시간의 예배에 영광을 받으옵소서. 이 자리에 무릎을 꿇은 저희들 모두에게는 새해 아침에 주시는 복으로 풍성하게 하시옵소서.

예수님의 이름으로 기도드립니다. 아멘.

▷ 찬송 _ 597장
▷ 주님의 기도

설날 2

세계 모든 민족 위에 뛰어나게

▷ 예식사 _ 인도자

하나님의 사랑과 은혜로 지내온 우리들, 설날 아침에, 고○○○ 님을 추모하며 예배하겠습니다. 다 같이 머리를 숙이십시다.

> 너희 만민들아 손바닥을 치고 즐거운 소리로 하나님께 외칠지어다 지존하신 여호와는 두려우시고 온 땅에 큰 왕이 되심이로다(시 47:1-2)

▷ 신앙고백 _ 사도신경

▷ 찬송 _ 457장

▷ 대표 기도 _ 참석자 중에서

▷ 말씀 합독 _ 신 28:2-6

2. 네가 네 하나님 여호와의 말씀을 청종하면 이 모든 복이 네게 임하며 네게 이르리니
3. 성읍에서도 복을 받고 들에서도 복을 받을 것이며
4. 네 몸의 자녀와 네 토지의 소산과 네 짐승의 새끼와 소와 양의 새끼가 복을 받을 것이며
5. 네 광주리와 떡 반죽 그릇이 복을 받을 것이며
6. 네가 들어와도 복을 받고 나가도 복을 받을 것이니라

▷ 설교 _ 세계 모든 민족 위에 뛰어나게

하나님 앞에서 ○○○를 그리워합니다. 어렸을 때부터 보아온 고인의 삶은 사실, 우리 집의 전부이셨습니다. 저의 기억으로도 고인께서는 늘 가정과 자녀들을 위해서 수고하는 삶을 사셨기에, 오늘, 우리는 ○○○를 더욱 기억하게 됩니다.

하나님께서 위로해주실 것을 기대하면서 말씀을 보겠습니다. 예배를 준비하면서 우리 가족이 하나님 앞에서 복된 삶을 결단하기에 좋은 말씀입니다. 모세에 의해서 하나님은 인생에게 복을 주셨습니다. 함께 말씀 나누면서 은혜를 소망하기를 원합니다.

1. 풍요한 삶의 의미

하나님께서는 자기 백성이 복된 자들이 되기를 원하십니다. 그래서 복 된 사람으로 훈련을 시키시고, 하나님께서 주시려는 복을 소망하게 하십니다. 하나님께서 사람과 관련해서 하신 말씀들 중에 가장 많이 쓰여 진 단어는 복입니다. 하나님의 성민은 영적으로 신앙의 풍요한 삶을 살아야 합니다. 소아시아 7교회 중에 라오디게아 교회는 영적인 측면에서 신앙이 가난하다고 책망을 받았습니다. 우리에게는 먼저 신앙이 풍요해야 됩니다.
이어서, 경제적으로 풍요한 삶을 살아야 합니다. 성경에는 돈이나 물질자체가 악하거나 이 물질을 추구하고 소유함이 죄가 아니라고 하였습니다. 하나님의 성민이 풍요하게 사는 삶을 하나님은 원하십니다.

2. 풍요한 삶의 비결

영적으로나 육적으로 풍요하게 사는 비결이 무엇입니까? 우리 주변에는 진정한 풍요를 누리지 못하고 정신적으로나 물질적으로 가난하게 사는 사람들도 비일비재합니다.

풍요한 삶의 비결이 무엇입니까? 하나님의 말씀을 삼가 듣는 길이라고 하였습니다. 하나님의 말씀을 삼가 들으면 풍요해지고 하나님의 말씀을 거부하면 가난해 진다는 교훈입니다. 하나님의 말씀을 마음으로 깨달아 알고, 기쁨으로 받으며, 말씀대로 순종하고 실천하는 길입니다.

또한, 선민의 의무를 바로 이행하는 길이라고 하였습니다. 선민으로서의 의무를 바로 이행하면 영적으로나 육적으로 풍요해지거니와 의무를 이행하지 아니하면 가난해 진다는 교훈입니다. 하나님의 명령을 지키라는 말씀은 선민으로서의 의무를 이행하라는 것입니다.

3. 풍요한 삶의 내용

우리는 성경에서 복을 받는 방법을 배우게 됩니다. 그리고 하나님께서 주신 복을 누리는 방법에 대해서도 배우게 됩니다. 자기 백성을 복되게 하시려고 가르쳐주시는 하나님이십니다.

복된 삶은 생산적인 삶이라고 하였습니다. 이는 성읍에서나 들에서 나가고 들어가도 복을 받아 모든 민족위에 뛰어나는 생산적인 삶입니다.

복된 삶은 승리적인 삶이라고 하였습니다. 대적이 한길로 쳐들어오지마는 일곱 길로 도망 하리라고 하였습니다. 이는 하나님이 함께 하사 힘과 방패와 산성이 되셔서 보호하여 주시는 승리적인 삶입니다.

아울러 지도적인 영화로운 삶이라고 하였습니다. 모든 민족위에서 머리가 될 지언정 꼬리가 되지 아니하고 위에 있을지언정 아래 있지 아니하는 우수한 민족이 되어 지도적인 위치에 영화를 누리는 삶입니다.

하나님께서는 우리에게 복을 주시기 원하십니다. 우리가 복을 받아 천국 생활을 누리기 원하시는 것입니다. 그래서 복된 인생에 대한 약속을 해주셨습니다. 하나님께서 주신 약속, 이 말씀을 감사함으로 받아 나의 것으로 삼는 우리 가족이 되기를 원합니다.

▷ 기도 _ 설교자

○○○께서 저희들과 함께 지내시던 이 땅에서의 삶은 사랑이셨습니다. 고인께서 자비로운 마음을 이웃들과 나눈 것을 압니다. 저희들이 누리는 하나님을 이웃에게도 누리도록 전하는 손길이 되기 원합니다. 하나님을 널리 알리는 도구가 되게 하시옵소서.
생각해보건대, 금년 일 년 동안에도 하나님께서 저희들에게 베푸신 은혜는 크셨습니다. 이 시간에는, 저희들에게 주님의 사랑으로 풍성하게 하시옵소서. 산천초목이 붉게 물드는 것처럼 성령님의 감동하심에 따라 하나님을 사랑하고, 동기간을 사랑하는 은혜로 물들게 하시옵소서.
예수님의 이름으로 기도드립니다. 아멘.

▷ 찬송 _ 321장
▷ 주님의 기도

설날 3

놀라 크게 두려워하니라

▷ 예식사 _ 인도자

하나님께서 우리에게 설날의 복된 시간을 주셨습니다. 고○○○ 님을 추모하며 하나님께 영광을 드리겠습니다.

> 그러나 나는 하나님의 집에 있는 푸른 감람나무 같음이여 하나님의 인자하심을 영원히 의지하리로다(시 52:8)

▷ 신앙고백 _ 사도신경

▷ 찬송 _ 434장

▷ 대표 기도 _ 참석자 중에서

▷ 말씀 합독 _ 삼상 17:4, 8-10

4. 블레셋 사람들의 진영에서 싸움을 돋우는 자가 왔는데 그의 이름은 골리앗이요 가드 사람이라 그의 키는 여섯 규빗 한 뼘이요

8. 그가 서서 이스라엘 군대를 향하여 외쳐 이르되 너희가 어찌하여 나와서 전열을 벌였느냐 나는 블레셋 사람이 아니며 너희는 사울의 신복이 아니냐 너희는 한 사람을 택하여 내게로 내려보내라

9. 그가 나와 싸워서 나를 죽이면 우리가 너희의 종이 되겠고 만일 내가 이겨 그를 죽이면 너희가 우리의 종이 되어 우리를 섬길 것이니라

10. 그 블레셋 사람이 또 이르되 내가 오늘 이스라엘의 군대를 모욕하였으니 사람을 보내어 나와 더불어 싸우게 하라 한지라

▷ 설교 _ 놀라 크게 두려워하니라

시간이 흐를수록 ○○○를 그리워합니다. 그 사랑과 희생으로 오늘, 우리들이 이렇게 살아가고 있으니 감사할 뿐이라, ○○○께 배은망덕하지 않기를 다짐하며 매일을 지내고 있습니다. 이 시간에, 하나님께서 우리 가정에 주시는 복을 나누려 합니다.

예배를 준비하면서 우리 가족이 하나님께서 주시는 복을 누리기를 기도하였습니다. 우리 가정에는 어떤 시간에도 여호와의 승리가 있기를 원합니다. 본문에서 주시는 은혜를 나눕시다.

1. 블레셋과 이스라엘의 대치

1절을 보면 블레셋 군사들이 유다에 속한 소고에 모여 소고와 아세가 사이의 에베스담밈에 진을 쳤다고 했습니다. 그리고 이스라엘 군이 진을 친 엘라 골짜기는 베들레헴에서 불과 20킬로미터 밖에 떨어지지 않은 곳이었습니다. 엘라 골짜기는 평상시에는 모래 바닥이지만 비만 오면 강이 되는 곳으로서 중동 지방에 흔한 와디의 하나였습니다. 그 물 없는 강을 사이에 두고 블레셋과 이스라엘은 대치하고 있었습니다.

블레셋은 골리앗이라는 대장을 앞세워서 막강한 군사력으로 이스라엘을 침공해 왔습니다. 골리앗을 3미터 가까운 엄청난 키의 블레셋 장군이었습니다. 그는 60킬로그램이나 되는 갑옷을 입었고 날의 무게만 7킬로그램이 되어 일반 사람은 들 수도 없는 무거운 창을 지니고 있었습니다.

2. 겨루어보자고 큰소리를 치는 골리앗

당시에, 골리앗은 상상할 수 없을 정도로 큰 힘을 갖고 있는 사람이었습니다. 골리앗은 이스라엘을 향하여 한 사람이 나와서 한 번 자기와 겨루어보자고 큰 소리를 쳤습니다.

본래 이스라엘이나 가나안 지방의 전투는 일대 일의 전투가 아니라 전체 군대끼리 맞붙는 것이었는데 골리앗은 색다른 전투 방식을 제안한 것입니다. 이스라엘로서는 낯설고 생소하여서 꺼려지는 방식이었습니다. 블레셋은 예기치 못한 방식으로 이스라엘에 싸움을 걸어 왔습니다.

이스라엘 백성이 믿음에게 있었다면 블레셋도 골리앗도 두려워하지 않았을 것입니다. 믿음이 없는 사람은 문제를 확대시켜서 자신은 물론 주변 사람들까지 어려움을 당하게 합니다.

골리앗은 하나님이 없는 불신앙의 사람이요, 세상의 힘만 갖춘 육적인 사람이었습니다.

3. 믿음이 있다면

골리앗은 이스라엘이 대적할 수 없을 만큼 강했습니다. 그러나 믿음이 있다면 그에게는 골리앗이 아무 문제가 되지 않습니다. 하나님은 골리앗과 견줄 수도 없이 강한 분이시기 때문입니다. 우리는 믿음의 눈을 가지고 세상을 보아야 합니다.

어느 날 아침에 엘리사의 사환이 일어나 보니 아람 군대가 성 전체를 완전히 포위하고 있었습니다. 엘리사는 사환에게, "두려워하지 말라 우리와 함께한 자가 저와 함께한 자보다 많으니라."고 말해주었습니다. 곧이어 "여호와여 원컨대 저의 눈을 열어서 보게 하옵소서."라고 기도합니다. 그 후에야 사환은 불 말과 불 병거가 산에 가득하여 엘리사를 둘러싸고 있는 것을 볼 수 있었습니다.

상황에 대하여 두려워하지 맙시다. 객관적인 시련이 문제가 아니라 하나님의 강한 손과 편 팔을 볼 수 있는 믿음의 눈이 있느냐가 문제입니다. 우리는 크신 하나님을 내게 다가온 상황과 비교해서는 안 됩니다. 하나님은 상황을 이기십니다.

▷ 기도 _ 설교자

이 시간에, ○○○를 추모하면서 하나님의 사랑에 감격하게 하셨음에 감사드립니다. 저희 가족을 사랑하시고, 저희 가정에 계시는 하나님의 은혜에 감사드립니다. 그 자비하심을 묵상하게 하시옵소서.
새해의 첫 시간에 첫 마음을 하나님께 드리니 감사드립니다. 지금, 사랑이 많으셨던 ○○○를 기억하면서, 예배할 때, 영광을 드리고, 은혜로 벅찬 자리가 되게 하시옵소서.
○○○의 자손들이 여호와의 자비하심을 소망하면서 한 시간 예배를 드릴 때, 은혜와 진리가 충만하게 하시옵소서.
예수님의 이름으로 기도드립니다. 아멘.

▷ 찬송 _ 338장
▷ 주님의 기도

위의 것을 찾으라

▷ 예식사 _ 인도자

가족이 모이도록 하신 하나님이십니다. 이제, 우리를 위하시는 삶을 사셨던 고○○○ 님을 추모하며 하나님께 영광을 드리겠습니다.

> 내가 하나님을 의지하고 그 말씀을 찬송하올지라 내가 하나님을 의지하였은즉 두려워하지 아니하리니 혈육을 가진 사람이 내게 어찌하리이까(시 56:4)

▷ 신앙고백 _ 사도신경

▷ 찬송 _ 393장

▷ 대표 기도 _ 참석자 중에서

▷ 말씀 합독 _ 골 3:1-5

1. 그러므로 너희가 그리스도와 함께 다시 살리심을 받았으면 위의 것을 찾으라 거기는 그리스도께서 하나님 우편에 앉아 계시느니라
2. 위의 것을 생각하고 땅의 것을 생각하지 말라
3. 이는 너희가 죽었고 너희 생명이 그리스도와 함께 하나님 안에 감추어졌음이라
4. 우리 생명이신 그리스도께서 나타나실 그 때에 너희도 그와 함께 영광 중에 나타나리라
5. 그러므로 땅에 있는 지체를 죽이라 곧 음란과 부정과 사욕과 악한 정욕과 탐심이니 탐심은 우상 숭배니라

▷ 설교 _ 위의 것을 찾으라

하나님께 감사할 따름입니다. ○○○는 우리 가정에 하나님의 선물이셨습니다. 그분의 헌신과 열성으로 우리들은 모두 성장하였고, 이제는 가정도 꾸려서 어엿하게 살아가고 있습니다. ○○○의 발자취를 따르려는 우리에게 오늘, 하나님의 말씀은 큰 위로가 될 것입니다.

본문에서 바울이 역설한 위의 것은 하늘나라의 것이요. 영원한 것이요. 신령한 은총과 축복과 영광이라고 하였습니다. 위의 것을 찾기 위해서 우리의 육신의 생각을 십자가에 못 박아 죽이라고 하였습니다. 우리 가족은 다 같이 십자가에 자신을 못 박읍시다.

1. 위의 것을 찾으라는 의미

우리가 찾아야 할 위엣 것이란 무엇입니까? 영원히 변하지 아니하는 것이요, 영원히 의로운 것이요, 영원히 거룩한 것이라고 하였습니다.
이러한 것을 한마디로 말한다면 예수님이십니다.
"위의 것을 찾으라. 거기는 그리스도께서 하나님 우편에 앉아 계시느니라."
이 땅의 인생은 변하지만 주님은 영원히 변하지 않으십니다. 이 땅의 인생이나 역사는 불의할지라도 위에 계신 예수님은 영원히 의로우십니다. 이 땅의 인생이나 역사는 유한하고, 시시하고, 추악하지만 우리 예수님은 영원히 깨끗하고 순결하십니다.
하늘나라 보좌에는 영원한 생명과 행복과 영광이 충만하다고 하였습니다. 이러한 위의 것을 찾으라고 하였으니 찾음은 사모한다는 뜻이요, 요구한다는 뜻이요, 취하려 한다는 뜻입니다.

2. 위의 것을 찾아야 할 이유

우리가 예수님 안에서 다시 살아났기 때문입니다. 예수님 안에서 다시 중생한 성도는 이 세상의 것으로는 만족하지도 아니하고 살 수도 없습니다. 가령, 누에가 뽕잎을 먹고 살다가 나비가 된 후에는 꿀을 먹어야 사는 것이나 마찬가지입니다.

사람이 찾는 것 중에 가장 고귀하고 가치 있고 보배롭기 때문입니다. 그래서 사도 바울도 이 세상의 것을 배설물 같이 여기고 하늘의 것을 찾아 매일 같이 달음질한다고 하였습니다.

살아계신 하나님의 분부와 명령이기 때문입니다. 하나님께서는 아랫것을 찾지 말고 위엣 것을 찾으라고 말씀하시고 명령하셨습니다.

3. 위의 것을 찾는 비결

이제, 위의 것을 어떻게 찾는지 그 비결과 방법을 고찰해 보려고 합니다. 바울은 본문 3:2-3에서, "위의 것을 생각하고 땅의 것을 생각하지 말라."고 하였습니다.

신약성경에서 생각한다는 것은 "항상 그것을 염두에 두고 그곳으로 마음의 방향을 돌리는 태도"를 가리킵니다. 마음을 그것에 두는 행동에 대한 묘사입니다.

성도는 자신의 마음의 방향을 하늘나라로 돌려놓아야 합니다. 육신의 생각보다 성령의 생각을 가져야 합니다. 이것에 대하여 바울이 로마서에서 잘 설명하였습니다. 육신의 생각은 사망이요, 하나님과 원수 되는 것이요, 하나님의 법을 거역하는 것이로되 성령의 생각은 사는 것이요, 하나님과 친근해지는 것이요, 하나님의 법에 순종하여 기쁘게 하는 것이라고 하였습니다.

오늘, 우리는 하나님께 결단하는 한 시간이기를 소망합니다. 여전히 땅의 것을 추구해왔던 삶이었습니다. 버릇처럼 땅의 것에 눈을 크게 뜨고 지냈었습니다. 이제, 하나님의 나라를 바라봅시다.

▷ 기도 _ 설교자

○○○께서 하늘의 복으로 사셨음을 감사드립니다. 그의 기도가 응답되어 오늘도 복을 누림에 더 감사드립니다. 저희들에게 하나님의 성품을 닮고자 하는 거룩함에의 추구가 있게 하시옵소서.
세상살이에 마음을 빼앗겨 영혼의 장래에 대하여 생각하지도 못하고 지냈던 저희들입니다. 설날에 고인을 추모하면서 예배할 때, 저희 각자의 영혼에 대해 묵상하도록 은혜를 주시옵소서.
저희들이 사는 날 동안에 하나님의 말씀의 지혜로 살아, 세상을 이기게 하시옵소서.
예수님의 이름으로 기도드립니다. 아멘.

▷ 찬송 _ 354장
▷ 주님의 기도

설날 5

갑절이나 내게 있게 하소서

▷ 예식사 _ 인도자

오늘, 설날을 맞이해서 보니 우리 가정을 위하시는 하나님의 은혜가 크셨습니다. 고○○○ 님을 추모하며 하나님께 예배드리겠습니다.

> 나의 구원과 영광이 하나님께 있음이여 내 힘의 반석과 피난처도 하나님께 있도다(시 62:7)

▷ 신앙고백 _ 사도신경

▷ 찬송 _ 542장

▷ 대표 기도 _ 참석자 중에서

▷ 말씀 합독 _ 왕하 2:8-11

8. 엘리야가 겉옷을 가지고 말아 물을 치매 물이 이리 저리 갈라지고 두 사람이 마른 땅 위로 건너더라

9. 건너매 엘리야가 엘리사에게 이르되 나를 네게서 데려감을 당하기 전에 내가 네게 어떻게 할지를 구하라 엘리사가 이르되 당신의 성령이 하시는 역사가 갑절이나 내게 있게 하소서 하는지라

10. 이르되 네가 어려운 일을 구하는도다 그러나 나를 네게서 데려가시는 것을 네가 보면 그 일이 네게 이루어지려니와 그렇지 아니하면 이루어지지 아니하리라 하고

11. 두 사람이 길을 가며 말하더니 불수레와 불말들이 두 사람을 갈라놓고 엘리야가 회오리 바람으로 하늘로 올라가더라

▷ 설교 _ 갑절이나 내게 있게 하소서

늘 ○○○의 모습을 가슴에 담고 살아온 우리들, 추모예배로 하나님께 나아가니 감사합니다. 생전에 가족과 자녀를 위하여 간구하셨던 기도의 응답으로 오늘 우리는 복을 누리고 있습니다. ○○○의 사랑과 기도를 본 받아 우리도 가정과 자녀를 위하여 기도로 살아가기를 원합니다. 이 시간에, 하나님께서 우리를 격려해주시는 말씀을 듣겠습니다.

엘리사는 스승 엘리야가 받은 영감을 갑절이나 받기를 요구하였습니다. 그의 심정은 엘리사가 스승 엘리야보다 유명해지기를 원해서가 아니었습니다. 더욱이 자신의 안일과 행복과 영광을 누리기 위해서가 아니라 하나님의 일을 나타내고 싶었습니다.

1. 능력의 성격

9절, "엘리사가 가로되 당신의 영감이 갑절이나 내게 있기를 구하나이다." 엘리사는 그의 스승 엘리야에게 요구하였습니다.
엘리사가 요구한 영감은 무엇을 말합니까? 그것은 사람으로서는 나타낼 수 없는 능력에 대한 것이었습니다. 즉 하늘로부터 임하여 나타나는 힘을 말합니다. 이 능력이 사람을 움직이고, 상황을 움직입니다.
성령의 임재로 말미암아 일어나는 우리 마음의 감화와 감동으로 죄인을 회개시키는 능력이요. 세속적인 것을 변하여 신성하게 만드는 능력이요. 약하고 비겁한 사람을 강하고 담대하게 하는 능력이요. 하나님의 위대한 사명을 바로 수행하게 하는 능력입니다.

성령의 감화 감동이 기독교의 원동력이 되어 지상에 교회를 창설하게 하고 하나님의 말씀을 선포하여 많은 사람을 구원하게 합니다.

2. 능력을 간구하는 심정

엘리사는 불의하고 악한 시대를 극복하고 승리하고 싶어 하였습니다. 엡 6:10-11, "종말로 너희가 주안에서 그 힘의 능력으로 강건하여지고 마귀의 궤계를 능히 대적하기 위하여 하나님의 전신갑주를 입으라."
그는 자신의 중대한 사명을 바로 수행하고 싶어 하였습니다. 슥 4:6, "만군의 여호와께서 말씀하시되 이는 힘으로 되지 아니하며 능으로 되지 아니하고 오직 나의 신으로 되느니라." 하나님의 사명은 오직 하나님의 능력으로만 가능하기 때문입니다.
그는 자신의 조국을 위기에서 구원하고 싶어 하였습니다. 이스라엘을 그 위기에서 구원하기에는 자신이 무력하고 무능함을 인식하고 영감을 갑절이나 받기를 간구하였던 것입니다.
고전 4:20, "하나님의 나라는 말에 있지 아니하고 오직 능력에 있음이라."

3. 능력을 받는 비결

성령의 능력은 하나님께서 허락하시고 예수님이 약속하신 선물입니다. 마 7:7, "구하라 그리하면 주시리라." 그런데도 우리가 성령을 받지 못하는 이유는 무엇입니까? 구하지 아니하기 때문이요, 구해도 못 받는 것은 정욕으로 쓰려고 잘못 구해왔기 때문입니다.
이 능력을 받은 비결은 길갈에서 요단까지 끝까지 따라가는 인내의 신앙이라고 하였습니다. 길갈에서 요단까지 따라가는 지조와 의리 있는 신앙이라고 하였습니다. 친구들이 비웃고 조롱하면서 저버려도 끝까지 의리를 지켰습니다. 마 24:13, "끝까지 견디는 자는 구원을 받으리라."
길갈에서 요단까지 따라가는 고난과 죽음을 각오한 순교적인 신앙입니다. 마 16:24, "아무든지 나를 따라 오려거든 자기를 부인하고 자기 십자가를 지고 나를 좇을 것이니라."

엘리사가 엘리야에게 요구했던 영감은 오늘, 우리에게 절대 요청되는 능력입니다. 성령님의 능력만이 우리를 성도로 살아가도록 합니다.

▷ 기도 _ 설교자

○○○를 추모하면서 예배로 여호와께 나아온 가족을 축복합니다. 고인의 눈물과 기도로 맺어진 생명의 열매들입니다. 저희들이 보혈의 은총을 찬송하는 중에, 하나님을 섬기게 하시옵소서. 그 은총에 감사하여 주님께 충성을 다하게 하시옵소서.
저희들 모두가 인생의 복에 대한 주권이 하나님께 있음을 잊지 않게 하시옵소서. 늘 여호와를 경외하고, 두려워하는 마음으로 지내도록 이끌어 주시옵소서. 이 가문의 모든 이들이 그리스도를 존귀케 해드리는 은혜를 보게 하시옵소서.
예수님의 이름으로 기도드립니다. 아멘.

▷ 찬송 _ 408장
▷ 주님의 기도

설날 6

이스라엘의 주권자로 삼고

▷ 예식사 _ 인도자

자비로우신 하나님께서 우리에게 설날을 맞이하도록 해주셨습니다. 고○○○ 님을 추모하며 하나님께 영광을 드리겠습니다.

> 하나님을 찬송하리로다 그가 내 기도를 물리치지 아니하시고 그의 인자하심을 내게서 거두지도 아니하셨도다(시 66:20)

▷ 신앙고백 _ 사도신경

▷ 찬송 _ 449장

▷ 대표 기도 _ 참석자 중에서

▷ 말씀 합독 _ 삼하 7:7-9

7. 이스라엘 자손과 더불어 다니는 모든 곳에서 내가 내 백성 이스라엘을 먹이라고 명령한 이스라엘 어느 지파들 가운데 하나에게 내가 말하기를 너희가 어찌하여 나를 위하여 백향목 집을 건축하지 아니하였느냐고 말하였느냐

8. 그러므로 이제 내 종 다윗에게 이와 같이 말하라 만군의 여호와께서 이와 같이 말씀하시기를 내가 너를 목장 곧 양을 따르는 데에서 데려다가 내 백성 이스라엘의 주권자로 삼고

9. 네가 가는 모든 곳에서 내가 너와 함께 있어 네 모든 원수를 네 앞에서 멸하였은즉 땅에서 위대한 자들의 이름 같이 네 이름을 위대하게 만들어 주리라

▷ 설교 _ 이스라엘의 주권자로 삼고

하나님께서 우리를 사랑하사 ○○○의 자녀가 되게 하셨고, ○○○께서는 우리를 위해서 평생의 수고를 하셨던 삶이 자주 떠오릅니다. 우리가 어렸을 때, 힘든 고비마다 ○○○께서 감당하여 지냈던 시간들, 결코 잊을 수 없습니다. 오늘, 추모예배를 드리면서 하나님께서 권면해주시는 말씀을 듣고, 새롭게 결단하기를 원합니다.

다윗은 양을 치는 목동이었습니다. 그는 사무엘로부터 기름부음을 받았고 왕의 신하의 추천으로 사울을 섬겼습니다. 그러나 왕의 시기와 질투로 그에게 쫓겨 다녔는데, 사울이 죽자 이스라엘의 통일 왕국의 왕이 되었습니다. 이것은 하나님의 절대 은혜였습니다.

1. 믿음의 사람

다윗은 자신이 양을 지킬 때 사자나 곰이 와서 물어 가면 따라가서 그 입에서 건져내었고 그것이 해하려고 하면 수염을 잡고 쳐 죽였습니다. 자기와 이스라엘을 엽신 여기는 골리앗에게, "너는 칼과 창으로 내게 오거니와 나는 만군의 여호와의 이름으로 네게 가노라."(삼상 17:45) 하고 물매 돌로 그를 쳐서 죽였습니다.

2. 기도의 사람

다윗은 믿음의 사람이었습니다. 그는 하나님께 나아가 기도함으로써 왕의 직무를 감당하였습니다. 정치를 할 때, 전쟁을 할 때에 하나님 앞에 기도하였고, 환난을 당할 때나 버림을 받을 때에 기도하였으며, 기쁘고 즐거울 때에도 기도하였고 시험을 받을 때에도 기도하였습니다. 그는 하나님이 힘이심을 믿고 기도하였습니다. 그러므로 그는 승리인생이 되었습니다.

3. 찬송의 사람

다윗의 시간은 찬송이었습니다. 그는 찬송과 동행을 하였습니다. 양을 칠 때에도 찬송했고, 자연 속에 있을 때에도 찬송했으며, 성전에 올라가면서도 찬송했고, 성전에 올라가서도 찬송했으며, 전쟁에 나아가면서도 찬송했고, 기쁠 때도 찬송했으며, 고난을 당하면서도 찬송하였습니다. 다윗은 이스라엘 국가적으로 합창단과 관현악단을 조직하여 하나님께 찬송과 영광을 올려드렸습니다.

4. 겸손의 사람

다윗은 유혹으로 말미암아 실족하여 밧세바를 취하고, 그녀의 남편 우리아를 죽였을 때 나단 선지자의 책망을 달게 받았습니다. 그 후 그는 눈물로 침상을 띄우며 요를 적셨습니다. 그는 하나님의 인자하심과 긍휼하심을 호소했습니다. 하나님께서 원하시는 제사는 상한 심령인 줄 알고 상하고 통회하는 마음을 가졌습니다.(시 51:17)

5. 충성스런 사람

다윗은 처음부터 끝까지 충성을 다하였습니다. 다윗은 목자로서 충성을 다하였고, 신하로서도 충성을 다하였으며 백성으로서도 충성을 다하였고, 쫓겨 다니는 도망자로서도 충성을 다하였으며, 왕으로서도 충성을 다하였고, 하나님의 종으로서도 충성을 다하였습니다. 그러므로 그는 그리스도의 그림자인 평화의 왕이 되었습니다.

믿음의 사람 다윗은 기도의 사람이었고, 찬송의 사람이었으며, 겸손의 사람이었고, 충성스런 사람이었습니다. 이 모든 것은 하나님의 은혜였습니다. 하나님의 은혜가 아니면 하나님의 사람이 될 수 없습니다.

▷ 기도 _ 설교자

하나님을 사랑하고, 그 명령을 지켜 그 길로 행하는 은혜를 보게 하시옵소서. 말씀에 순종해서 여호와의 뜻을 이루게 하시옵소서. 또한 여호와께 존귀한 식구들의 일생을 인도해주시옵소서.
여기에 모인 모든 권속들에게 예수 그리스도로 구원의 은혜를 받는 복을 내려주시옵소서. 천국에 저희들의 집이 예비 되어 있는 믿음을 갖는 복을 내려 주시옵소서. 성령님께서 동행해 주심에 대한 소망과 하늘나라를 바라보는 심령을 갖게 하시옵소서.
예수님의 이름으로 기도드립니다. 아멘.

▷ 찬송 _ 216장
▷ 주님의 기도

설날 7

거룩한 행실과 경건함으로

▷ 예식사 _ 인도자

늘 함께 해주신 하나님께서 오늘, 우리에게 설 명절을 주셨습니다. 이제, 고○○ 님을 추모하며 하나님께 예배를 시작하겠습니다.

> 하나님이여 주의 의가 또한 지극히 높으시니이다 하나님이여 주께서 큰 일을 행하셨사오니 누가 주와 같으리이까(시 71:19)

▷ 신앙고백 _ 사도신경

▷ 찬송 _ 418장

▷ 대표 기도 _ 참석자 중에서

▷ 말씀 합독 _ 벧후 3:11-14

11, 이 모든 것이 이렇게 풀어지리니 너희가 어떠한 사람이 되어야 마땅하냐 거룩한 행실과 경건함으로
12, 하나님의 날이 임하기를 바라보고 간절히 사모하라 그 날에 하늘이 불에 타서 풀어지고 물질이 뜨거운 불에 녹아지려니와
13, 우리는 그의 약속대로 의가 있는 곳인 새 하늘과 새 땅을 바라보도다
14, 그러므로 사랑하는 자들아 너희가 이것을 바라보나니 주 앞에서 점도 없고 흠도 없이 평강 가운데서 나타나기를 힘쓰라

▷ 설교 _ 거룩한 행실과 경건함으로

○○○께서 우리의 곁을 떠나신 지도 어언 ○년이 지나고 있는데, 마음에 남겨주신 ○○○의 모습은 시간의 흐름이 더할수록 더욱 또렷해집니다. 오늘, 추모예배를 준비하면서 바로 옆에 ○○○께서 계신 것 같았습니다. ○○○의 자취에서 어긋나지 않는 삶을 살기로 다짐하면서 함께 하나님의 말씀을 보겠습니다.

오늘, 사랑하고 존경하는 고인을 추억하면서 예배할 때, 본문의 말씀은 우리에게 큰 도전이 된다고 생각합니다. 우리는 천국의 삶을 살아가지만 '이미와 아직' 사이에 있기 때문에 하나님의 날을 기다려야 합니다.

1. 거룩한 사람

11절, "이 모든 것이 이렇게 풀어지리니 너희가 어떠한 사람이 되어야 마땅하뇨 거룩한 행실과" 거룩한 행실은 거룩한 사람의 삶을 가리킵니다. 하나님께서는 천국 백성의 신분으로 살아야 될 우리에게 거룩하기를 원하십니다. 하나님께서 끊임이 없이 우리에게 요구하시는 것은 "내가 거룩하니 너희도 거룩 하라."고 하심이십니다. 불의한 죄인들이 어떻게 거룩해 질 수 있습니까? 예수님으로 말미암아 거룩해졌습니다. 주님의 보혈과 그 말씀으로 세속적인 인간이 거룩한 사람으로, 거짓된 인간이 진실한 사람으로, 불의한 인간이 의로운 사람으로 변하여 새로워진 것입니다.

고후 5:17, "그런즉 누구든지 그리스도 안에 있으면 새로운 피조물이라 이전 것은 지나갔으니 보라 새것이 되었도다."

2. 경건한 사람

11절, "경건한 사람이 되라."고 하셨습니다. 성경에서 권면하는 경건의 의미는 임금이나 부모나 스승에 대하여 삼가 공경하는 태도를 말합니다. 어떠한 사람이 경건한 사람입니까? 하나님의 계명을 충실하게 지키는 사람, 육신의 정욕과 욕망을 버린 사람, 오로지 하나님만 의지하고 봉사하는 사람입니다.

이런 사람에게는 자기 자신을 단속할 수 있는 기능이 있습니다. 자신의 양심을 속이지 않습니다. 불쌍한 자를 동정하고 봉사하면서 자기 자신을 지켜 세속에 물들지 않습니다.(약 1:26)

우리는 언제, 어디에서든지, 그 무엇을 할 때에 하나님이 보시는 눈앞에서 행동할 수 있는 사람이 되어야 합니다. 어디에서든지, 어느 시간에서든지 자신을 지켜 경건해야 되겠습니다.

3. 하나님의 날이 임하기를 사모하는 사람

12절, "하나님의 날이 임하기를 바라보고 간절히 사모하라." 천국 백성은 이 땅에서 지내는 동안에 하나님의 날에 소망을 둡니다. 하나님을 날을 기다리는 사람입니다.

하나님의 날에 예수님께서 재림하십니다. 주님의 재림으로 인하여 낡은 시대는 심판을 받고, 새 시대가 출현하게 됩니다. 이 새 시대에는 이 땅에서 주님의 나라가 이루어짐을 보게 됩니다.

하나님의 날에 불의하고 부패한 세상나라가 심판을 받아 소멸됩니다. 또한 새 하늘과 새 땅이 열려 새 역사의 날이라고 불릴 것입니다.

하나님의 자녀로서 이 땅에서 하나님의 날을 사모하는 것은 마땅한 자세입니다. 오늘의 인류의 역사는 하나님의 날을 향해서 쉬지 않고 나아가고 있습니다. 그리스도인에게 이름이 붙여진다면 하나님의 날을 소망하는 사람입니다.

하나님의 날이 언제 임할는지는 아무도 모릅니다. 하나님께서 구원하시기로 작정된 사람들의 수가 차면 주님께서 이 땅에 오실 것입니다. 주님의 다시 오심, 곧 재림을 기다리며 살아가기를 축복합니다.

▷ 기도 _ 설교자

저희들의 죄에 대하여 회개케 하시는 은혜에 감사드립니다. ○○○께서 여호와께 대하여 자기를 살피셨던 은혜를 저희들도 사모하게 하시옵소서. 이로써 하나님의 영광을 먼저 구하는 은혜를 주시옵소서.
작년의 한 해도 여호와의 도우심과 은혜로 살아왔습니다. 인생을 살면서 크고 작은 일들을 겪는 중에, 하나님의 은혜로 저희들을 지켜주시고, 보호해 주셨음에 감사드립니다.
산다는 것이 그리 쉽지만은 않고, 환난과 풍파가 많았으나 그때마다 견디어 이기게 하셨음에 하나님의 성호를 찬양하게 하시옵소서.
예수님의 이름으로 기도드립니다. 아멘.

▷ 찬송 _ 27장
▷ 주님의 기도

블레셋 사람에게로 나아가니라

▷ 예식사 _ 인도자

우리 가족이 지금까지 지내온 것은 하나님의 은혜였습니다. 그 은혜에 감사하고, 고○○○ 님을 추모하며 예배를 시작하겠습니다.

하나님이여 우리가 주께 감사하고 감사함은 주의 이름이 가까움이라 사람들이 주의 기이한 일들을 전파하나이다(시 75:1)

▷ 신앙고백 _ 사도신경

▷ 찬송 _ 380장

▷ 대표 기도 _ 참석자 중에서

▷ 말씀 합독 _ 삼상 17:39-41

39. 다윗이 칼을 군복 위에 차고는 익숙하지 못하므로 시험적으로 걸어 보다가 사울에게 말하되 익숙하지 못하니 이것을 입고 가지 못하겠나이다 하고 곧 벗고

40. 손에 막대기를 가지고 시내에서 매끄러운 돌 다섯을 골라서 자기 목자의 제구 곧 주머니에 넣고 손에 물매를 가지고 블레셋 사람에게로 나아가니라

41. 블레셋 사람이 방패 든 사람을 앞세우고 다윗에게로 점점 가까이 나아가니라

▷ 설교 _ 블레셋 사람에게로 나아가니라

오늘, 우리에게 ○○○의 추모예배를 드리도록 인도해주신 하나님께 감사합니다. ○○○의 자녀와 후손들이 한 명도 빠지지 않고 다 모이도록 해주셨습니다. ○○○의 마음과 신앙을 물려받아서 살아가게 하셨으니, 한 마음으로 하나님의 말씀을 받읍시다.

본문의 말씀에서 우리는 다윗의 도전을 보게 됩니다. 그의 도전은 하나님을 신뢰하는 데서 나온 용기입니다. 그 용기가 골리앗을 쓰러뜨리고 이스라엘을 위기에서 구해냈습니다. 하나님을 신뢰하는 자세, 금년 한 해를 살아가야 하는 우리에게 꼭 필요한 마음입니다.

1. 주님을 바라본 다윗

26-27절, "다윗이 곁에 서 있는 사람들에게 말하여 가로되 이 블레셋 사람을 죽여 이스라엘의 치욕을 제하는 사람에게는 어떠한 대우를 하겠느냐 이 할례 없는 블레셋 사람이 누구관대 사시는 하나님의 군대를 모욕하겠느냐 백성이 전과 같이 말하여 가로되 그를 죽이는 사람에게는 여차여차히 하시리라 하니라." 다윗은 하나님을 욕하는 자가 누구냐고 당당하게 물었습니다. 비록 나이가 어리고 전쟁 경험도 없었지만 하나님을 전적으로 의지하는 확고한 믿음이 있었기 때문에 이렇게 말할 수 있었던 것입니다.
다윗은 골리앗을 크게 보지 않고, 하나님을 크게 보았습니다. 다른 사람들은 골리앗을 두려워했지만 다윗은 위에 계신 하나님만을 두려워했습니다.

2. 골리앗에 대한 무시

다윗이 사울 왕에게 "주의 종이 사자와 곰도 쳤은즉 사시는 하나님의 군대를 모욕한 이 할례 없는 블레셋 사람이리이까 그가 그 짐승의 하나와 같이 되리이다."(삼상 17:36)라고 했듯이 하나님 앞에 믿음으로 살아가는 사람은 무슨 일을 만나도 두려움이 없습니다.

다윗에게는 골리앗의 키나 힘이나 무장이 전혀 문제가 되지 않았습니다. 그에게는 골리앗이 '할례 없는' 사람, 하나님을 모르는 어리석은 자에 불과했습니다. 다윗은 나라의 위기를 맞았을 때도 속히 주님을 바라보았습니다. 그러하였기 때문에 믿음으로 담대하게 대처해서 나라를 위기에서 건져낼 수 있었습니다.

하나님을 바라보는 자는 모든 사물을 하나님 중심으로 새롭게 볼 줄 압니다. 대적이 들어올 때는 한 길로 왔지만 하나님께서 함께 하시면 일곱 길로 도망한다고 했습니다. 성도의 삶은 사탄이 들어왔다가도 일곱 길로 도망치는 삶이 되어야 합니다.

3. 낙심하지 않는 믿음

다윗이 전쟁터로 형들을 찾아갔을 때 맏형 엘리압이 그에게 노를 발했습니다. 엘리압은 다윗이 전쟁터에 온 것을 못마땅하게 여겼습니다. 그래서 양 떼를 누구에게 맡기고 여기에 왔느냐며 꾸중했습니다. 게다가 교만하고 완악하다는 말까지 해서 다윗에게 상처를 주었습니다.

사실, 다윗은 나이도 어리고 전쟁 경험도 없습니다. 경험이 많은 군인들도 해결할 수 없는 진퇴양난의 상황이었기 때문에 엘리압은 다윗이 하는 말을 듣고, 그렇게 생각할 수밖에 없었습니다.

군인에게는 무기만이 전부가 아닙니다. 군사력이 아무리 막강해도 적과 싸우기도 전에 미리 낙심하고 두려워하면 패배할 수밖에 없습니다. 하나님은 숫자를 가지고 역사하시는 분이 아닙니다. 이러한 섭리를 엘리압은 알 수가 없었습니다. 그러나 다윗은 엘리압의 꾸중에도 결코 낙심하지 않고 넉넉히 감당할 수 있다는 믿음을 갖고 있었습니다.

하나님께서 다윗과 함께 해주셨습니다. 다윗의 하나님은 지금, 나의 하나님이십니다. 하나님께서는 지금, 우리가 다윗처럼 골리앗을 쓰러뜨리기를 원하십니다. 주님만 바라보는 믿음으로 승리하시기를 축복합니다.

▷ 기도 _ 설교자

○○○께서 저희들과 함께 지내시던 동안에, 전도자로 사셨던 모습을 기억합니다. 생명을 구하시기 원하시는 하나님께 순종했던 열정이 저희들의 것이 되게 하시옵소서. 구주를 위해서 살게 하시고, 그 삶이 기쁨이 되게 하시옵소서. 저희들의 가정이 하나님의 말씀과 은혜로 세워져 가게 하시옵소서. 하나님의 말씀에서 가정의 법률이 만들어지고, 반드시 따라야 될 규칙과 훈계를 얻게 하시옵소서. 생명의 선물로 주신 자녀들은 진리와 성령님의 감동하심으로 자라도록 이끌어 주시옵소서. 여호와 앞에서 방조하거나 부주의하지 않는 자녀들이 되게 하시옵소서.
예수님의 이름으로 기도드립니다. 아멘.

▷ 찬송 _ 86장
▷ 주님의 기도

설날 9

이스라엘을 위하여 여호와께

▷ 예식사 _ 인도자

오늘, 설날을 맞이하여 돌아보니 오직 하나님의 자비하심이셨습니다. 이에, 고○○○ 님을 추모하며 하나님께 영광을 드리겠습니다.

그들이 눈물 골짜기로 지나갈 때에 그 곳에 많은 샘이 있을 것이며 이른 비가 복을 채워 주나이다(시 84:6)

▷ 신앙고백 _ 사도신경

▷ 찬송 _ 428장

▷ 대표 기도 _ 참석자 중에서

▷ 말씀 합독 _ 삼하 7:7-10

7. 이스라엘 자손이 미스바에 모였다 함을 블레셋 사람들이 듣고 그들의 방백들이 이스라엘을 치러 올라온지라 이스라엘 자손들이 듣고 블레셋 사람들을 두려워하여

8. 이스라엘 자손이 사무엘에게 이르되 당신은 우리를 위하여 우리 하나님 여호와께 쉬지 말고 부르짖어 우리를 블레셋 사람들의 손에서 구원하시게 하소서 하니

9. 사무엘이 젖 먹는 어린 양 하나를 가져다가 온전한 번제를 여호와께 드리고 이스라엘을 위하여 여호와께 부르짖으매 여호와께서 응답하셨더라

10. 사무엘이 번제를 드릴 때에 블레셋 사람이 이스라엘과 싸우려고 가까이 오매 그 날에 여호와께서 블레셋 사람에게 큰 우레를 발하여 그들을 어지럽게 하시니 그들이 이스라엘 앞에 패한지라

▷ 설교 _ 이스라엘을 위하여 여호와께

○○○의 추모예배로 하나님께 영광을 드리게 되어 감사합니다. ○○○의 자녀와 후손들이 그리스도 예수 안에서 살아가고 있음이 우리 가족에게 영광입니다. 오늘, ○○○의 하나님을 나의 하나님으로 다시 한 번 고백하면서 하나님의 말씀을 보겠습니다.

한나의 서원 기도로 태어나서 하나님께 드려졌습니다. 하나님께 드려진 사무엘은 성전에서 성직을 위한 훈련을 받았고, 자라가면서 하나님과 사람들에게 은총을 받았습니다. 그는 사사(선지자와 제사장)가 되어 이스라엘의 초대 왕 사울과 2대왕 다윗을 기름 부어 세웠습니다.

1. 하나님께로 나아가 무릎을 꿇다

사무엘은 경건한 어머니 한나의 기도 중에 태어났고, 제사장 엘리의 기도 중에 성직자 훈련을 받았으며, 자신이 성전에서 기도하면서 성직자로 성장했습니다.
그는 미스바에 대 성회를 열었습니다. 이 성회의 특징은 지도자의 중보기도를 하려는 성회였고, 백성들의 금식과 회개로서 하나님의 은혜를 경험한 성회였습니다.
당시에, 부패해있던 이스라엘의 민심을 제사장 나라로 개혁하고, 하나님과 이스라엘과의 언약적 관계를 회복하게 되었습니다. 그는 이를 위하여 하나님 앞에 부르짖었습니다. 그리고 사무엘 자신이 기도하기를 쉬는 죄를 범치 아니하겠다고 하였습니다.

2. 하나님의 말씀을 담대하게 선포하다

사무엘은 이스라엘 온 족속에게 안타까움이 있었습니다. 그들이 하나님을 사랑한다고 하지만 우상도 더불어 섬기고 있었기 때문입니다.
그래서 여호와께 돌아오라고 했습니다. 이때, 그는 세 가지의 강령으로 종교개혁을 단행하였습니다. "우상을 제거하고, 마음을 여호와께 향하여, 그만을 섬기라"고 담대히 선포하였습니다.
하나님께 드리는 제사는 제사장의 권한에 있습니다. 그러나 사울 왕은 이를 무시하고 자신이 직접 제사를 드렸습니다. 사무엘은 제사법을 범한 왕에게 "왕이 망령되이 행하였도다… 왕의 나라가 길지 못할 것이라…"(삼상 13:13)고 담대하게 하나님의 뜻을 선포하였습니다.
하나님께서 "아말렉을 진멸하라"고 명하셨으나 이때도 사울은 가장 좋은 것은 멸하지 않았습니다. 사무엘은 "순종이 제사보다 낫고 수양의 기름보다 낫다"고 담대히 선포하였습니다.(15:22-23)

3. 하나님의 말씀에 순종하다

사무엘은 신정정체를 왕정정체로 바꾸는 것을 원하지 않았습니다. 그래서 그는 기도로써 하나님의 뜻을 물었습니다. 왕제(王制)에는 전제의 위험이 따르지만 하나님께서는 백성의 요구를 받아들이라고 사무엘에게 명하셨습니다. 그는 자기의 뜻을 버리고 하나님의 명령을 좇아 제1대 왕으로서 사울에게 기름을 부었습니다.

사울이 하나님으로부터 버림을 받자 그는 하나님의 명을 좇아 다윗에게 기름을 부었습니다. 사무엘의 일생의 생활원리는 신앙과 순종이었습니다. "순종이 제사보다 낫고 듣는 것이 수양의 기름보다 낫다"는 말씀이 그의 신앙이었습니다. 그는 항상 자기의 뜻을 버리고 하나님의 뜻을 좇아 순종하였습니다.

이스라엘의 사사가 된 사무엘은 하나님께로 나아가 무릎을 꿇었습니다. 그리고 하나님의 말씀에 순종하는 것을 자신의 생명처럼 받아들였습니다. 기도와 순종, 우리 가족에게 꼭 필요한 삶의 태도입니다.

▷ 기도 _ 설교자

구원의 주님을 바라볼 때, 대속의 사랑에 감사드립니다. ○○○를 구원해주신 그 사랑으로 저희들도 구원을 받았습니다. 이제, 저희들도 그 사랑으로 이웃을 대하게 하시옵소서. 단비와 같은 은혜를 내려 주셔서 성령님께 이끌리게 하시옵소서.
○○○를 추모하게 하셨음에 감사합니다. 좋은 날 이 시간에, 하나님께 영광을 드리고 고인을 추억하게 하시옵소서. 자녀들은 고인의 뒤를 따라 믿음과 소망, 사랑의 집을 짓게 하시옵소서.
예수님의 이름으로 기도드립니다. 아멘.

▷ 찬송 _ 91장
▷ 주님의 기도

성묘 1

유니게 속에 있더니 네 속에도

▷ 예식사 _ 인도자

오늘, 한식을 맞이해서 고○○○ 님을 추모하는 예배를 드리고자 성삼위 하나님께로 나아가겠습니다.

> 낮에는 여호와께서 그의 인자하심을 베푸시고 밤에는 그의 찬송이 내게 있어 생명의 하나님께 기도하리로다(시 42:8)

▷ 신앙고백 _ 사도신경
▷ 찬송 _ 569장
▷ 대표 기도 _ 참석자 중에서
▷ 말씀 합독 _ 딤후 1:3-6

3. 내가 밤낮 간구하는 가운데 쉬지 않고 너를 생각하여 청결한 양심으로 조상적부터 섬겨 오는 하나님께 감사하고
4. 네 눈물을 생각하여 너 보기를 원함은 내 기쁨이 가득하게 하려 함이니
5. 이는 네 속에 거짓이 없는 믿음이 있음을 생각함이라 이 믿음은 먼저 네 외조모 로이스와 네 어머니 유니게 속에 있더니 네 속에도 있는 줄을 확신하노라
6. 그러므로 내가 나의 안수함으로 네 속에 있는 하나님의 은사를 다시 불일 듯 하게 하기 위하여 너로 생각하게 하노니

▷ 설교 _ 유니게 속에 있더니 네 속에도

오늘, 성묘를 와서 보니, 고인이 참으로 그립습니다. 고인은 우리에게 사랑이셨습니다. 고인을 향한 그리움이 사무치는 마음에 하나님께서 말씀으로 위로하여 주시고, 복을 주시려고 본문을 보게 하셨습니다. 하나님의 말씀을 듣겠습니다.

유니게는 디모데의 어머니로 유대인이며 아버지는 헬라인입니다. 당시에, 유대인의 가계는 부계가 아니라 모계였습니다. 그러므로 디모데는 유대인입니다. 유니게는 모친 로이스와 더불어 신앙이 독실한 부인으로서 디모데에게 큰 감화를 주었습니다.

1. 어머니 로이스의 믿음을 본받다

디모데는 '거짓이 없는 믿음'의 사람이었습니다. 그는 진실한 믿음으로 주님을 섬기고 주님의 몸 된 교회를 섬겼습니다. 거짓이 없는 믿음은 보화 중에 보화입니다. 거짓된 자(사탄)가 주장하는 이 세상에서 거짓이 없는 믿음을 가진 사람은 아멘이신 예수 그리스도에게 포로 된 사람입니다.
우리는 주변에서도 불이익이 되어도 어려운 고난이 찾아와도 거짓이 없는 믿음으로 주님을 섬기는 성도가 많이 있습니다.
디모데의 거짓이 없는 믿음은 그가 어머니 유니게에게서 상속 받았고, 유니게는 그 어머니 로이스에게서 상속받았습니다. 이처럼 우리도 '거짓이 없는 믿음' 곧 진실한 믿음을 상속 하는 자가 되고 상속 받는 자가 되어야만 합니다.

2. 아들을 '거짓이 없는 믿음'의 사람으로 양육하다

'거짓이 없는 믿음'은 진실하고 성실하다는 뜻입니다. 디모데가 다른 행동에 대하여 어느 정도 결함이 있었다 해도 그의 믿음만은 거짓이 없었습니다. 진실하고 성실했습니다.

그는 마음도 얼굴도 입술도 아멘이었습니다. 그의 속과 겉이 아멘이었습니다. 그는 환경의 지배를 받지 않았고 언제나 그리스도의 지배를 받았습니다. 그는 불이익이 되어도 환난과 핍박 중에도 동일하게 아멘이었습니다. 성실하고 진실하였습니다.

그의 '거짓이 없는 믿음'은 어려서부터 성경을 알았기 때문이다(딤후 3:15) 곧 어머니 유니게는 성경으로 아들 디모데를 양육하였습니다. 성경은 우리를 하나님의 사람으로 만들어줍니다.

3. 형제들로부터 칭찬을 받아

'거짓이 없는 믿음'의 사람 디모데는 루스드라와 니고니온에 있는 형제들에게 칭찬받았습니다.

디모데의 거짓이 없는 믿음은 어머니 유니게의 믿음이었고, 유니게의 거짓이 없는 믿음은 그의 어머니 로이스의 믿음이었습니다. 이처럼 부모의 거짓이 없는 믿음은 중요합니다.

특히 어머니의 거짓이 없는 믿음은 중요합니다. 어머니의 신앙은 고스란히 자녀에게 대물림이 됩니다. 자녀가 참되냐? 거짓되냐? 이것은 어머니의 거짓이 없는 믿음에서 옵니다.

우리는 성경에서 어머니에 의해서 양육된 자녀들을 볼 수 있습니다. 사무엘의 어머니 한나도, 모세의 어머니 요게벳도 성경을 가르치므로 위대하고 훌륭한 사람으로 만들었습니다.

디모데의 믿음은 진실했습니다. 그는 아멘의 그리스도인이었습니다. 그 아멘의 믿음은 어머니와 외할머니의 믿음이었습니다. 자녀들에게 아멘의 믿음을 상속합시다. 거짓이 없는 믿음을 상속합시다.

▷ 기도 _ 설교자

○○○의 묘소를 찾은 지금, 복을 내려 주시옵소서. 고인을 회상하면서 하나님께 영광을 드릴 때, 성령님의 충만하심을 경험하게 하시옵소서. 이스라엘의 하나님께서 오늘은 여기에 계심을 믿습니다.
○○○의 산소에서 거룩한 다짐의 은혜를 주시옵소서. 존경하는 ○○○의 후손으로서 가족과 가계에 나타나는 하나님의 은혜에 소망을 두게 하시옵소서. 사랑의 풍성함으로 말미암아 다시 한 번 자녀들이 하나가 되게 하시고, 동기간의 우애를 공고히 하도록 이끌어 주시옵소서.
예수님의 이름으로 기도드립니다. 아멘.

▷ 찬송 _ 310장
▷ 주님의 기도

성묘 2

의인이요 당대에 완전한 자라

▷ 예식사 _ 인도자

하나님의 사랑과 은혜로 지내온 우리들, 고○○○ 님을 추모하며 예배하겠습니다. 다 같이 머리를 숙이십시다.

터가 높고 아름다워 온 세계가 즐거워함이여 큰 왕의 성 곧 북방에 있는 시온 산이 그러하도다(시 48:2)

▷ 신앙고백 _ 사도신경
▷ 찬송 _ 458장
▷ 대표 기도 _ 참석자 중에서
▷ 말씀 합독 _ 창 6:9-13

9. 이것이 노아의 족보니라 노아는 의인이요 당대에 완전한 자라 그는 하나님과 동행하였으며
10. 세 아들을 낳았으니 셈과 함과 야벳이라
11. 그 때에 온 땅이 하나님 앞에 부패하여 포악함이 땅에 가득한지라
12. 하나님이 보신즉 땅이 부패하였으니 이는 땅에서 모든 혈육 있는 자의 행위가 부패함이었더라
13. 하나님이 노아에게 이르시되 모든 혈육 있는 자의 포악함이 땅에 가득하므로 그 끝 날이 내 앞에 이르렀으니 내가 그들을 땅과 함께 멸하리라

▷ 설교 _ 의인이요 당대에 완전한 자라

오늘로서 우리가 성묘를 한 지 ○번째가 되는데, 하나님 앞에서 ○○○를 그리워합니다. 저의 기억으로도 고인께서는 늘 가정과 자녀들을 위해서 수고하는 삶을 사셨기에, 오늘, 우리는 ○○○를 더욱 기억하게 됩니다. 하나님께서 위로해주실 것을 기대하면서 말씀을 보겠습니다.

1. 믿음의 근거

노아의 믿음의 근거는 하나님이었습니다. 그는 하나님을 신뢰하여 '아직 보이지 않는 일'에 대한 하나님의 경고의 말씀을 받아들였습니다. 노아는 그 말씀을 믿고 받아들인 것입니다.
"믿음은 바라는 것들의 실상이요 보이지 않는 것들의 증거"(히 11:1)
"믿음은 들음에서 나며 들음은 그리스도의 말씀으로 말미암음"(롬 10:17)
믿음의 근거는 주관적인 것이 객관적인 것입니다. 인간적인 것이 아니라 계시적인 것입니다. 곧 하나님의 말씀입니다.

2. 믿음의 태도

예수님께서 말씀하셨습니다. "나무는 그 열매로 보아 안다."(눅 6:44) 우리는 백인의 후손에서 흑인을 볼 수 없습니다. 흑인의 후손에서 백일을 기대할 수 없습니다. 바른 신앙인은 바른 신앙태도를 낳습니다.
노아는 하나님이 말씀하셨을 때 "경외함으로 방주를 준비"하였습니다.(히 11:7)

그는 하나님의 말씀을 들을 때, 두렵고 떨림으로 그 말씀을 받았습니다. 안타까운 것은 오늘, 우리에게 하나님의 말씀이 책에서 읽는 한 줄과도 같다는 것입니다.

하나님의 말씀은 삶이 아니면 죽음입니다. 바울은 "항상 복종하여 두렵고 떨림으로 너희 구원을 이루라"(빌 2:12)고 권면하였습니다.

3. 믿음의 행동

노아는 보이지 않는 일에 경고하심을 받아 방주를 예비했습니다. 그는 사람들의 냉대와 조소의 소리를 듣지 아니하고 하나님의 말씀을 믿고 그 말씀대로 방주를 지었습니다.

"영혼 없는 믿음이 죽은 것 같이 행함이 없는 믿음은 죽은 것이다."(약 2:26) 노아는 비가 오는 것을 보지 않았습니다. 그래도 그는 하나님과 그의 말씀을 믿고 방주를 지었습니다. 하나님께서 주신 믿음의 힘으로 순종하여 행동한 것입니다.

4. 믿음의 증거

노아는 믿음의 행동으로 그 집을 구원하였다고 하였습니다.(히 11:7) 믿음의 행동 다음에는 하나님의 증거를 받습니다. 믿음에는 세 가지 요소가 있는데 첫째는 지적인 요소, 둘째는 정적인 요소, 셋째는 의지적인 요소입니다.

그는 하나님의 말씀을 들어 하나님의 심판과 구원이 있음을 알고 그 말씀을 두렵고 떨림으로 받았으며 방주를 지어 그 안으로 들어가 구원받았습니다. 노아와 그의 가족은 믿음으로 말미암아 구원을 받았습니다.

믿는 자는 방주 안으로 들어갔고, 믿지 않는 자는 들어가지 못해서 홍수로 멸망을 당하였습니다.

오늘, 믿음의 결과는 무엇입니까? 심판과 구원입니다. 우리가 살아가고 있는 세상은 믿는 자와 믿지 않는 자로 구분되어 있습니다.
노아를 구원해준 방주는 예수님과 그의 몸인 교회의 모형입니다. 하나님의 말씀을 믿고, 순종하여 구언의 복을 누리는 우리가 되기를 소망합니다.

▷ 기도 _ 설교자

구속해주시는 주님의 은혜로 거듭나, 여호와의 친 백성이 된 이 가정의 식구들을 축복합니다. ○○○를 추모하면서 오직 구언의 은총에 감사하는 자손들에게 소망을 주시옵소서.
이곳에 오를 때마다 여호와의 자비로우심을 보게 하시니 즐겁습니다. ○○○님과 함께 하셨던 하나님의 은혜가 저희들에게도 있어 소생의 기쁨을 누리니 감사드립니다.
저희 집안을 구별해 주셨으니 대를 이어 하나님을 사랑하는 가정이 되게 하시옵소서.
예수님의 이름으로 기도드립니다. 아멘.

▷ 찬송 _ 545장
▷ 주님의 기도

성묘 3

이삭이 젖을 떼는 날에

▷ 예식사 _ 인도자

하나님께서 복된 시간을 주셨습니다. 성묘를 하는 거룩한 자리에서 고○○○ 님을 추모하며 하나님께 영광을 드리겠습니다.

> 시온에서 이스라엘을 구원하여 줄 자 누구인가 하나님이 자기 백성의 포로된 것을 돌이키실 때에 야곱이 즐거워하며 이스라엘이 기뻐하리로다(시 53:6)

▷ 신앙고백 _ 사도신경

▷ 찬송 _ 436장

▷ 대표 기도 _ 참석자 중에서

▷ 말씀 합독 _ 창 21:1, 5-8

1. 여호와께서 말씀하신 대로 사라를 돌보셨고 여호와께서 말씀하신 대로 사라에게 행하셨으므로
5. 아브라함이 그의 아들 이삭이 그에게 태어날 때에 백 세라
6. 사라가 이르되 하나님이 나를 웃게 하시니 듣는 자가 다 나와 함께 웃으리로다
7. 또 이르되 사라가 자식들을 젖먹이겠다고 누가 아브라함에게 말하였으리요마는 아브라함의 노경에 내가 아들을 낳았도다 하니라
8. 아이가 자라매 젖을 떼고 이삭이 젖을 떼는 날에 아브라함이 큰 잔치를 베풀었더라

▷ 설교 _ 이삭이 젖을 떼는 날에

시간이 흐를수록 ○○○를 그리워합니다. 그 사랑과 희생으로 오늘, 우리들이 이렇게 살아가고 있으니 감사할 뿐이라, ○○○께 배은망덕하지 않기를 다짐하며 매일을 지내고 있습니다. 이 시간에, 하나님께서 우리 가정에 주시는 복을 나누려 합니다.

어머니는 사라와 같은 존재입니다. 그녀는 단순히 아브라함의 아내가 아니라 여인으로서 믿음의 조상입니다. 그 믿음으로 하나님께로부터 출산에 대한 약속을 받았고, 아들을 낳았습니다. 오늘, 우리 가정에 있는 여인들이 다 사라와 같기를 소망하면서 말씀을 준비하였습니다.

1. 그녀의 믿음 앞에 있었던 벽

아브라함과 사라에게 아들을 주시겠다고 약속하실 때 그들은 웃었다고 하였습니다. 왜야하면 이미 사라에게는 경수가 끊어져 자연적인 잉태가 불가능했기 때문이었습니다. 그래서 그들은 이스마엘이나 하나님 앞에 살기를 원한다고 하였습니다.
그들 부부에게 하나님께서는 약속하신 대로 아들을 주셨습니다. 사라는 아들을 안고 웃었습니다. 하나님의 언약은 소금 언약(레 18:19)이며, 영원한 언약입니다. 하나님의 주권과 언약과 동행은 동일합니다.
사실, 누구에게나 인생의 벽은 있습니다. 그러나 그 인생의 벽이 은혜가 오는 통로입니다. 성공만이 은혜가 아니고, 때로는 실패도 은혜입니다. 권투선수를 봅시다. 그에게는 시합의 때가 은혜인데, 그 날이 상대로부터 죽으라고 맞는 날입니다. 넘어지지 않으면 이깁니다.

2. 믿음의 대상이 되신 하나님

사라에게 믿음의 대상은 하나님이었습니다. 그리고 믿음의 근거는 하나님의 약속이었습니다. 그녀는 약속하신 하나님을 믿었습니다. 그 믿음의 결과로 월경이 끊어진 그녀가 아들을 낳았습니다.

믿음은 사실입니다. 믿음은 바라는 것들의 실상이요 보지 못하는 것들의 증거라는 사실이 증명되었습니다.

사라는 아무 것이나 분별없이 믿지 않았습니다. 미신은 사실이 아닌 것을 사실처럼 믿는 것이고, 불신은 사실을 사실대로 믿지 않는 것이며, 신앙은 사실을 사실대로 믿는 것입니다.

바울은 하나님은 미쁘시기 때문에 약속을 이루실 것을 확신한다고 하였습니다.(살전 5:24) 바로 그 말씀 위에 믿음이 세워져야 합니다. 믿음의 대상은 하나님이십니다. 그 믿음으로 아들을 낳았습니다.

3. 믿음의 결과, 보상을 받다

하나님을 기쁘시게 하는 것은 믿음이라고 하였습니다.(히 11:6) 하나님께서는 하나님을 기쁘시게 하는 자에게 상을 주십니다. 그것은 더욱 믿음으로 살라고 주시는 사입니다.

사라는 약속하신 하나님을 믿음으로 상을 받았습니다. 그녀는 자녀를 잉태할 수 있는 힘을 얻었고, 하늘의 허다한 별과 해변의 무수한 모래와 같이 많은 후손이 생육하는 상을 받았습니다.

바울은 푯대를 향하여 달려갔습니다. 그리스도 예수 안에서 하나님이 부르신 부름의 상을 위하여 달려갔습니다. 최선을 다하여 달려갔습니다. 환난도 핍박도 위험도 칼도 그 길을 막지 못했습니다. 믿음으로 최선을 다하여 달리는 자에게 상을 주십니다.

인생의 시간에는 벽이 세워집니다. 원하지도 않았는데 내 앞에 벽이 있음을 발견하게 됩니다. 이때, 낙심하지 맙시다. 벽을 보고 질릴 필요도 없습니다. 그 벽은 하나님께서 역사해주실 통로입니다. 하나님을 믿읍시다. 하나님의 언약에 소망을 가집시다. 벽이 은혜가 됩니다.

▷ 기도 _ 설교자

이 가정을 의인의 처소로 삼으시고, 이 시간에, ○○○의 추모하는 예매를 드리게 하셨음에 감사드립니다. 소망으로 가득하여 주님의 길에서 살아가는 가족들에게 평강의 은혜를 더하시옵소서.
○○○의 묘소를 찾을 때마다 저희들의 심령을 새롭게 해주시는 은혜에 감사드립니다. 먼지가 낀 안경을 닦듯이, 이 묘소를 통해서 느끼는 성령님의 충만하신 임재에 감사드립니다.
저희들의 사랑이 여호와 앞에 향기로운 제물이 되기 원합니다. 위로는 하나님을 사랑하고, 형제의 사랑으로 깊어지게 하시옵소서.
예수님의 이름으로 기도드립니다. 아멘.

▷ 찬송 _ 341장
▷ 주님의 기도

오직 깨어 정신을 차릴지라

▷ 예식사 _ 인도자

가족이 한 자리에 모여 성묘를 오게 하신 하나님이십니다. 고○○○ 님을 추모하며 다 같이 하나님께 영광을 드리겠습니다.

주여 내가 만민 중에서 주께 감사하오며 뭇 나라 중에서 주를 찬송하리이다 무릇 주의 인자는 커서 하늘에 미치고 주의 진리는 궁창에 이르나이다(시 57:9-10)

▷ 신앙고백 _ 사도신경

▷ 찬송 _ 397장

▷ 대표 기도 _ 참석자 중에서

▷ 말씀 합독 _ 살전 5:4-8

4. 형제들아 너희는 어둠에 있지 아니하매 그 날이 도둑 같이 너희에게 임하지 못하리니

5. 너희는 다 빛의 아들이요 낮의 아들이라 우리가 밤이나 어둠에 속하지 아니하나니

6. 그러므로 우리는 다른 이들과 같이 자지 말고 오직 깨어 정신을 차릴지라

7. 자는 자들은 밤에 자고 취하는 자들은 밤에 취하되

8. 우리는 낮에 속하였으니 정신을 차리고 믿음과 사랑의 호심경을 붙이고 구원의 소망의 투구를 쓰자

▷ 설교 _ 오직 깨어 정신을 차릴지라

하나님께 감사할 따름입니다. ○○○는 우리 가정에 하나님의 선물이셨습니다. 그분의 헌신과 열성으로 우리들은 모두 성장하였고, 이제는 가정도 꾸려서 어엿하게 살아가고 있습니다. ○○○의 발자취를 따르려는 우리에게 오늘, 하나님의 말씀은 큰 위로가 될 것입니다.

사울 왕이 하나님을 멀리하고 영적으로 잠들어 있는 그 순간에 블레셋은 군대를 모집했습니다. 사울 왕이 하나님 앞에 바로 서지 못할 때 블레셋은 이미 침략할 준비를 하고 있었던 것입니다.

1. 깨어 있지 않으면

나에게 어떤 문제가 있다면 그것은 내가 하나님 앞에 어리석게 살았다는 증거입니다. 하루아침에 블레셋이 쳐들어온 것이 아닙니다. 하나님 앞에 깨어 있지 않았기 때문에 쳐들어온 것입니다.
사울과 이스라엘 백성은 블레셋 장군 골리앗을 보고 간담이 서늘해졌습니다. 그래서 선뜻 싸움에 나서지 못한 것입니다.
우리에게 닥쳐오는 시험과 환난, 어려움은 골리앗과 같습니다. 기도하고 믿음으로 살아가는 사람에게는 아무것도 아니지만 늘 깨어 있지 않으면 내 앞에 닥치는 불행과 재난을 이겨낼 수 없습니다. 인간의 방법으로는 골리앗을 이겨낼 수 없으므로 우리는 기도해야 합니다.
오직 믿음의 사람만이 골리앗과 같은 시험을 이길 수 있습니다. 사울은 왕으로서 자신을 훈련시키지도 않았고 앞으로 닥칠지 모르는 어려움에 대비하지도 않았습니다.

2. 하나님의 의도

하나님께서 복을 주실 때는 무사 안일하게 살아가라고 주시는 것이 아닙니다. 우리가 감당해야 할 사명이 있기 때문에 축복하시는 것입니다.

눅 23:28, "나를 위하여 울지 말고 너희와 너희 자녀를 위하여 울라." 인간은 자기 것을 조금이라도 희생하면 반드시 그 대가를 바라는데 예수님은 그렇지 않으셨습니다.

예수님께서 우리 죄를 대신해 십자가를 지셨지만 "너를 위하여 울라"고 하셨지, "날마다 내가 십자가 진 것을 생각하고 울라"는 말씀은 안하셨습니다.

나를 위해서 울어야 합니다. 문제는 나 자신입니다. 우리가 나태할 때에 골리앗이 쳐들어오므로 늘 깨어서 기도의 자리를 지키는 성도가 되어야 합니다. 잠들었기 때문에 골리앗이 침입하는 것이지 깨어 있는 동안에는 쳐들어오지 못합니다.

3. 나를 위해서 깨어 있어야

기도하면 마귀는 꼼짝 못합니다. 교회에 잘 다니기만 해도 사탄의 공격에 넘어지지 않습니다. 아직 주님의 뜻을 제대로 분별하지 못할지라도 예수 안에서 살아가면 주님께서 사랑해 주십니다.

자녀가 부모에게 유익을 주기 때문에 부모가 사랑하는 것이 아닙니다. 그저 바라만 보아도 사랑스럽고 먹이고 입히는 게 아깝지 않습니다. 떠나지 않고 곁에만 있어도 부모는 기쁜 것입니다.

하나님은 어떻게 하십니까? 하나님께서는 부모의 마음으로 우리를 사랑하십니다. 하나님은 우리가 천사같이 되기를 원하지 않으십니다.
우리가 부족해도 주님 안에만 거하면 사랑해 주시는 것입니다. 다윗도 우리처럼 연약했지만 하나님을 끝까지 사랑하므로 하나님께서 그에게 큰 은혜를 주셨습니다.

하나님의 나라를 유업으로 받은 우리가 이 죄악 세상에서 실패하지 않고 살아가려면 항상 깨어 있어야 합니다. 깨어 있지 아니하면 공중 권세 잡은 자의 침략을 받을 수밖에 없습니다. 우리는 늘 깨어 주 안에서 생활해야 됩니다.

▷ 기도 _ 설교자

○○○의 묘소에서 다시 한 번 비오니, 저희들을 성령님의 충만하심으로 인도해 주시옵소서. 예수님의 보혈을 찬송하며 지내는 이 식구들에게 천성을 바라보고 살아가는 은혜로 함께 하시옵소서.
저희들에게 귀한 자녀들을 허락해 주셨으니, ○○○를 닮아 이 아이들을 바르게 키우도록 이끌어 주시옵소서. 하나님의 말씀과 기도로 양육하게 하시옵소서. 또한 일가와 친척들을 위해서 기도하는 것을 쉬지 않게 하시옵소서.
하나님의 자비로우심이 풍성한 집안을 소망하면서 기도와 사랑에 부지런하게 하시옵소서.
예수님의 이름으로 기도드립니다. 아멘.

▷ 찬송 _ 362장
▷ 주님의 기도

성묘 5

왕에게 대답할 필요가 없나이다

▷ 예식사 _ 인도자

오늘, 성묘를 하고 보니 우리 가정을 위하시는 하나님의 은혜가 크셨습니다. 고○○○ 님을 추모하며 하나님께 예배드리겠습니다.

주의 인자하심이 생명보다 나으므로 내 입술이 주를 찬양할 것이리므로 나의 평생에 주를 송축하며 주의 이름으로 말미암아 나의 손을 들리이다(시 63:3-4)

▷ 신앙고백 _ 사도신경

▷ 찬송 _ 544장

▷ 대표 기도 _ 참석자 중에서

▷ 말씀 합독 _ 단 3:15하-18

15. 너희가 만일 절하지 아니하면 즉시 너희를 맹렬히 타는 풀무불 가운데에 던져 넣을 것이니 능히 너희를 내 손에서 건져낼 신이 누구이겠느냐 하니
16. 사드락과 메삭과 아벳느고가 왕에게 대답하여 이르되 느부갓네살이여 우리가 이 일에 대하여 왕에게 대답할 필요가 없나이다
17. 왕이여 우리가 섬기는 하나님이 계시다면 우리를 맹렬히 타는 풀무불 가운데에서 능히 건져내시겠고 왕의 손에서도 건져내시리이다
18. 그렇게 하지 아니하실지라도 왕이여 우리가 왕의 신들을 섬기지도 아니하고 왕이 세우신 금 신상에게 절하지도 아니할 줄을 아옵소서

▷ 설교 _ 왕에게 대답할 필요가 없나이다

늘 ○○○의 모습을 가슴에 담고 살아온 우리들, 추모예배로 하나님께 나아가니 감사합니다. 생전에 가족과 자녀를 위하여 간구하셨던 기도의 응답으로 오늘 우리는 복을 누리고 있습니다. ○○○의 사랑과 기도를 본 받아 우리도 가정과 자녀를 위하여 기도로 살아가기를 원합니다. 이 시간에, 하나님께서 우리를 격려해주시는 말씀을 듣겠습니다.

뜻을 정하여 신앙의 정절을 지킨 다니엘, 그는 하나님의 은혜를 입어 자신의 삶에서 복을 많이 누렸습니다. 살아계신 하나님, 응답으로 역사해주는 하나님을 체험하였습니다. 그는 하나님이 주권적 은혜로 주신 지혜로 왕의 꿈을 해석했고, 영광을 하나님께 올려드렸습니다.

1. 언제나 동일한 사람

느부갓네살 왕은 금 신상 낙성식에서 그 신상에게 절하라고 어명 하였습니다. 그러나 다니엘을 비롯한 세 친구들은 절하지 않으면 풀무불 속에 들어간다는 것을 알면서도 금 신상에 절하지 않았습니다. 하나님을 섬기는 도를 지키기 위하여 생명을 바치는 일보다 더 큰 헌신은 없습니다.
그들은 환경에 동화되지 아니하고 오직 여호와만을 섬김으로 하나님의 은혜를 받았습니다. 주님은 어제나 오늘이나 영원토록 동일하시다. 그리스도인은 환경을 초월하여 동일해야 합니다.

2. 기도에 생명을 건 사람

40일 동안 다른 신에게 경배하는 자는 사자 굴에 던져 넣자는 것은 총리들과 방백들의 계략이었습니다. 다니엘은 계략인 줄 알면서도 예루살렘으로 향하는 창문을 열어놓고 하루에 세 번씩 하나님께 기도하였습니다.

그의 삶은 생명을 건 기도였습니다. 다니엘이 기도하는 것을 그의 대적들이 보고 고소하여 사자 굴속에 집어넣었습니다. 사탄의 궤계는 이와 같이 간교하고 치밀하다. 그러나 하나님은 기도하는 다니엘을 구원하였습니다. 그는 하나님을 의지함으로 끝까지 믿음을 지켰습니다.

3. 오직 하나님께 영광을

이에 다리오 왕은 모든 백성에게, "다니엘의 하나님 앞에서 떨며 두려워할찌니 그는 사시는 하나님이시요, 영원히 변치 않으실 자시며, 그 나라는 망하지 아니할 것이요, 그 권세는 무궁할 것이며, 그는 구원도 하시며 건져내시기도 하시며, 하늘에서든지 땅에서든지 이적과 기사를 행하시는 자로서, 다니엘을 구원하여 사자의 입에서 벗어나게 하셨음이니라"라고 조서를 내려 하나님을 섬기게 하였습니다. 이렇게 다니엘은 다리오 왕과 고레스 왕 시대에 형통한 사람이었습니다.

4. 네 짐승을 보는 체험

그는 바다에서 올라오는 네 짐승과 다른 꿈에서 성도의 고난과 최후 승리 등을 계시 받았습니다. 네 짐승은 세상 제국을 의미합니다. 사자는 바벨론 제국을, 곰은 메대와 바사 제국을, 표범은 그리스 제국을, 무서운 짐승은 로마 제국을 말합니다.

이 환상은 세상을 향한 하나님의 뜻과 경륜의 계시였습니다. 세상의 흥망성쇠는 하나님의 뜻과 경륜입니다. 하나님의 뜻과 경륜을 하나님이 하나님의 신실한 종들을 통하여 계시하십니다. 이것은 하나님의 절대 주권이요 경륜입니다.

▷ 기도 _ 설교자

○○○의 묘소에서 하나님을 향하여 새로운 결단을 하게 하셨음에 감사드립니다. 생각과 말, 행동으로 여호와를 기쁘시게 해드리고, 선한 삶의 열매를 맺는 거룩함을 추구하게 하시옵소서.

하나님의 이름을 부를 때, 성령님의 충만하신 임재를 체험하게 하시옵소서. 주야로 찾으라 하신 하나님을 이 시간에 부르기 원합니다.

여호와의 이름을 사모하는 저희들의 심령에 구원의 확신에서 오는 기쁨이 배가 되게 하시고, 여호와를 위하여 남은 생애를 살고자 하는 뜨거운 가슴을 주시옵소서.

예수님의 이름으로 기도드립니다. 아멘.

▷ 찬송 _ 204장
▷ 주님의 기도

성묘 6

네 형들의 안부를 살피고

▷ 예식사 _ 인도자

자비로우신 하나님께서 오늘, 우리에게 한식을 맞이하도록 해주셨습니다. 고 ○○○ 님을 추모하며 하나님께 영광을 드리겠습니다.

온 백성은 기쁘고 즐겁게 노래할지니 주는 민족들을 공평히 심판하시며 땅 위의 나라들을 다스리실 것임이니이다(셀라)(시 67:4)

▷ 신앙고백 _ 사도신경

▷ 찬송 _ 450장

▷ 대표 기도 _ 참석자 중에서

▷ 말씀 합독 _ 삼상 17:15-18

15. 다윗은 사울에게로 왕래하며 베들레헴에서 그의 아버지의 양을 칠 때에
16. 그 블레셋 사람이 사십 일을 조석으로 나와서 몸을 나타내었더라
17. 이새가 그의 아들 다윗에게 이르되 지금 네 형들을 위하여 이 볶은 곡식 한 에바와 이 떡 열 덩이를 가지고 진영으로 속히 가서 네 형들에게 주고
18. 이 치즈 열 덩이를 가져다가 그들의 천부장에게 주고 네 형들의 안부를 살피고 증표를 가져오라

▷ 설교 _ 네 형들의 안부를 살피고

하나님께서 우리를 사랑하사 ○○○의 자녀가 되게 하셨고, ○○○께서는 우리를 위해서 평생의 수고를 하셨던 삶이 자주 떠오릅니다. 우리가 어렸을 때, 고비마다 ○○○께서 감당하여 지냈던 때를 결코 잊을 수 없습니다. 오늘, 추모예배를 드리면서 하나님의 권면 말씀을 듣고, 새롭게 결단하기를 원합니다.

하나님 앞에서 살아간다는 것은 다른 말로 표현한다면 하나님을 기다림입니다. 하나님께서 우리를 구원해주시고, 하나님의 사람으로 온전하게 하십니다. 그 온전함에 이르는 과정은 기다림에서 만들어집니다. 오늘, 다윗의 시간을 통해서 우리 가정에 주시는 은혜를 나누려 합니다.

1. 여전히 양떼를 먹이다

17절, "이새가 그 아들 다윗에게 이르되 네 형들을 위하여 이 볶은 곡식 한 에바와 이 떡 열 덩이를 가지고 진으로 속히 가서 네 형들에게 주고." 이새는 양을 치고 있던 아들을 집으로 불러들였습니다. 그에게 전쟁터에 나가있는 아들들에게 심부름을 보내려 하였습니다.
다윗은 자신이 이스라엘의 왕이 되겠다는 포부를 가져보지 않았습니다. 그리고 왕의 자리에 대하여는 생각도 해보지 못하였습니다. 이새가 자기에게 맡긴 일, 아버지의 양떼를 치는 일에 충성을 다하였습니다.
그때, 사무엘이 그에게 찾아와서 기름을 부었습니다. 다윗의 입장에서는 느닷없이 일어난 사건이었습니다. 다윗은 기름부음을 받았지만 고향에 머물며 여전히 양을 치고 집안일을 도왔습니다. 왕의로의 기름부음을 받았는데 달라진 것은 하나도 없었습니다.

2. 하나님의 시간 - 기다림

기름 부음을 받았다고 단번에 왕으로서의 사명을 감당할 수 있는 것은 아닙니다. 다윗의 경우에도 기름부음을 받았지만 그가 지금 왕위에 오를 수는 없었습니다. 왕의 직무를 행할 수 있는 준비가 안 되었기 때문입니다. 하나님께서 더 많은 준비와 훈련을 예비하셨습니다.

사람이 성공해서 일정한 위치까지 오르면 그때는 다시 훈련을 받기가 어렵습니다. 다윗이 기름부음을 받았지만 왕위에 오르기 전에 영적인 훈련을 시키기 위해 하나님께서 준비 기간을 두신 것입니다.

하나님께서 약속하신 대로 금방 이루어지면 좋겠지만 그렇게 하면 기다림을 통해서 얻는 유익이 없습니다. 우리는 기다림에 대하여 좋은 사례를 아브라함에게서 봅니다. 하나님은 아브라함이 75세 때에 아들을 주겠다고 약속하셨지만 25년이란 오랜 세월을 더 기다리게 하셨습니다.

3. 연단으로 만들어지다

제자들은 예수님께서 약속하신 성령을 간절히 구하고 기다렸지만 오랫동안 하나님 앞에 매달린 후에야 성령의 임재하심을 체험했습니다. 사람의 생각으로는 때가 임박한 것 같아도 하나님께서 예정하신 때가 되기까지 충분히 기다리게 하시는 것입니다.

다윗도 왕위에 오르기 전까지 하나님께서 갖가지로 훈련을 시키셨습니다. 다윗이 왕이 된 후에 존귀한 자리에 안주하지 않고 어떠한 환경에도 적응할 수 있도록 미리 준비시키신 것입니다.

다윗은 괴롭고 힘든 일을 많이 겪었습니다. 그는 골리앗을 물리친 후에도 약 15년 간 사울의 핍박을 받으며 연단을 받았습니다. 또 자연이나 야수와 싸우면서 양들과 함께 들에서 오랜 세월을 보냈습니다.

다윗은 참으로 다양하게 연단을 거쳤습니다. 그 연단에서 배운 인내가 바탕이 되어 하나님 나라를 위해 끝까지 일할 수 있었다고 봅니다.
하나님은 사랑하는 성도들이 좋은 열매를 맺을 수 있도록 준비될 때 까지 여러 가지 훈련을 통하여 기르십니다.

▷ 기도 _ 설교자

○○○를 기억하면서, 하나님께 열납이 되기를 사모하는 가족들을 축복합니다. 저희 가정의 지체들이 오직 예수님의 이름이 기쁨이 되고, 예수님의 보혈의 은혜를 날마다 새롭게 하게 하시옵소서.
이 땅에서 사는 동안에 악의 세력에 대항해서 싸우는 거룩한 열정도 갖게 하시옵소서. 성령님의 능력으로 악의 유혹을 무찌르고, 죄로부터 더러워진 심령을 청결케 하는 은혜를 주시옵소서. 저희들이 하나님 앞에서 살면서 ○○○의 사랑을 이어가도록 이끌어 주시옵소서.
예수님의 이름으로 기도드립니다. 아멘.

▷ 찬송 _ 219장
▷ 주님의 기도

성묘 7

이스라엘의 치욕을 제거하는

▷ 예식사 _ 인도자

늘 함께 해주신 하나님께서 오늘, 성묘하는 시간을 주셨습니다. 이제, 고○○○ 님을 추모하며 하나님께 예배를 시작하겠습니다.

그 영화로운 이름을 영원히 찬송할지어다 온 땅에 그의 영광이 충만할지어다 아멘 아멘(시 72:19)

▷ 신앙고백 _ 사도신경

▷ 찬송 _ 419장

▷ 대표 기도 _ 참석자 중에서

▷ 말씀 합독 _ 삼상 17:24-26

24. 이스라엘 모든 사람이 그 사람을 보고 심히 두려워하여 그 앞에서 도망하며

25. 이스라엘 사람들이 이르되 너희가 이 올라 온 사람을 보았느냐 참으로 이스라엘을 모욕하러 왔도다 그를 죽이는 사람은 왕이 많은 재물로 부하게 하고 그의 딸을 그에게 주고 그 아버지의 집을 이스라엘 중에서 세금을 면제하게 하시리라

26. 다윗이 곁에 서 있는 사람들에게 말하여 이르되 이 블레셋 사람을 죽여 이스라엘의 치욕을 제거하는 사람에게는 어떠한 대우를 하겠느냐 이 할례 받지 않은 블레셋 사람이 누구이기에 살아 계시는 하나님의 군대를 모욕하겠느냐

▷ 설교 _ 이스라엘의 치욕을 제거하는

○○○께서 우리의 곁을 떠나신 지도 어언 ○년이 지나고 있는데, 마음에 남겨주신 ○○○의 모습은 시간의 흐름이 더할수록 더욱 또렷해집니다. 오늘, 추모예배를 준비하면서 바로 옆에 ○○○께서 계신 것 같았습니다. ○○○의 자취에서 어긋나지 않는 삶을 살기로 다짐하면서 함께 하나님의 말씀을 보겠습니다.

자기를 과시하는 사람은 결국 그것 때문에 망하게 됩니다. 하나님께서 물질을 많이 주셔도 물질을 앞세우지 말고, 하나님께서 지혜를 주셔도 그 지혜를 너무 과시하지 말아야 합니다. 하나님 앞에 정말 값진 것이 무엇인가를 기억해야 합니다.

1. 골리앗의 호언장담

22~23절, "다윗이 그 짐을 짐 지키는 자의 손에 맡기고 군대로 달려가서 형들에게 문안하고 그들과 함께 말할 때에 마침 블레셋 사람의 싸움 돋우는 가드 사람 골리앗이라 하는 자가 그 항오에서 나와서 전과 같은 말을 하매 다윗이 들으니라."
다윗은 골리앗이 살아계신 하나님의 백성을 모욕하는 말을 들었습니다. 다른 사람들은 40일 동안을 듣고도 속수무책이었습니다. 그러나 다윗은 전쟁을 모르는 목동이었지만 그 말 한마디에 당장 골리앗 앞으로 달려 나갔습니다.
주님의 일을 할 때는 성령님께서 사인을 주실 때, 즉각적으로 반응하는 심령이 되어야 합니다. 하나님께 언제나 열려있는 상태가 되어야 합니다. 가장 두려워해야 할 것은 심령이 마비되어 무뎌집니다.

2. 세상의 힘의 한계

골리앗은 계속해서 큰소리를 치며 하나님의 백성을 모욕했습니다. 육적인 힘을 과시하면서 자기를 과시하려고 하였습니다. 그러나 하나님께서 함께 하시지 않는 세상의 힘에는 한계가 있습니다. 결국 골리앗의 생명은 오래가지 못하고 다윗과의 대결에서 끝나게 되었습니다.

역대하 32:17을 봅시다. 예루살렘을 침공한 앗수르 왕 산헤립은 큰 소리를 쳤습니다. "열방의 신들이 그 백성을 내 손에서 구원하여 내지 못한 것같이 히스기야의 신들도 그 백성을 내 손에서 구원하여 내지 못하리라."

그러나 그는 얼마 못 가서 18만 5천 명의 군사를 하루 아침에 잃고 자기 나라로 돌아갔다가 아들들에게 암살당했습니다.(대하 32:21)

3. 가장 큰 힘은 '믿음'

이사야는 산헤립의 말을 들으신 하나님의 대답을 이렇게 전했습니다. "네가 훼방하며 능욕한 것은 누구에게냐 네가 소리를 높이며 눈을 높이 들어 향한 것은 누구에게냐 곧 이스라엘의 거룩한 자에게니라."(사 37:23)

골리앗도 산헤립처럼 사람이 아닌 하나님께 오만한 말을 한 것입니다.

세상 사람들은 골리앗과 같이 다가오는 죽음을 깨닫지 못하고 자기 힘만 드러내려고 하다.그러나 하나님의 자녀에게는 믿음이 가장 큰 힘입니다. 믿음이야말로 정말 하나님을 기쁘시게 하는 것입니다.

"너희 단장은 머리를 꾸미고 금을 차고 아름다운 옷을 입는 외모로 하지 말고 오직 마음에 숨은 사람을 온유하고 안정한 심령의 썩지 아니할 것으로 하라 이는 하나님 앞에 값진 것이니라."(벧전 3:3-4)고 했습니다.

우리는 늘 기도하여 살아 잇는 심령이 되어야 합니다. 만일, 우리가 불쌍히 여겨야 할 사람을 보거나 그런 상황에 직면했을 때, 그 측은함을 보면서도 눈물이 나지 않는다면 심령에 문제가 있습니다. 다윗과 같이 말 한마디에도 마음이 즉각 움직여야 됩니다.

▷ 기도 _ 설교자

○○○의 묘소에서 하나님을 영화롭게 해드리기 원합니다. 살아가면서 낙심이 될 때 있겠고, 근심에 눌릴 때가 있겠으나 여호와의 은혜가 족한 줄 알고 믿음으로 더욱 살아가는 소망을 주시옵소서.
주의 은택을 입게 하셨으니, 여호와 앞에서 살아가는 가정이 되게 하시옵소서. 저희들의 행실에 착한 열매가 항상 있어 하나님께 영광을 드리게 하시옵소서. 또한 그 열매를 인하여 주님의 이름으로 기도하는 중에 무엇을 구하든지 다 받는 영화로움을 누리게 하시옵소서.
예수님의 이름으로 기도드립니다. 아멘.

▷ 찬송 _ 40장
▷ 주님의 기도

성묘 8

유다와 예루살렘을 정결하게 하여

▷ 예식사 _ 인도자

우리 가족이 지금까지 지내온 것은 하나님의 은혜였습니다. 그 은혜에 감사하고, 고〇〇〇 님을 추모하며 예배를 시작하겠습니다.

주는 기이한 일을 행하신 하나님이시라 민족들 중에 주의 능력을 알리시고 주의 팔로 주의 백성 곧 야곱과 요셉의 자손을 속량하셨나이다 (셀라) (시 77:14-15)

▷ 신앙고백 _ 사도신경

▷ 찬송 _ 381장

▷ 대표 기도 _ 참석자 중에서

▷ 말씀 합독 _ 대하 34:2-4

2. 여호와 보시기에 정직하게 행하여 그의 조상 다윗의 길로 걸으며 좌우로 치우치지 아니하고

3. 아직도 어렸을 때 곧 왕위에 있은 지 팔 년에 그의 조상 다윗의 하나님을 비로소 찾고 제십이년에 유다와 예루살렘을 비로소 정결하게 하여 그 산당들과 아세라 목상들과 아로새긴 우상들과 부어 만든 우상들을 제거하여 버리매

4. 무리가 왕 앞에서 바알의 제단들을 헐었으며 왕이 또 그 제단 위에 높이 달린 태양상들을 찍고 또 아세라 목상들과 아로새긴 우상들과 부어 만든 우상들을 빻아 가루를 만들어 제사하던 자들의 무덤에 뿌리고

▷ 설교 _ 유다와 예루살렘을 정결하게 하여

오늘, 우리에게 ○○○의 추모예배를 드리도록 인도해주신 하나님께 감사합니다. ○○○의 자녀와 후손들이 한 명도 빠지지 않고 다 모이도록 해주셨습니다. ○○○의 마음과 신앙을 물려받아서 살아가게 하셨으니, 한 마음으로 하나님의 말씀을 받읍시다.

"다윗의 집에 요시야라 이름 하는 아들을 낳으리니"(왕상13:2) 라고 예언 된 왕이 있습니다. 그가 바로 요시야입니다. 요시야는 왕위에 오른 뒤에, 여호와 보시기에 정직하였습니다. 그는 우상을 제하고 성전을 수리하였으며 율법 책을 발견하자, 그 율법을 순종하였습니다.

1. 우상을 제하여 버리다

요시야는 왕위에 오른 12년에 산당과 아세라 목상들과 아로새긴 우상들과 부어 만든 우상들을 제하여 버리고, 바알들의 단을 훼파하였습니다. 예배에 사용하는 모든 신의 형상을 만든 것은 우상이며, 거기 표시하는 모든 존경은 우상숭배입니다.

우상은 무익한 물건일 뿐입니다. 그것은 우리에게 비실제성을 가장한 벙어리입니다. 우상은 사람에게 어'떤 힘으로도 도와주지를 못합니다. 하나님은 전지전능 하시고 천지를 창조하신 우리 아버지이십니다.

우리가 하나님을 섬기면 하나님을 섬길 뿐만 아니라 하나님이 하나님이심을 세상에 공포하는 것이 됩니다. 그러므로 우상을 제하고 하나님만 섬겨야 합니다.

2. 성전을 수리하다

요시야는 여호와 보시기에 정직하였습니다. 그는 즉위 18년에 온 땅의 우상들을 제거하고 성전을 수리하였습니다. 므낫세와 아몬의 우상 숭배 정책으로 오래 동안 성전을 관리하지 않아 더러워진 성전을 깨끗이 수리하였습니다.

하나님과 백성과의 관계를 회복시키고자 함이었습니다. 성전을 수리하였다는 것은 단순히 성전의 정화가 아니라 이스라엘 백성을 하나님께로 회복시키는 것이 되었습니다. 성전의 수리로 말미암아 이스라엘 백성에게 하나님의 중심이 회복되었습니다.

성도에게 있어서, 성전의 정화는 그리스도와 그리스도인과의 관계를 화복시키는 것입니다. 마음의 성전, 몸의 성전, 교회의 성전, 건물의 성전을 성령과 말씀으로 수리하여 주님과 신망애의 관계로 회복시키기를 원합니다.

3. 율법 책을 발견하다

요시야는 하나님 앞에 정직하고 선하였으나 율법 책을 한 번도 읽지 못했습니다. 이때 성전을 수리하다가 율법 책을 발견하였습니다. 예배용으로 성전에 비치되어 있었던 것이었습니다.

요시야 왕은 율법대로 하나님을 위하여 유월절을 지키라고 명하여 성대하게 지켰습니다. 모세와 여호수아가 죽은 후에 사사들이 이스라엘을 지도하면서부터 요시야 왕 때까지 한 번도 유월절을 바르게 지킨 일이 없었습니다.

하나님의 은혜를 잊어버린 백성들이었습니다. 바로 우리의 모습입니다.

만일, 그때 율법 책을 발견하지 못했다면 영원히 그 율법 책은 없었을 것이니 하나님의 특별한 은혜입니다. 그러므로 성도는 하나님의 말씀이 보전되고 계속하여 증거 될 수 있도록 기도해야 할 것입니다.

지금, 나에게 하나님의 말씀이 있는지를 돌아보기 원합니다.

▷ 기도 _ 설교자

하나님의 권속이 되었음을 감사드립니다. 저희들이 생각과 말로 만 세상을 등지 않고, 미음에서 세상의 것을 사랑하지 않게 하시옵소서. 마음에서 세상에 대한 탐심으로 더러워지지 않도록 하시옵소서.

주 예수님의 택하여 주심으로 말미암은 은혜를 바라면서 사는 저희들이 되게 하시옵소서. 안타깝게도 아직은 저희 집안에 신자와 불신자들이 있으나, 여호와의 은혜는 한 결 같기를 소망합니다.

저희들의 신앙, 불신앙보다 하나님의 주권적인 자비하심으로 온 식구들이 복을 누리게 하시옵소서.

예수님의 이름으로 기도드립니다. 아멘.

▷ 찬송 _ 85장
▷ 주님의 기도

성묘 9

시험에 들지 않게

▷ 예식사 _ 인도자

성묘를 하여 돌아보니 오직 하나님의 자비하심이셨습니다. 이에, 고〇〇〇 님을 추모하며 하나님께 영광을 드리겠습니다.

인애와 진리가 같이 만나고 의와 화평이 서로 입맞추었으며 진리는 땅에서 솟아나고 의는 하늘에서 굽어보도다(시 85:10-11)

▷ 신앙고백 _ 사도신경

▷ 찬송 _ 382장

▷ 대표 기도 _ 참석자 중에서

▷ 말씀 합독 _ 막 14:37-40

37. 돌아오사 제자들이 자는 것을 보시고 베드로에게 말씀하시되 시몬아 자느냐 네가 한 시간도 깨어 있을 수 없더냐

38. 시험에 들지 않게 깨어 있어 기도하라 마음에는 원이로되 육신이 약하도다 하시고

39. 다시 나아가 동일한 말씀으로 기도하시고

40. 다시 오사 보신즉 그들이 자니 이는 그들의 눈이 심히 피곤함이라 그들이 예수께 무엇으로 대답할 줄을 알지 못하더라

▷ 설교 _ 시험에 들지 않게

○○○의 추모예배로 하나님께 영광을 드리게 되어 감사합니다. ○○○의 자녀와 후손들이 그리스도 예수 안에서 살아가고 있음이 우리 가족에게 영광입니다. 이제, 하나님의 말씀을 보겠습니다.

사탄이 얕보는 사람이 있습니다.

1. 교만한 사람

주님께서는 제자들 중에 예수님을 모른다고 부인하는 자가 나올 것이라고 염려하셨습니다. 어쩌면 주님께서는 베드로의 연약함을 아시고 그리 말씀하시면서 주의를 주셨을 것입니다.
그런데 베드로는 이 모든 사람들이 다 주님을 배반할지라도 자기는 주님을 끝까지 따르겠다고 호언장담을 하였습니다. 이는 그가 자기의 연약과 부족을 인식치 못하고 자신의 교만을 드러낸 고백이었습니다.
하나님의 말씀을 봅시다. 성경에서는 되지 못하고 된 줄로 아는 자는 스스로 속이는 자요, 스스로 섰다 하는 자들은 넘어질까 조심하라고 하셨습니다. 이와 같이 사탄은 교만한 자를 얕보고 밀 까부르듯이 농락한다고 하였습니다.

2. 주님의 말씀을 부정하는 사람

하나님의 말씀은 생명처럼 받으며 귀하게 간직해야 합니다. 만일, 주님의 말씀에 신중하지 못한다면 넘어질 수가 있습니다. 그리고 하나님의 말씀을 부정하는 경우도 있게 되는데 이런 자는 사탄이 공격해 올 때 넘어지기 마련입니다. 주님께서 베드로에게 "오늘 네가 닭 울기 전에 세 번씩이나 부인 하리라."고 경고를 하셨습니다. 그런데 베드로는 주님의 말씀을 받아들이지 않았습니다. 그는 자기 자신이 죽을지언정 모른다고 하지 않겠다고 호언장담을 하였습니다. 사탄은 지금도 사람들에게 하나님의 말씀을 부정하고 거부하도록 합니다. 그리고 하나님의 말씀에 주의하지 않는 사람을 농락 합니다.

3. 기도하지 않는 사람

시몬 베드로는 기도해야 될 그 자리와 시간에 잠을 잤다고 하였습니다. 주님께서는 십자가를 앞에 놓고 겟세마네 동산에서 피와 땀을 흘리면서 기도하시는데 제자들은 잠만 자고 있었다고 하였습니다.
이때, 주님께서 제자들을 찾아와서 깨어 기도하라고 하면서 기도의 중요성 세 가지를 지적해 주셨습니다. 사탄의 시험에 빠지지 않기 위해서 기도하고, 우리의 육신이 연약한고로 기도하고, 십자가 지고 주님과 같이 가기 위해서 기도하라고 하셨습니다.
기도는 주님과 가까워지는 비결인 동시에 주님에게 능력을 공급받아 사탄을 승리하고 모든 문제를 해결하는 열쇠가 됩니다. 만일, 기도하지 않으면 사탄에게 농락당하게 됩니다.

4. 혈기를 부리는 사람

시몬 베드로는 자기 혈기대로 검을 빼어 주님 체포하기 위해서 온 말고의 귀를 쳐서 떨어뜨리었습니다. 주님은 검을 쓰는 사람은 검으로 망한다고 하셨습니다. 따라서 혈기 부리고 폭력행사 하는 사람은 사탄이 얕보고 농락한다고 하였습니다.

혈기를 부리는 사람은 주님의 대적들과 동화되기도 합니다. 그리하여 주님을 부인하는 데까지도 갑니다. 시몬 베드로는 마침내 주님을 세 번씩이나 부인하고 저주하는 과오를 범하고야 말았습니다. 주님을 부인하는 사람에게 사탄이 농락을 하는 것입니다.

사람이 자고하고 교만한 것은 멸망의 선봉자라고 경고하고 있습니다. 우리는 스스로 넘어질까 조심해야 합니다. 넘어지지 않도록 하나님의 말씀을 긍정하고 순종해야 할 것입니다.

▷ 기도 _ 설교자

○○○를 추모하는 이 시간에, 저희들의 심령을 여호와께 바칩니다. 하나님께서 심령을 제단을 삼게 하셨으니, 성령님의 충만하심이 떠나지 않게 하시옵소서. 하나님의 임재 안에 머무르게 하시옵소서.

이제, 구원의 때가 이르면 모두가 하나님을 아버지로 고백하는 은혜를 저희 가정에서 보게 하시옵소서. 부모님께서는 신앙생활을 모르고 지내셨지만 저희 가정을 성소로 삼아주시옵소서. 먼저 믿은 저희들이 인가귀도를 사모하게 하시옵소서. 추석의 좋은 날에, 온 식구들이 여호와 앞에 아름다운 열매가 되게 하시옵소서.

예수님의 이름으로 기도드립니다. 아멘.

▷ 찬송 _ 23장
▷ 주님의 기도

추석 1
여호와의 영에게 크게 감동되니라

▷ 예식사 _ 인도자

오늘, 추석을 맞이해서 고○○○ 님을 추모하는 예배를 드리고자 성삼위 하나님께로 나아가겠습니다.

그런즉 내가 하나님의 제단에 나아가 나의 큰 기쁨의 하나님께 이르리이다 하나님이여 나의 하나님이여 내가 수금으로 주를 찬양하리이다(시 43:4)

▷ 신앙고백 _ 사도신경

▷ 찬송 _ 455장

▷ 대표 기도 _ 참석자 중에서

▷ 말씀 합독 _ 삼상 16:11-13

11. 또 사무엘이 이새에게 이르되 네 아들들이 다 여기 있느냐 이새가 이르되 아직 막내가 남았는데 그는 양을 지키나이다 사무엘이 이새에게 이르되 사람을 보내어 그를 데려오라 그가 여기 오기까지는 우리가 식사 자리에 앉지 아니하겠노라

12. 이에 사람을 보내어 그를 데려오매 그의 빛이 붉고 눈이 빼어나고 얼굴이 아름답더라 여호와께서 이르시되 이가 그니 일어나 기름을 부으라 하시는지라

13. 사무엘이 기름 뿔병을 가져다가 그의 형제 중에서 그에게 부었더니 이 날 이후로 다윗이 여호와의 영에게 크게 감동되니라 사무엘이 떠나서 라마로 가니라

▷ 설교 _ 여호와의 영에게 크게 감동되니라

오늘, 추석의 기쁨을 나누는 시간에, 고인이 참으로 그립습니다. 고인은 우리에게 사랑이셨습니다. 고인을 향한 그리움이 사무치는 마음에 하나님께서 말씀으로 위로하여 주시고, 복을 주시려고 본문을 보게 하셨습니다. 하나님의 말씀을 듣겠습니다.

하나님은 이 시대에도 어디에 있는지 모르는 다윗을 찾고 계십니다. 우리는 중심을 바로 세워 하나님 마음에 합한 자가 되어야 합니다. 하나님의 마음에 합한 사람이 버림받는 경우는 없습니다. 하나님께서 반드시 그를 높이십니다.

1. 예비하시는 하나님의 사람

8-9절, "이새가 아비나답을 불러 사무엘의 앞을 지나게 하매 사무엘이 가로되 이도 여호와께서 택하지 아니하셨느니라. 이새가 삼마로 지나게 하매 사무엘이 가로되 이도 여호와께서 택하지 아니하셨느니라."
이새의 아들 여덟 명 가운데 일곱 명을 본 사무엘은 그들이 여호와께서 택하신 자가 아니라고 했습니다. 그들은 모두 여호와께서 예비하신 자가 아니었습니다. 사무엘은 이새에게 말하기를, 여호와께서 이들을 택하지 아니하셨느니라고 하였습니다.
사무엘이 이새에게 물었습니다. "네 아들들이 다 여기 있느냐." 이새가 대답하였습니다. "아직 말째가 남았는데 그가 양을 지키나이다."
사무엘은 양을 지키러 들판에 나가 있는 막내아들을 데려오라고 했습니다. 다윗은 양을 치다가 하나님의 부르심을 받은 것입니다.

2. 사람의 생각과 다른 하나님의 생각

다윗은 이새에게 막내아들이었습니다. 그의 아버지는 다윗이 아직 제사에 참석할 정도로 성숙하지 못했다고 판단했기 때문에 다른 아들들은 모두 불렀지만 다윗에게는 알리지도 않았던 것입니다.
그러나 하나님은 약한 자, 천한 자, 낮은 자를 들어서 강한 자, 귀한 자, 높은 자를 부끄럽게 하십니다.(고전 1:27-29)
이새의 일곱 아들이 부모의 눈에는 맞아도 하나님 마음에는 맞지 않았습니다. 사무엘은 하나님께서 일러주시므로 하나님의 기준에 적합한 자를 쉽게 분별할 수 있었습니다. 하나님 앞에 지혜를 얻어서 해결하는 것이 가장 쉽고 좋은 방법이 되는 것입니다.
사울은 아버지의 잃은 암나귀들을 찾으러 갔다가 우연히 사무엘을 만났습니다. 다윗도 아버지의 심부름을 하다가 사무엘을 만났습니다.

3. 반드시 찾아내시는 하나님

사람들이 아무리 감추어도 하나님 마음에 합한 사람은 하나님께서 찾아내십니다.
사 40:27, "야곱아 네가 어찌하여 말하며 이스라엘아 네가 어찌하여 이르기를 내 사정은 여호와께 숨겨졌으며 원통한 것은 내 하나님에게서 수리하심을 받지 못한다 하느냐."
우리의 사정을 하나님께서는 다 알고 계십니다. 식구들 관심 밖의 아들이었지만 하나님은 막내아들을 데려오라고 하셨습니다.
하나님의 마음에 합한 자가 되는 것은 오랜 시간을 필요로 합니다. 하나님 앞에 쓰임 받은 다윗과 같은 삶은 하루아침에 이루어지지 않습니다. 우리는 다윗이 되어야 합니다. 엘리압이나 아비나답 삼마가 되어서 사무엘 앞을 버젓이 지나가면 안 됩니다. 여호와께서 고개를 저으십니다.

성도는 은혜를 사모하며 하나님 앞으로 나아가는 일을 가장 귀하게 여겨야 합니다. 하나님 마음에 합하지 않으므로 인정하지 않으시는 것입니다. 우리 가족은 하나님께서 찾으시는 사람이 되시기를 축복합니다.

▷ 기도 _ 설교자

저희들의 가정을 여호와의 동산으로 삼아주시기 원합니다. ○○○를 추모하는 마음에서 형제들의 사랑이 깊어지고, 남의 평강을 깨뜨리지 않도록 서로가 배려하는 은혜를 누리게 하시옵소서.
풍성한 날을 맞이해서 식구들이 하나로 모이게 해 주셨음에 감사드립니다. 지난 시간 동안에도 형제와 자매들 그리고 자손들을 보호해 주신 여호와의 은혜를 기리게 하시옵소서. 제 각각 하나님 앞에서 주신 삶을 자신의 기업으로 삼아 살던 형제들이 모여 한 몸을 이루게 하신 즐거움으로 기쁘게 해주시옵소서.
예수님의 이름으로 기도드립니다. 아멘.

▷ 찬송 _ 305장
▷ 주님의 기도

추석 2

내가 네게 알게 하는 자에게

▷ 예식사 _ 인도자

하나님의 사랑과 은혜로 지내온 우리들, 추석의 기쁨에 고○○○ 님을 추모하며 예배하겠습니다. 다 같이 머리를 숙이십시다.

감사로 제사를 드리는 자가 나를 영화롭게 하나니 그의 행위를 옳게 하는 자에게 내가 하나님의 구원을 보이리라(시 50:23)

▷ 신앙고백 _ 사도신경

▷ 찬송 _ 432장

▷ 대표 기도 _ 참석자 중에서

▷ 말씀 합독 _ 삼상 16:1-3

1. 여호와께서 사무엘에게 이르시되 내가 이미 사울을 버려 이스라엘 왕이 되지 못하게 하였거늘 네가 그를 위하여 언제까지 슬퍼하겠느냐 너는 뿔에 기름을 채워 가지고 가라 내가 너를 베들레헴 사람 이새에게로 보내리니 이는 내가 그의 아들 중에서 한 왕을 보았느니라 하시는지라
2. 사무엘이 이르되 내가 어찌 갈 수 있으리이까 사울이 들으면 나를 죽이리이다 하니 여호와께서 이르시되 너는 암송아지를 끌고 가서 말하기를 내가 여호와께 제사를 드리러 왔다 하고
3. 이새를 제사에 청하라 내가 네게 행할 일을 가르치리니 내가 네게 알게 하는 자에게 나를 위하여 기름을 부을지니라

▷ 설교 _ 내가 네게 알게 하는 자에게

하나님 앞에서 ○○○를 그리워합니다. 저의 기억으로도 고인께서는 늘 가정과 자녀들을 위해서 수고하는 삶을 사셨기에, 오늘, 우리는 ○○○를 더욱 기억하게 됩니다. 하나님께서 위로해주실 것을 기대하면서 말씀을 보겠습니다.

하나님은 자기의 종을 찾아내십니다. 바로 우리 가정에서도 하나님의 종이 나올 수 있습니다. 그러므로 자기를 세속에서 지켜 하나님께 합당한 사람으로 자기를 다듬어야 합니다. 하나님의 영광을 위하여 언제든지 부르십니다.

1. 다윗에게 기름을 붓다

13절, "사무엘이 기름 뿔을 취하여 그 형제 중에서 그에게 부었더니 이날 이후로 다윗이 여호와의 신에게 크게 감동 되니라."
사무엘은 이새의 여덟 아들 가운데서 다윗을 택하여 그의 머리에 기름을 부었습니다. 그렇지만 사무엘은 다윗이 왕이 될 것이라고 그의 부모나 형제에게 말하지 않았습니다.
다윗 자신도 사무엘로부터 기름 부음을 받았지만 왕이 될 것이라는 생각을 하지 않았을 것입니다. 그의 아버지 이새도 막내아들이 왕이 되리라고는 상상도 못했습니다. 그 당시에는 선지 학교가 있었기 때문에 다윗은 선지자로 훈련받기 위해서 선별된 정도로 생각했을 것입니다.
하나님은 은밀하게 부르시지만 작은 사건 속에서 큰일을 이루십니다. 예수님의 탄생과 십자가에서 죽으심은 가장 귀중하고 엄청난 축복의 사건이 되었습니다.

2. 기름 부음의 의미를 몰랐던 다윗

당시에, 기름부음을 다윗이 받기는 하였지만 다윗은 기름부음을 받은 의미를 알 수 없었습니다. 하나님과 사무엘만 알고 있었습니다.

그런데 우리가 주목해 볼 수 있는 말씀이 있습니다. "주 여호와께서는 자기의 비밀을 그 종 선지자들에게 보이지 아니하시고는 결코 행하심이 없으시리라."(암 3:7) 하나님은 일을 행하시기 전에 반드시 주의 종에게 알려 주십니다. 그러나 다른 사람은 아무도 알 수 없습니다.

기름부음을 받은 다윗마저도 전혀 몰랐는데 누가 감히 하나님의 뜻을 알 수 있겠습니까?

하나님은 조용하고 은밀하게 일찌감치 새 왕을 선택하여 기름을 부어 두셨습니다. 성령의 감동이 충만하게 하여 앞날을 준비시키시려는 것이었습니다. 그리하여 다윗은 장차 이스라엘의 성군이요 인류 역사에 가장 위대한 왕이 되는 축복을 받게 됩니다.

3. 새 왕을 준비하시는 하나님

하나님은 은밀하게 일하시기 때문에 쓰시고자 하는 사람을 조용하게 준비하십니다.

다윗에게 기름을 부은 후에 사무엘은 라마로 떠나게 됩니다. 이때 다윗은 나이가 아주 어렸습니다. 다윗은 키가 큰 것도 아니고 사울 왕과 같이 준수한 용모를 갖춘 것도 아니었습니다. 그에게서는 오히려 작고 연약한 모습을 엿볼 수 있습니다.

그러나 다윗은 골리앗과 싸워 이겼습니다. 싸우러 나가는 다윗에게 사울 왕이 자기의군복과 갑옷을 입혔지만 그는 무겁고 불편하다면서 곧 벗어버렸습니다. 오직 하나님을 의지하여 승리한 것입니다. 다윗은 하나님이 함께하시는 것을 가장 소중히 여겼습니다. 하나님은 그런 다윗과 늘 함께하셨습니다.

하나님께 주목합시다. 지금도 하나님께서는 은밀하게 일꾼을 준비하고 계십니다. 우리 중에서 왕이나 제사장, 선지자도 나올 수 있습니다. 하나님께서 귀히 쓰시는 그릇이 얼마든지 나올 수 있는 것입니다.

▷ 기도 _ 설교자

주님의 긍휼하심으로 살아오던 저희들이 모였습니다. 고인을 추억하면서 감사로 예배하는 한 시간이 되기 원합니다. 저희를 구속하여 자녀로 불러 주시고, 고인이 이 땅에 계셨을 때, 자녀를 사랑해주셨던 시간들로 인하여 찬양을 드립니다.
하나님의 말씀이 저희들의 심령을 새롭게 해주심을 기대합니다. 그 말씀이 낙심되었던 심령에는 소망을 갖게 하시고, 여호와의 즐거움으로 채워주실 것을 믿습니다. 이 예배로 말미암아 주님의 이름을 붙잡아 더욱 견실하며 흔들리지 않기를 결단하도록 이끌어 주시옵소서.
예수님의 이름으로 기도드립니다. 아멘.

▷ 찬송 _ 320장
▷ 주님의 기도

추석 3

그 날이 가까움을 볼수록

▷ 예식사 _ 인도자

하나님께서 추석 명절의 복된 시간을 주셨습니다. 오늘, 고◯◯◯ 님을 추모하며 하나님께 영광을 드리겠습니다.

　하나님이여 주의 이름으로 나를 구원하시고 주의 힘으로 나를 변호하소서 하나님이여 내 기도를 들으시며 내 입의 말에 귀를 기울이소서(시 54:1-2)

▷ 신앙고백 _ 사도신경

▷ 찬송 _ 390장

▷ 대표 기도 _ 참석자 중에서

▷ 말씀 합독 _ 히 10:21-25

21. 또 하나님의 집 다스리는 큰 제사장이 계시매

22. 우리가 마음에 뿌림을 받아 악한 양심으로부터 벗어나고 몸은 맑은 물로 씻음을 받았으니 참 마음과 온전한 믿음으로 하나님께 나아가자

23. 또 약속하신 이는 미쁘시니 우리가 믿는 도리의 소망을 움직이지 말며 굳게 잡고

24. 서로 돌아보아 사랑과 선행을 격려하며

25. 모이기를 폐하는 어떤 사람들의 습관과 같이 하지 말고 오직 권하여 그 날이 가까움을 볼수록 더욱 그리하자

▷ 설교 _ 그 날이 가까움을 볼수록

시간이 흐를수록 ○○○를 그리워합니다. 그 사랑과 희생으로 오늘, 우리들이 이렇게 살아가고 있으니 감사할 뿐이라, ○○○께 배은망덕하지 않기를 다짐하며 매일을 지내고 있습니다. 이 시간에, 하나님께서 우리 가정에 주시는 복을 나누려 합니다.

교회 공동체는 주님의 몸이라고 하였습니다. 그리고 우리 성도들 각 사람은 지체라고 했습니다. 지체는 모였을 때, 머리가 되신 주님과 함께 한 몸을 경험합니다. 그러므로 우리는 모여서 한 몸이 되어야 합니다. 우리가 왜 모여야 합니까?

1. 그리스도인의 몸

"모이기를 폐하는 어떤 사람들의 습관과 같이 하지 말고 오직 권하여 그날이 가까움을 볼수록 더욱 그리하자." 하나님께서 모이라고 하셨습니다. 모여야 하기 때문에 회집에 필요한 공간도 요구되는 것입니다. 고 하셨습니다. 하나님은 우리에게 서로 권면하여 힘써 모이기를 요청하셨습니다.
"그날이 가까움으로 더욱 모이라."고 하신 말씀은 예수님의 재림이 가까웠다는 것입니다. 예수님의 재림이 가까워오기 때문에 우리는 모여야 합니다. 재림을 기다리는 성도들은 성전에 모여서 기도하며 말씀으로 준비하고 무장하고 주님을 기다리라고 하였습니다.
천국에 갈 준비를 위해서 모이라고 하였습니다. 하나님은 모여 예배하는 자를 찾으시고 기뻐하십니다. 교회는 천국 가는 성도들의 대합실입니다. 공동체로 모여 하나님을 예배하고, 천국을 사모해야겠습니다.

2. 하나님을 예배하는 백성

우리가 성전에 모이는 것은 하나님을 예배하기 위해서입니다. 예배하면서 하나님을 만나는 경험을 체험합니다. 하나님을 만나고, 하나님의 말씀을 듣고, 그 말씀으로 성동의 공동체를 경험합니다.

성도는 신령한 은혜를 받기 위해서 모입니다. 교회는 시은소라고도 합니다. 시은소인 성전에 모여서 때를 따라 주시는 하나님의 신령한 은혜를 받습니다. 약한 심령들이 힘을 얻고, 슬픈 심령들이 기쁨을 회복하고, 상한 심령들이 치료를 받아 회복하는 은혜를 체험하게 됩니다.

24절, "서로 돌아보아 사랑과 선행을 격려하라." 성도의 신령한 교제를 위해서 모입니다. 성도의 모임에는 사랑의 교제가 있어서 선한 일을 힘써 해야 하고 이 지역 사회를 바로 봉사해야 합니다. 여기에 교회로서의 존재의 목적이 있습니다.

3. 하늘에 마음을 두다

19절, "예수의 피를 힘입어 성소에 들어갈 담력을 얻었나니." 주님의 피가 없이는 제사나 예배가 불가능합니다. 이 피가 우리 모임에 생명이 되는 것입니다. 천국 백성은 주님의 피로 죄를 씻음 받고 구원을 누리는 공동체입니다.

22절, "온전한 신앙 양심으로 하나님께 나아가자." 하나님의 자녀들은 모든 불의와 죄악을 버리고 깨끗하고 맑은 마음으로 모여야 된다고 하였습니다.
23절, "약속하신 이는 미쁘시니 우리가 믿는 도리의 소망을 움직이지 말고 굳게 잡으라." 성도들의 공동체에는 하나의 소망이 있습니다. 그것은 하늘에 마음을 두는 것입니다. 동일한 하늘의 소망을 붙들고 모이라는 말씀입니다.

집에는 가족이 모입니다. 가족이 있는데, 뿔뿔이 흩어져서 살지는 않습니다. 아주 특별한 경우가 아니고서는 우리는 가족으로 모이기를 원합니다. 이와 같이 성도도 주님의 몸을 이루고자 사모함이 있어 모이게 됩니다. 주님의 한 몸, 그 몸을 이루기 위해서 모임에 열심을 냅시다.

▷ 기도 _ 설교자

저희를 지금까지 붙들어 주셨음에 감사드립니다. ○○○께서 이 땅에서 지내시던 동안에 누리시던 복이 자손들에게까지 미쳐 저희들이 복을 누립니다. 그 은혜에 감사하여 하나님의 이름을 영화롭게 해드리는 가정이 되게 하시옵소서.
저희들이 예배할 때, 성령님의 충만하심이 나타나게 하옵소서. 아버지 하나님께서 사랑의 오른팔을 펴서 약속하신 말씀이 이루어지는 복된 시간이기를 소망합니다. 예배의 순서마다 거룩하심의 은혜가 있게 하시고, 참여하는 가족에게 복되게 하옵소서.
예수님의 이름으로 기도드립니다. 아멘.

▷ 찬송 _ 344장
▷ 주님의 기도

추석 4
하늘의 하나님 앞에 금식하며 기도하여

▷ 예식사 _ 인도자

사랑하는 가족이 한 자리에 모이도록 하신 하나님이십니다. 이제, 고○○○ 님을 추모하며 하나님께 영광을 드리겠습니다.

나의 힘이시여 내가 주께 찬송하오리니 하나님은 나의 요새이시며 나를 궁휼히 여기시는 하나님이심이니이다(시 59:17)

▷ 신앙고백 _ 사도신경

▷ 찬송 _ 540장

▷ 대표 기도 _ 참석자 중에서

▷ 말씀 합독 _ 느 1:1-4

1. 하가랴의 아들 느헤미야의 말이라 아닥사스다 왕 제이십년 기슬르월에 내가 수산 궁에 있는데
2. 내 형제들 가운데 하나인 하나니가 두어 사람과 함께 유다에서 내게 이르렀기로 내가 그 사로잡힘을 면하고 남아 있는 유다와 예루살렘 사람들의 형편을 물은즉
3. 그들이 내게 이르되 사로잡힘을 면하고 남아 있는 자들이 그 지방 거기에서 큰 환난을 당하고 능욕을 받으며 예루살렘 성은 허물어지고 성문들은 불 탔다 하는지라
4. 내가 이 말을 듣고 앉아서 울고 수일 동안 슬퍼하며 하늘의 하나님 앞에 금식하며 기도하여

▷ 설교 _ 하늘의 하나님 앞에 금식하며 기도하여

하나님께 감사할 따름입니다. ○○○는 우리 가정에 하나님의 선물이셨습니다. 그분의 헌신과 열성으로 우리들은 모두 성장하였고, 이제는 가정도 꾸려서 어엿하게 살아가고 있습니다. ○○○의 발자취를 따르려는 우리에게 오늘, 하나님의 말씀은 큰 위로가 될 것입니다.

느헤미야는 바벨론에 사로잡혀가 수산 궁에 있던 유대인으로서, 지도자로서의 모습을 보여주었습니다. 그는 후에 예루살렘의 총독이 되었습니다. 바사 왕 아닥사스다 노세에게 신임을 받았던 신하였습니다. 그가 유대의 총독이 되어 무너졌던 예루살렘 성곽을 중수하였습니다.

1. 하나님께 호소한 애국자

"내가 이 말을 듣고 앉아서 울고 수일 동안 슬퍼하며 하늘의 하나님 앞에 금식하며 기도하여"(느 1:4) 느헤미야는 어느 날 유다에서 올라온 하나니에 의해서 예루살렘이 큰 환난을 만나고, 능욕을 받으며 성벽은 훼파되고 성물들은 소화되었다는 소식을 듣게 되었습니다. 이 소식에 그는 너무 슬퍼서 울면서 며칠 동안 금식하며 기도하였습니다. 하나님의 도시, 예루살렘 성의 훼파는 그에게 통곡하도록 했습니다.

2. 훼파되었던 예루살렘 성의 중건

2:5, "나를 유다 땅 나의 열조의 묘실에 있는 성읍에 보내어 그 성을 중건하게

하옵소서." 느헤미야는 왕에게 부탁하였습니다. 왕은 느헤미야의 충성에 감동하였습니다. 그래서 그의 요청을 허락해주고, 삼림 감독 아삽에게 영문과 성곽 및 저를 위한 집 재목을 주라고 명하고 군대장관과 마병까지 딸려 보냈습니다. 그는 이스라엘 지도자들과 의논하고 마음을 합하여 52일 만에 중건하였습니다.

3. 청렴결백한 지도자

성곽의 중건을 마치고 낙성식을 한 후에, 느헤미야는 예루살렘에서 12년을 보내게 되었습니다. 그는 이 기간 동안에, 민폐는 고사하고 총독의 녹까지 받지 않았으며, 자비로 유대인 150 명을 먹이고, 또 포로에서 돌아오는 자들을 진심으로 환영하였습니다. 우리는 그의 이런 모습에서 느헤미야의 청렴결백한 인격을 엿보게 됩니다. 성도는 그리스도처럼 청렴결백해야 합니다.

4. 모략으로 환난을 받다

당시에, 느헤미야를 예루살렘에서 추방하던가, 가능하면 암살하려는 모략이 있었습니다. 그 이유는 그가 예루살렘을 부흥시켜 유대를 독립국으로 하고 그가 왕이 되려고 한다는 것이었습니다. 이 위증 편지로 말미암아 아닥사스다 왕은 별명이 있을 때까지 공사를 중단하라는 조서를 내렸습니다.

5. 개혁을 단행하다

느헤미야는 12년간의 임무를 마치고 바벨론으로 돌아갔습니다. 그는 아닥다스다 왕의 허락을 받고, 예루살렘으로 왔습니다. 그가 예루살렘을 떠나 있을 때 대적의 박해는 없었으나 내부에 여러 가지 번민이 있었습니다. 백성들의 문란한 상태(느13:4-5, 10, 15, 23)를 본 그는 지체하지 아니하고 개혁을 단행했습니다.

애국자 느헤미야는 눈물로 금식하며 기도하므로 은혜를 입어 예루살렘 성곽을 중건하였습니다. 그는 청렴결백하였고, 애국 애족하여 환난을 받았으나 믿음으로 극복하고 개혁을 단행하였습니다. 오늘, 하나님 앞에서 느헤미야가 되시기를 축복합니다.

▷ 기도 _ 설교자

하나님의 백성들이 성령님의 인도에 따라 사는 은혜를 주시옵소서. 여호와께 복 된 식구들이 이후로, 사는 날 동안에 시간과 물질, 생명까지도 주 예수님께 바치는 은혜를 보게 하시옵소서.
저희들, 언제나 변함이 없이 하나님의 자비로우심으로 성도답게 살게 하옵소서. 비록 가난하고, 연약한 육체를 갖고 살아도, 하늘의 하나님을 바라보게 하옵소서. 이들이 한결 같이 주님의 뜻대로 사는 종들이 되기를 소망합니다.
예배를 통해서 천국을 상속받기 위해 경건한 자녀로 살려는 다짐이 있게 하시고, 주님의 백성답게 지내기를 원합니다.
예수님의 이름으로 기도드립니다. 아멘.

▷ 찬송 _ 368장
▷ 주님의 기도

나를 이 블레셋 사람의 손에서도

▷ 예식사 _ 인도자

오늘, 추석을 맞이해서 보니 우리 가정을 위하시는 하나님의 은혜가 크셨습니다. 고○○○ 님을 추모하며 하나님께 예배드리겠습니다.

의인은 여호와로 말미암아 즐거워하며 그에게 피하리니 마음이 정직한 자는 다 자랑하리로다(시 64:10)

▷ 신앙고백 _ 사도신경

▷ 찬송 _ 447장

▷ 대표 기도 _ 참석자 중에서

▷ 말씀 합독 _ 삼상 17:34-37

34. 다윗이 사울에게 말하되 주의 종이 아버지의 양을 지킬 때에 사자나 곰이 와서 양 떼에서 새끼를 물어가면
35. 내가 따라가서 그것을 치고 그 입에서 새끼를 건져내었고 그것이 일어나 나를 해하고자 하면 내가 그 수염을 잡고 그것을 쳐죽였나이다
36. 주의 종이 사자와 곰도 쳤은즉 살아 계시는 하나님의 군대를 모욕한 이 할례 받지 않은 블레셋 사람이리이까 그가 그 짐승의 하나와 같이 되리이다
37. 또 다윗이 이르되 여호와께서 나를 사자의 발톱과 곰의 발톱에서 건져내셨은즉 나를 이 블레셋 사람의 손에서도 건져내시이다 사울이 다윗에게 이르되 가라 여호와께서 너와 함께 계시기를 원하노라

▷ 설교 _ 나를 이 블레셋 사람의 손에서도

늘 ○○○의 모습을 가슴에 담고 살아온 우리들, 추모예배로 하나님께 나아가니 감사합니다. 생전에 가족과 자녀를 위하여 간구하셨던 기도의 응답으로 오늘 우리는 복을 누리고 있습니다. ○○○의 사랑과 기도를 본 받아 우리도 가정과 자녀를 위하여 기도로 살아가기를 원합니다. 이 시간에, 하나님께서 우리를 격려해주시는 말씀을 듣겠습니다.

성도는 맡은 일에 최선을 다해야 합니다. 다윗이 양떼를 지켰던 것처럼도 맡은 일을 성실하게 감당해야 합니다. 그래야 귀한 일이 맡겨졌을 때도 역시 잘 감당하게 됩니다. 작은 일에 충성하는 것이 하나님 앞에 성실한 청지기가 되는 첫걸음입니다.

1. 사울 왕 앞에서의 다윗

다윗은 사울 왕 앞으로 불려가게 되었습니다. 다윗은 사울 왕을 만나자마자 "그를 인하여 사람이 낙담하지 말 것이라."(32절)고 고했습니다. 일개 목동이 왕을 격려하고 있는 것입니다.

사울 왕은 다윗이 너무 어렸으므로 그의 조언을 무시하였습니다. 또는 기특하게 여길 정도였습니다. 그는 다윗이 골리앗과 싸우게 되는 것을 감당하리라고는 상상조차 할 수 없었던 것입니다.

33절, "사울이 다윗에게 이르되 네가 가서 저 블레셋 사람과 싸우기에 능치 못하리니 너는 소년이요 그는 어려서부터 용사임이니라."(33절) 사울 왕은 다윗에게 골리앗을 상대하기에 너는 너무 어리지 않느냐고 넌지시 만류했습니다.

2. 다윗의 이야기

다윗은 사울 왕에게 가까이 가서 자신의 경험을 이야기했습니다. 본문 34-35절에 나옵니다. 함께 읽어보겠습니다.

"다윗이 사울에게 고하되 주의 종이 아비의 양을 지킬 때에 사자나 곰이 와서 양 떼에서 새끼를 움키면 내가 따라가서 그것을 치고 그 입에서 새끼를 건져내었고 그것이 일어나 나를 해하고자 하면 내가 그 수염을 잡고 그것을 쳐죽였었나이다."

자신이 목동으로 있을 때 사자와 곰으로부터 양 떼를 보호했듯이 지금, 블레셋의 골리앗과 싸워서도 이길 수 있다고 약속하는 것이었습니다. 이미 다윗은 하나님께의 확신으로 담대해져 있었습니다. 그의 마음은 하나님께서 이기게 하시리라는 확신으로 가득 차 있었기 때문에 사울 왕 앞에서 이렇게 말할 수 있었습니다.

사울 왕은 그의 말에 감동되어서 다윗의 출전을 허락하게 되었습니다.

3. 오늘에 주는 교훈

다윗은 사자나 곰이 양을 잡아갈 때면 기어이 쫓아가 되찾았습니다. 다윗이 기르는 양은 자신의 소유가 아니라 아버지의 것이기 때문에 아무리 잘 길러도 자기에게 돌아오는 것은 아닙니다. 그러나 아버지가 맡긴 양을 한 마리도 잃지 않으려고 최선을 다했습니다.

오늘날은 예수를 믿는 사람들조차 내 것에만 관심을 갖고 이웃의 일에는 전혀 관심을 두지 않습니다. 이런 사람은 하나님께서 기뻐하시지 않습니다. 하나님께 귀하게 쓰임 받는 그릇이 될 수 없습니다.

다윗은 사자나 곰을 만났을 때 피하지 않았습니다. 그것들에게 양 한 마리쯤 잃어도 그만이지만 그렇게 적당하게 살지 않았습니다. 그랬다면 아마 다윗은 골리앗을 물리칠 수 없었을 것입니다.

"주님께서 나를 사랑하신다, 내 기도를 들어주십니다."라고 하는 확신은 어떻게 해야 가질 수 있습니까? 하나님께서 함께 하심의 경험은 돈으로 살 수 없습니다. 그것은 어렵고 힘든 환경 속에서도 우리의 삶을 소생시키는 엄청나게 큰 재산입니다. 하나님을 경험하십시오.

▷ 기도 _ 설교자

귀한 지체들이 거룩한 자손이 되기를 사모하고, 하나님의 영광을 구하게 하셨습니다. 사랑하는 가족이 고인과 함께 했던 추석을 기억합니다. 고인을 추억하면서 감사로 예배하는 한 시간이 되도록 인도해주시옵소서. 사랑하는 가정에서 자녀들 각자가 하나님 앞에서 삶에 대한 새로운 결단을 할 때, 의로운 결단의 은혜를 주시기 원합니다.
하나님의 사람이 되어 친구와 대면하듯이 여호와를 가까이 하는 은혜를 보게 하시옵소서. 성령님의 충만하심으로 구원에 이르게 해 주신 부르심과 택하심을 굳게 하게 하시옵소서.
예수님의 이름으로 기도드립니다. 아멘.

▷ 찬송 _ 212장
▷ 주님의 기도

추석 6

일어나라 빛을 발하라

▷ 예식사 _ 인도자

자비로우신 하나님께서 우리에게 추석을 맞이하도록 해주셨습니다. 고○○○ 님을 추모하며 하나님께 영광을 드리겠습니다.

> 하나님이여 위엄을 성소에서 나타내시나이다 이스라엘의 하나님은 그의 백성에게 힘과 능력을 주시나니 하나님을 찬송할지어다(시 68:35)

▷ 신앙고백 _ 사도신경
▷ 찬송 _ 414장
▷ 대표 기도 _ 참석자 중에서
▷ 말씀 합독 _ 사 60:1-4

1. 일어나라 빛을 발하라 이는 네 빛이 이르렀고 여호와의 영광이 네 위에 임하였음이니라
2. 보라 어둠이 땅을 덮을 것이며 캄캄함이 만민을 가리려니와 오직 여호와께서 네 위에 임하실 것이며 그의 영광이 네 위에 나타나리니
3. 나라들은 네 빛으로, 왕들은 비치는 네 광명으로 나아오리라
4. 네 눈을 들어 사방을 보라 무리가 다 모여 네게로 오느니라 네 아들들은 먼 곳에서 오겠고 네 딸들은 안기어 올 것이라

▷ 설교 _ 일어나라 빛을 발하라

하나님께서 우리를 사랑하사 ○○○의 자녀가 되게 하셨고, ○○○께서는 우리를 위해서 평생의 수고를 하셨던 삶이 자주 떠오릅니다. 우리가 어렸을 때, 힘든 고비마다 ○○○께서 감당하여 지냈던 시간들, 결코 잊을 수 없습니다. 오늘, 추모예배를 드리면서 하나님께서 권면해주시는 말씀을 듣고, 새롭게 결단하기를 원합니다.

본문으로 설교를 준비하면서 오늘, 우리 가족 모두는 일어나 빛을 발하겠다는 결단을 하면 좋겠다고 여겼습니다. 하나님께서 우리에게 빛을 주신 것은 일어나서 그 빛을 발하라는 것입니다. 그러므로 먼저 일어나기를 소원합시다. 그리고 일어나서 내게 있는 빛을 세상을 향해서 비추는 우리 가족이 되기를 원합니다.

1. 죽은 사람에게 일어나라고 하시다

예수님께서 죽은 나인성 과부의 아들에게 일어나라고 하셨습니다.(눅 7:14) 죽은 야이로의 딸에게 일어나라고 하셨습니다.(눅 8:54)
성경에서는 죽음에 관해서 두 가지로 언급하고 있는데 하나는 육신의 죽음이요 다음은 영혼의 죽음을 지적하였습니다. 사데 교회는 살았다고 하는 이름은 있으나 실상은 죽은 자라고 하였으니(계 3:1) 이는 영적 상태가 죽었다는 말입니다.
죽음의 상태는 호흡이 끊어지고 활동이 정지되고 체온이 냉냉해지고 부패하여 냄새가 납니다. 이 죽음의 결과는 슬픔과 절망이요 허망해지는 것입니다.

이러한 상태에서 깨어 일어나 빛을 발하라고 하였습니다.

2. 병든 사람에게 일어나라고 하시다

주님께서는 중풍 병 환자에게 일어나라고 하셨습니다.(막 2:9)
손 마른 환자에게 일어나라고 하셨습니다.(막 3:3)
소경 바디메오에게도 일어나라고 하였습니다.(막 10:49)
사람에게 병이 나면 마음대로 활동 못하고 기능도 발휘하지 못하고 자신과 남에게도 괴로운 짐이 되어 집니다.
성경에서는 육적인 병과 영적인 병이 있다고 하였습니다.
막 2:17, "건강한 사람에게는 의원이 쓸데없고 병든 사람에게라야 쓸데 있나니 내가 온 것은 의인을 부르러 온 것이 아니라 죄인을 부르러 왔노라."
영육 간에 병든 자들은 주님을 통해서 일어나라고 하셨습니다.

3. 잠자는 사람에게 일어나라고 하시다

겟세마네 동산에서 기도하지 않고 잠든 제자들에게 주님께서 일어나라고 하셨습니다.(마 26:46)
감옥에서 잠자고 있는 베드로에게 천사가 와서 일어나라고 하셨습니다.(행 12:7)
영적으로 죽지는 않은 자들이 있습니다. 병들어 있는 성도가 있을 수 있습니다. 병이 들지는 않았지만 신앙의 잠을 자고 있는 성도가 있을 수 있습니다.
잠들어 놓으면 분별을 못하고 적이 공격해 와도 모르고 주위 상황도 제대로 판단하지 못합니다. 이러한 잠자는 성도를 향해서 주님께서 일어나라고 하십니다.

우리는 지금, 생명의 빛을 갖고 있습니다. 그렇지만 우리가 누워있다면, 잠이 들어 있다면, 영적으로 병이 들어 있다면 이 빛은 비출 수 없습니다. 이 시간에 일어나시기를 축원합니다. 일어나서 하나님의 사랑으로 세상을 향해서 비추는 우리가 됩시다.

▷ 기도 _ 설교자

저희들이 ○○○의 후손이 되어 사랑으로 살게 하셨음에 감사드립니다. 강한 손과 펴신 팔로 이 가족을 여기에 까지 인도하신 하나님을 기억합니다. 하나님의 은혜와 우리 주 예수님의 사랑의 비추어서 여기에 모인 자손들이 더욱 은혜롭게 되기를 소망합니다.

오늘, 이 자리에서 한 마음으로 예배하는 주님의 자녀들이 모두 고인을 따르게 하옵소서. 세상에는 넓은 길, 넓은 문이 있사오나 주님의 말씀처럼, 그리고 고인이 그렇게 사셨던 것을 본받아 '좁은 길, 좁은 문'을 통해서 하나님 나라에 이르게 해 주옵소서.

예수님의 이름으로 기도드립니다. 아멘.

▷ 찬송 _ 217장
▷ 주님의 기도

추석 7

죽는 날까지 나병환자가 되어

▷ 예식사 _ 인도자

늘 함께 해주신 하나님께서 오늘, 우리에게 추석을 주셨습니다. 이제, 고○○○ 님을 추모하며 하나님께 예배를 시작하겠습니다.

> 하나님께 가까이 함이 내게 복이라 내가 주 여호와를 나의 피난처로 삼아 주의 모든 행적을 전파하리이다(시 73:28)

▷ 신앙고백 _ 사도신경

▷ 찬송 _ 378장

▷ 대표 기도 _ 참석자 중에서

▷ 말씀 합독 _ 왕하 15:1-5

1. 이스라엘 왕 여로보암 제이십칠년에 유다 왕 아마샤의 아들 아사랴가 왕이 되니
2. 그가 왕이 될 때에 나이가 십육 세라 예루살렘에서 오십이 년간 다스리니라 그의 어머니의 이름은 여골리야라 예루살렘 사람이더라
3. 아사랴가 그의 아버지 아마샤의 모든 행위대로 여호와 보시기에 정직히 행하였으나
4. 오직 산당은 제거하지 아니하였으므로 백성이 여전히 그 산당에서 제사를 드리며 분향하였고
5. 여호와께서 왕을 치셨으므로 그가 죽는 날까지 나병환자가 되어 별궁에 거하고 왕자 요담이 왕궁을 다스리며 그 땅의 백성을 치리하였더라

▷ 설교 _ 죽는 날까지 나병환자가 되어

○○○의 모습은 시간의 흐름이 더할수록 더욱 또렷해집니다. 오늘, 추모예배를 준비하면서 바로 옆에 ○○○께서 계신 것 같았습니다. ○○○의 자취에서 어긋나지 않는 삶을 살기로 다짐하면서 함께 하나님의 말씀을 보겠습니다.

아사랴의 이야기로 설교를 준비하였습니다. 16살의 나이로 왕위에 올랐는데, 즉위하면서 여호와 보시기에 정직하게 나라를 치리하였습니다. 그러나 그에게 교만이 들어와서 문둥이가 되어 죽는 날까지 별궁에서 기거하면서 지냈습니다. 우리는 하나님께 온전해야 합니다.

1. 여호와 보시기에 정직한 아사랴

16살의 나이로 왕이 된 아사랴는 아버지 아마샤를 따라 여호와 보시기에 정직하였다고 하였습니다. 그는 유다를 치리하면서 견고히 하는 일에 정직하였습니다. 아버지 아마샤의 영향을 받아 나라를 다스려서 백성으로부터 존경을 받았습니다.

하나님께 정직했던 아마샤에게서 아사야 왕이 나온 것입니다. 이 정직함은 부모로부터 영향을 받습니다. 자녀는 보면서 자랍니다. 부모가 여호와 앞에서 정직하면 자녀가 여호와께 정직한 사람으로 성장합니다.

하나님을 찾았던 아마샤, 그 아버지의 영향으로 아사랴도 하나님을 찾아 형통하게 되었습니다. 부모는 자녀에게 거울입니다. 날마다 부모를 보면서 자신을 형성하게 됩니다.

자연적인 이치에서 윗물이 맑으면 아랫물이 맑습니다. 그래서 지어진 고사성

어에 상탁하부정(上濁下不淨)이라 하였습니다.

2. 하나님께서 형통하게 하시다

아사랴가 여호와를 찾을 동안에는 하나님께서 형통하게 하셨습니다. 그리하여 유다를 견고하게 하였습니다. 그가 치리하는 동안에 유다는 강한 나라가 되었고, 주변의 나라들과 전쟁에도 이겼습니다. 하나님께서 아사랴를 형통하게 하셨습니다.

그는 엘랏을 건설하였고, 군대를 조직하고, 예루살렘의 방비를 강화하고, 또 군대의 무기나 병거를 증강시켰습니다. 유다 백성은 그에게 신임과 존경을 보냈습니다.

아사랴는 전쟁에도 능해서 블레셋과 아라비아에 대하여 대승하고, 가드, 야브네, 아스돗의 성벽을 파괴하였습니다. 그리고 암몬 사람과 유다를 대적하던 족속들로부터 공물을 받았습니다.(대하26:68) 하나님께서 형통하게 하시니 유다는 막강하게 되었습니다.

3. 교만하여 문둥이가 되다

아사랴는 하나님의 묵시를 밝히 아는 스가랴가 사는 날에 하나님을 찾았다고 하였습니다. 이것은 스가랴가 죽은 후에는 하나님을 찾지 아니했다는 것을 암시합니다.

나라가 번영함에 따라 아사랴는 교만해져서 제사장의 충고에 귀를 기울이지 않았습니다. 그는 여호와의 전에 들어가 자기가 향단에 분향하려고 했습니다. 분향은 제사장 외에 타인은 비록 왕이라도 못하게 되어 있었습니다.

하나님께서 그에게 문둥병을 내리셨습니다. 아사랴는 문둥병에 걸려 왕궁에서 쫓겨났습니다. 하나님은 교만한 자는 물리치시고 겸손한 자에게 은혜를 더하여 주십니다.

아사랴는 하나님 보시기에 정직하였고 스가랴 선지자가 사는 날 동안에는 하나님을 찾았습니다. 하나님께서 그를 형통하게 하였으나 그는 교만하여 문둥이가 되었습니다. 동일한 그리스도인이어야 합니다.

▷ 기도 _ 설교자

주 안에서 아름다운 생애를 사셨던 ○○○께서 이기는 자가 되어 생명수 샘물을 마시는 복을 받으셨음을 믿습니다. 이제, 저희들도 사랑하던 ○○○를 따라 세상을 이기는 믿음을 갖게 하시옵소서.
추석의 풍요로움을 주신 하나님의 은혜에 감사하면서 ○○○를 기억하게 하시옵소서. 저희들의 기억 속에는 ○○○께서 평생을 불평 한 마디 없이 가정과 자녀들을 위하여 사셨습니다. 그렇게 좋으신 분의 손길을 통하여 자녀들이 장성하도록 인도해주신 하나님의 사랑 앞에서 거룩한 결단의 은혜를 주시옵소서.
예수님의 이름으로 기도드립니다. 아멘.

▷ 찬송 _ 41장
▷ 주님의 기도

추석 8

하나님이 우리를 위하시면

▷ 예식사 _ 인도자

우리 가족이 지금까지 지내온 것은 하나님의 은혜였습니다. 그 은혜에 감사하고, 고○○○ 님을 추모하며 예배를 시작하겠습니다.

우리 구원의 하나님이여 주의 이름의 영광스러운 행사를 위하여 우리를 도우시며 주의 이름을 증거하기 위하여 우리를 건지시며 우리 죄를 사하소서(시 79:9)

▷ 신앙고백 _ 사도신경
▷ 찬송 _ 545장
▷ 대표 기도 _ 참석자 중에서
▷ 말씀 합독 _ 롬 8:31-34

31. 그런즉 이 일에 대하여 우리가 무슨 말 하리요 만일 하나님이 우리를 위하시면 누가 우리를 대적하리요
32. 자기 아들을 아끼지 아니하시고 우리 모든 사람을 위하여 버주신 이가 어찌 그 아들과 함께 모든 것을 우리에게 주시지 아니하겠느냐
33. 누가 능히 하나님께서 택하신 자들을 고발하리요 의롭다 하신 이는 하나님이시니
34. 누가 정죄하리요 죽으실 뿐 아니라 다시 살아나신 이는 그리스도 예수시니 그는 하나님 우편에 계신 자요 우리를 위하여 간구하시는 자시니라

▷ 설교 _ 하나님이 우리를 위하시면

오늘, 우리에게 ○○○의 추모예배를 드리도록 인도해주신 하나님께 감사합니다. ○○○의 자녀와 후손들이 한 명도 빠지지 않고 다 모이도록 해주셨습니다. ○○○의 마음과 신앙을 물려받아서 살아가게 하셨으니, 한 마음으로 하나님의 말씀을 받읍시다.

본문의 말씀은 하나님의 사랑에 대한 논증입니다. 하나님께 사랑을 받는 성도에게는 마귀가 대적을 할 수 없다는 것입니다. 마귀가 대적을 한다하여도 하나님의 사랑으로부터 끊어질 수 없다는 것입니다. 이 사랑에 감사하면서 하나님을 사랑하기를 축복합니다.

1. 대적할 자가 없다

31절, "그런즉 이 일에 대하여 우리가 무슨 말 하리오. 만일 하나님이 우리를 위하시면 누가 우리를 대적하리오." 베드로는 권면하기를 마귀와 그의 졸도들이 성도에게 대적해 온다고 하였습니다.
그러므로 "근신하라, 깨어라 너희 대적 마귀가 우는 사자같이 두루 다니며 삼킬 자를 찾나니 너희는 믿음을 굳게 하여 저를 대적하라."(벧전 5:8-9)고 권면하였습니다.
마귀가 하나님의 사람을 대적해 온 역사가 있습니다. 마귀는 요셉을 대적해 왔고, 욥을 대적해 왔으며, 예수님께도 대적하였습니다. 이와 같이 마귀가 대적을 해도 결패배하지 않고 승리합니다.
 마귀는 지금도 우는 사자와 같이 우리를 대적해옵니다. 하나님께서 대적을 물리쳐주시고, 보호하시며, 도와주시기 때문입니다. 하나님께서 위해 주시는 사람은 언제, 어디에서나 이깁니다.

2. 정죄할 자가 없다

33절, "누가 능히 하나님의 택하신 자들을 송사하리요 의롭다 하신 이는 하나님이시니 누가 정죄하리요." 하나님께서 위해 주시는 사람에게는 정죄할 이가 없다고 하셨습니다. 죄인이었던 우리는 하나님의 택하심으로 예수 믿어 속죄함을 받아 천국 시민이 되었습니다. 그렇지만 죄가 없는 것은 아닙니다. 그러므로 마귀는 지금도 우리를 유혹하여 범죄 하도록 하고, 다음에 송사하고, 다음에 정죄하여 죽음의 경지에 빠지도록 합니다. 그 옛날에 모세도 송사했고 여호수아 제사장도 송사했다고 하였습니다. 마귀는 할 수만 있으면 우리를 쓰러뜨리려 하기 때문에 지금도 우리에게 송사하고, 정죄합니다. 마귀에게 속지 맙시다.

그러나 하나님께서 독생자 예수 그리스도를 보내셔서 몸 바쳐 피 흘려 죄악에서 구속하여 주셨기 때문에 아무도 송사하거나 정죄할 수가 없습니다.

3. 그리스도의 사랑에서 끊을 자가 없다

35절, "누가 우리를 그리스도의 사랑에서 끊으리요. 환난이나 곤고나 핍박이나 기근이나 적신이나 위험이나 칼이랴." 대적 마귀는 어찌하든지 성도를 주님의 사랑의 줄에서 끊으려고 몸부림을 치고 있습니다.

그래서 우리에게 환난도 일으키고, 곤고하게도 하고, 핍박하기도 하고, 기근을 당하게도 하고, 적신이 되게도 하고, 위험과 칼과 죽음으로 위협하기도 합니다. 그런데 예수님의 사랑의 손이 우리를 꽉 붙잡고 계시고 결코 끊어지지 않습니다.
우리가 주님을 먼저 사랑하기에 앞서 예수님이 먼저 우리를 사랑하여 주셨습니다. "아버지께서 나를 사랑하신 것 같이 나도 너희를 사랑하였으니 나의 사랑 안에 거하라."(요 15:9)고 하셨습니다.

하나님께서 위해 주시는 사람은 이 세상에서 대적할 이도 없고, 송사할 이도 없고, 사랑의 줄에서 끊을 자도 없다고 하였습니다. 예수님이 우리를 사랑하시는 사랑의 줄은 완전무결하여 이 사랑의 줄에서 아무것이라도 끊을 수가 없습니다.

▷ 기도 _ 설교자

온 가족이 하나님을 경외하는 이 가정을 축복합니다. 여호와의 은총으로 온전한 사랑을 풍성하게 누리게 하시고, 이제, 구원의 은혜를 즐거워하며, 기쁨으로 하루하루를 사는 가족들이 되게 하시옵소서.
추석의 절기를 주신 하나님의 이름에 영광을 드립니다. 각자의 터전에서 흩어져 지내던 동기간이 한 자리에 모이니 여호와의 은혜를 즐거워하며 찬송을 드립니다. 오곡백과가 무르익고, 먹거리가 풍성한 날에, ○○○님을 추모하며 예배하게 하시옵소서.
예수님의 이름으로 기도드립니다. 아멘.

▷ 찬송 _ 95장
▷ 주님의 기도

추석 9

그를 왕의 손에 넘길 것이

▷ 예식사 _ 인도자

추석을 맞이하여 돌아보니 오직 하나님의 자비하심이셨습니다. 이에, 고○○○ 님을 추모하며 하나님께 영광을 드리겠습니다.

주여 주께서 지으신 모든 민족이 와서 주의 앞에 경배하며 주의 이름에 영광을 돌리리이다(시 86:9)

▷ 신앙고백 _ 사도신경

▷ 찬송 _ 386장

▷ 대표 기도 _ 참석자 중에서

▷ 말씀 합독 _ 삼상 23:18-21

18. 두 사람이 여호와 앞에서 언약하고 다윗은 수풀에 머물고 요나단은 자기 집으로 돌아가니라

19. 그 때에 십 사람들이 기브아에 이르러 사울에게 나아와 이르되 다윗이 우리와 함께 광야 남쪽 하길라 산 수풀 요새에 숨지 아니하였나이까

20. 그러하온즉 왕은 내려오시기를 원하시는 대로 내려오소서 그를 왕의 손에 넘길 것이 우리의 의무니이다 하니

21. 사울이 이르되 너희가 나를 긍휼히 여겼으니 여호와께 복 받기를 원하노라

▷ 설교 _ 그를 왕의 손에 넘길 것이

○○○의 추모예배로 하나님께 영광을 드리게 되어 감사합니다. ○○○의 자녀와 후손들이 그리스도 예수 안에서 살아가고 있음이 우리 가족에게 영광입니다. 오늘, ○○○의 하나님을 생각하면서 하나님의 말씀을 보겠습니다.

하나님은 아무도 의지할 이 없는 곳으로 우리를 인도하십니다. 그리하여 만군의 여호와 하나님만 의지하고 그곳에서 구원의 손길의 체험하게 하십니다. 오늘, 우리 가족은 하나님의 보호하심을 체험하였습니다. 그 은혜에 감사하면서 말씀을 나누겠습니다.

1. 다른 사람을 보호해주어야

십 사람들은 다윗이 수풀 요새에 숨어 있다고 사울 왕에게 고발했습니다. 그들은 다윗과 같은 유다 지파 사람인데도 사울의 비위를 맞추기 위해서 신고를 한 것입니다. 우리는 일시적인 안목으로, 또는 자신의 유익을 구하느라 십 사람들과 같이 세상에 속한 사람, 육에 속한 사람이 되어서는 안 됩니다. 타인을 어려움으로 몰아넣고, 자신의 유익을 구하는 것은 하나님의 사람이 취할 자세가 아닙니다. 우리의 기준은 사랑이어야 합니다.
십 사람들은 잘못된 사람들이었습니다. 사울 왕에게 상 받을 것만 생각해서 자기에게 피해 온 사람을 지켜주기는커녕 신고를 했습니다. 상대방의 입장을 배려해 주지 않고 자신의 유익만을 꾀한 것입니다.
이런 사람은 하나님께서 쓰시는 도구가 될 수 없습니다. 만군의 여호와께서 외면하십니다.

2. 자신의 이익을 거절하라

우리는 십 사람이 되어서는 안 됩니다. 우리는 하나님께서 구별하여 택하신 하나님의 백성이므로 세상 사람과 전혀 달라야 합니다. 하나님께서 우리의 마음과 행동을 달아보십니다. 그러므로 자신의 유익만을 취하는 십 사람과 같이 되어서는 안 됩니다.

성도는 손해를 보아도 내가 보고, 좋지 않은 말을 들어도 내가 들어야 합니다. 모두에게 유익이 된다면 나 혼자 슬픔을 겪을 수 있어야 합니다. 슬픔을 견디어내는 그 시간이 하나님께 영광이 됩니다.

복은 하나님께서 주시는 것인데 우리는 어리석게도 사람에게 칭찬을 들으려고 악한 일을 행하는 경우가 많습니다. 사람에게 잘 보이려는 사람은 절대로 복을 받을 수 없습니다. 하늘로부터 은혜를 받을 수 없습니다. 하나님께 버림받은 십 사람과 같이 될 수밖에 없습니다.

3. 복을 주시는 하나님

20-21절, "그러하온즉 왕은 내려오시기를 원하시는 대로 내려오소서. 그를 왕의 손에 붙일 것이 우리의 의무니이다. 사울이 가로되 너희가 나를 긍휼히 여겼으니 여호와께 복 받기를 원하노라."

사울은 매우 기뻐하며 십 사람들에게 "여호와께 복 받기를 원하노라"고 했습니다. 그러나 사울은 복이 없는 자입니다. 복은 하나님께서 주시는데 하나님의 뜻을 떠난 사울을 통해 어떻게 복을 받겠습니까?

이미, 사울에게서 하나님의 영광이 떠났습니다. 그는 자신이 기름부음을 받은 왕이라는 신분 밖에 남아있지 않았습니다. 하나님께로부터 버림받은 사람을 통해서는 복을 받을 수 없습니다.
이제, 사울이 할 수 있는 일은 아무것도 없습니다. 그는 하나님의 심판 앞에 서 있을 뿐입니다.

다윗은 수풀 요새 황무지 요새, 산골 등 이곳저곳으로 늘 피해 다녔습니다. 광야의 황무지 같은 곳은 다윗에게 믿음의 훈련을 위한 장소로 적당하였습니다. 유격 훈련 코스와 같아서 하나님만 의지하기에 더할 나위 없이 좋은 곳이었습니다.

▷ 기도 _ 설교자

우리 가정에서 ○○○를 추모해 예배로 하나님께 영광이 되게 하시니 감사드립니다. 우리 주님께 구별된 지체들을 축복합니다. 산 넘어 눈보라 세차게 불어도 오직 하나님을 향한 사랑으로 이겨내는 가족들이 되게 하시옵소서.
남겨진 자손들에게, 형제 사랑의 우애가 풍성하여 ○○○께 즐거움이 되는 자녀들로 이끌어 주시옵소서. 저들이 살아가는 순간, 순간에 가정이 더욱 복스러워지게 하시옵소서. 하나님을 가까이 하고, 그 계명을 힘써 지킴으로써 재물을 부요하게 해 주시는 복을 받게 하시옵소서.
예수님의 이름으로 기도드립니다. 아멘.

▷ 찬송 _ 570장
▷ 주님의 기도

성경으로 찾아보기

창 1:26-28 *하나님이 그들에게 복을 주시며 ················ 058
창 6:9-13 *의인이요 당대에 완전한 자라 ················ 244
창 21:1-6 *하나님이 나를 웃게 하시니 ················ 098
창 21:1, 5-8 *이삭이 젖을 떼는 날에 ················ 248
창 22:1-3 *그를 번제로 드리라 ················ 130
창 24:57-61 *천만인의 어머니가 될지어다 ················ 106
창 25:21-34 *장자의 명분을 야곱에게 판지라 ················ 074
창 32:26-29 *이스라엘이라 부를 것이니 ················ 066
창 49:3-4 *물의 끓음 같았은즉 ················ 146
창 50:18-21 *내가 하나님을 대신하리이까 ················ 138

출 7:1-1, 7-10 *네 형 아론은 네 대언자가 되리니 ············ 082

민 14:6-8, 24 *나를 온전히 따랐은즉 ················ 118

신 28:2-6 *세계 모든 민족 위에 뛰어나게 ················ 208

수 1:1-4 *이 모든 백성과 더불어 일어나 ……………… 086

수 2:3-6, 12 *여호와로 내게 맹세하고 ……………… 122

삿 6:12, 14-16 *여호와께서 너와 함께 계시도다 ……… 090

룻 1:19-21 *나를 마라라 부르라 ……………… 168

삼상 15:10-12 *사울 때문에 후회하신 하나님 ……………… 070

삼상 15:16-19 *스스로 작게 여길 그 때에 ……………… 110

삼상 15:16-19 *여호와께서 내게 이르신 것을 ……………… 150

삼상 15:26-29 *이스라엘 나라를 왕에게서 떼어 ……………… 154

삼상 16:1-3 *내가 네게 알게 하는 자에게 ……………… 280

삼상 16:11-13 *여호와의 영에게 크게 감동되니라 ……………… 276

삼상 16:11-13 *이가 그니 일어나 기름을 부으라 ……………… 102

삼상 17:4, 8-10 *놀라 크게 두려워하니라 ……………… 212

삼상 17:15-18 *네 형들의 안부를 살피고 ……………… 260

삼상 17:24-26 *이스라엘의 치욕을 제거하는 ……………… 264

삼상 17:34-37 *나를 이 블레셋 사람의 손에서도 ……………… 292

삼상 17:39-41 *블레셋 사람에게로 나아가니라 ……………… 232

삼상 23:18-21 *그를 왕의 손에 넘길 것이 ……………… 308

삼상 25:18-19, 23-24 *그의 얼굴을 땅에 대니라 ……………… 172

삼하 7:7-9 *이스라엘의 주권자로 삼고 ……………… 224

삼하 7:7-10 *이스라엘을 위하여 여호와께 ……………… 236

삼하 9:6-8 *그 사람에게 은총을 베풀리라 ……………… 200

삼하 19:31-34, 39 *그가 왕을 공궤하였더라 ……………… 176

대하 34:2-4 *유다와 예루살렘을 정결하게 하여 ……………… 268

왕상 15:11-15 *여호와 보시기에 정직하게 행하여 ……………… 180

왕하 2:8-11 *갑절이나 내게 있게 하소서 ……………… 220
왕하 15:1-5 *죽는 날까지 나병환자가 되어 ……………… 300
왕하 19:16, 19-20 *그의 손에서 구원하옵소서 ……………… 192

느 1:1-4 *하늘의 하나님 앞에 금식하며 기도하여 ……………… 288

시 84:1-4 *여호와의 궁정을 사모하여 ……………… 062

잠 16:1-3 *너의 행사를 여호와께 맡기라 ……………… 162

사 60:1-4 *일어나라 빛을 발하라 ……………… 296

단 3:15하-18 *왕에게 대답할 필요가 없나이다 ……………… 256

마 1:18-21 *그를 드러내지 아니하고 ……………… 022
마 5:13-16 *너희 착한 행실을 보고 ……………… 196
마 15:24-27 *주여 저를 도우소서 ……………… 094
마 27:31-34 *그에게 예수의 십자가를 억지로 지워 ……………… 026

막 14:37-40 *시험에 들지 않게 ················· 272

눅 16:2-5 *내가 할 일을 알았도다 ················· 204

요 13:26-29 *너희 중 하나가 나를 팔리라 ················· 030

행 9:12-15 *일어나 직가라 하는 거리로 가서 ················· 034
행 15:22, 40-41 *바울은 실라를 택한 후에 ················· 038
행 16:2-5 *형제들에게 칭찬 받는 자 ················· 042

롬 8:31-34 *하나님이 우리를 위하시면 ················· 304

고전 16:15-18 *마음을 시원하게 하였으니 ················· 046

고후 4:8-9, 16-18 *잠시 받는 환난의 경한 것이 ················· 158
고후 8:16-19, 23 *우리와 동행하는 자라 ················· 050

빌 2:25-29 *내가 쓸 것을 돕는 자라 ················· 054

골 3:1-5 *위의 것을 찾으라 ················· 216

살전 5:4-8 *오직 깨어 정신을 차릴지라 ················· 252

딤전 1:12-15 *우리 주의 은혜가 ……………………… 134
딤후 1:3-6 *유니게 속에 있더니 네 속에도 ……………… 240

히 10:21-25 *그 날이 가까움을 볼수록 ……………… 284
히 11:24-27 *상 주심을 바라봄이라 ………………… 114
히 12:14-17 *하나님의 은혜에 이르지 못하는 ………… 142

벧후 1:8-11 *너희 부르심과 택하심을 ………………… 188
벧후 2:18-21 *세상의 더러움을 피한 후에 …………… 184
벧후 3:11-14 *거룩한 행실과 경건함으로 ……………… 228
벧전 4:8-11 *선한 청지기 같이 ……………………… 126

계 7:14-17 *그들 위에 장막을 치시리니 ……………… 078

복된 가정 추모 예배서

2018년 8월 28일 초판 1쇄 발행

지은이　|　한치호
발행인　|　김수곤
발행처　|　도서출판 선교햇불
등록일　|　1999년 9월 21일 제 54호
　　　　　전화 : (02)2203-2739
　　　　　팩스 : (02)2203-2738
등록처　|　서울 송파구 백제고분로 27길 12(삼전동)
이메일　|　ccm2you@gmail.com
홈페이지　|　www.ccm2u.com

값 13,000 원

ⓒ 2018, 한치호

ISBN 978-89-5546-409-2　00230

· 이 출판물은 저작권법의 보호를 받는 저작물이므로 무단전재와 무단복제를 금합니다.
· 파본은 교환해 드립니다.